行为养成教程(第二版)

XINGWEI YANGCHENG JIAOCHENG

■《行为养成教程》编写组　编

重庆大学出版社

内容提要

为培养大学生良好的行为习惯，我们把行为养成教育纳入高校思想政治教育和学风教育的整体范畴，本书从校情校史、国家政策、规章制度、服务指南等方面入手，系统阐述了大学生日常行为规范的基本内容和要求，旨在全面促进大学生良好行为习惯的养成，以培养高素质的栋梁之才。

本书可作为普通高等学校、高职高专院校新生及在校学生行为养成教育的教材，也可提供给高等院校学工队伍、辅导员、班主任以及组织新生入学教育工作者参考。

图书在版编目(CIP)数据

行为养成教程／《行为养成教程》编写组编.—2版.
—重庆：重庆大学出版社，2016.8(2020.10重印)
ISBN 978-7-5689-0089-8

Ⅰ.①行…　Ⅱ.①行…　Ⅲ.①大学生—行为规范—高等学校—教材　Ⅳ.①G645.5

中国版本图书馆CIP数据核字(2016)第201368号

行为养成教程(第二版)
《行为养成教程》编写组　编
策划编辑：鲁　黎
责任编辑：鲁　黎　　版式设计：鲁　黎
责任校对：谢　芳　　责任印制：张　策
*
重庆大学出版社出版发行
出版人：饶帮华
社址：重庆市沙坪坝区大学城西路21号
邮编：401331
电话：(023) 88617190　88617185(中小学)
传真：(023) 88617186　88617166
网址：http://www.cqup.com.cn
邮箱：fxk@cqup.com.cn (营销中心)
全国新华书店经销
重庆华林天美印务有限公司印刷
*
开本：787mm×1092mm　1/16　印张：25　字数：565千
2016年8月第2版　2020年10月第9次印刷
印数：20 481—25 480
ISBN 978-7-5689-0089-8　定价：44.80元

编审编委会

『第二版前言』

为进一步加强学生工作规范化、制度化建设，增强广大学生遵章守纪的自觉性，促进学生创新精神和实践能力的培养，全面提高学生综合素质，我们在原《行为养成教程》的基础上，对近年来与学生关系密切的规章制度进行了修订和补充，编成第二版《行为养成教程》供教师和同学们使用。

第二版汇集了国家教育部、甘肃省教育厅颁发的有关高等学校学生工作制度以及我院目前执行的学生教育、管理方面的有关规定。这些制度和规定是学院对广大学生进行思想教育和日常管理的基本依据，也是广大学生应当学习和掌握的重要内容。

本版在编写过程中，学院领导高度重视，多次就编写过程中的一些问题提出指导性意见。同时，学院有关部门全力配合，为本版的顺利出版给予了大力支持，在此一并表示衷心感谢！

由于编写时间仓促，编者水平有限，书中难免存在疏漏与不足，我们恳请专家、同行和读者给予批评和指正。

编　者

2016 年 6 月

『第一版前言』

我们的社会正日新月异，高等职业教育改革也因势而动。大学生的行为养成与管理教育面临着新的形势，这些都对当今的大学、大学生及即将踏入大学校园的学子们产生着非常大的影响。在这种情况下，需要我们对大学生管理与行为养成教育作出必要的调整和应有的创新，只有用新的思路、新的视野，才能适应当前急剧变化的社会以及正在急速变化着的大学教育与大学生的成长。

本着这样的理念，我们在不断完善修订《学生手册》的基础上编写了这本《行为养成教程》，从校情、政策、制度、服务指南等角度，为大学生规范日常行为、遵守校纪校规提供了依据。本书旨在进一步充实和加强新形势下的大学生行为教育，对大学生活多个方面进行理论的探讨，并结合近几年酒泉职业技术学院基于学生未来发展的职业核心能力课程体系（分设政治素质、能力素质、行为素质等三个逐层递进模块）的实践经验，以及当前大学生和大学行为养成教育的实际情况，进行阶段性的总结，进一步维护好学校教育教学秩序和生活秩序，提高学生的行为素质。

因此，此书的出版必将有利于当前大学生的行为养成教育和管理工作，对于身处变动社会中各种压力负荷于一身的大学生们，本书更是他们在思想与行为方面的良师益友。它可以使大学生和即将踏入大学校门的学生们做好准备，振奋精神，提高自我教育和自我管理能力，迎接新生活的挑战，从而把自己培养成符合社会需要的复合型人才。

本书在编写过程中，学院领导高度重视，多次就编写过程中的一些问题提出指导性意见；同时，学院有关部门全力配合，为本书的顺利出版给予了大力支持，在此一并表示衷心感谢。

由于编写时间仓促，加之编者水平有限，书中难免存在疏漏与不足，恳请专家、同行和读者给予批评和指正。

编　者

2014 年 7 月

『目 录』

第一篇 校情篇

第二篇　政策篇

第三篇　制度篇

第四篇　服务篇

第一篇　校情篇

学院简介

酒泉职业技术学院是甘肃省人民政府批准设立并经国家教育部备案的一所公办全日制综合性普通高等院校，是“国家示范性高等职业院校建设计划”重点扶持院校，骨干高职院校，国家教育体制改革甘肃省首批试点高校，德国汉斯·赛德尔基金会“中国西部职业教育与发展中心”和兰州理工大学酒泉校区，迄今已有30多年办学历史。

校园占地2 300余亩，建筑面积20余万 m^2，馆藏图书50余万册，固定资产近3亿元。现设“九系一校三部”（新能源工程系、化学工程系、土木工程系、机电工程系、生物工程系、旅游管理系、经济管理系、教育艺术系、医护系，酒泉工贸中等专业学校，继续教育部、基础教学部、体育工作部）13个教学部门，开办高职专业50余个，全日制在校生逾1.5万人，毕业生就业率连续5年稳定在93%以上。截至目前，已累计培养大中专学历人才10万余人，向社会输送高职人才1.5万余名。

近年来，学院秉承“修身笃学，精艺尚能”的校训，以创建全国知名高职院校为目标，以实施国家骨干高职院校项目为抓手，走特色化办学、内涵式发展之路，办学水平、人才培养质量和社会影响显著提升，先后获得“全国农村青年转移就业先进单位”“甘肃省教育系统先进集体”“甘肃省职业教育工作先进集体”“甘肃绿化模范单位”“甘肃省学生资助工作现行单位”“中职—高职—本科一体化办学试点单位”等一系列荣誉称号，逐步奠定了区域性职教龙头的地位。

办学优势

- 先进的办学理念

学院坚持“三为”（为社会主义现代化建设服务、为区域经济社会发展服务、为学生的成人成才和未来发展服务）方针，确立了“四匹配一提升”（以专业结构匹配产业结构、以人才质量匹配企业需求、以办学条件匹配人才培养、以体制机制匹配教学改革、不断提升社会服务能力)的办学思路,在重视岗位核心能力培养的同时,突出素质教育的首要地位,全面重构课程体系,全方位造就社会人、文化人和职业人,有力地保证了人才培养质量。

- 完善的专业布局

学院立足当地旅游、农业和风光资源,基于骨干高职项目重点建设专业,随产业结构调整而"动",应市场需求变化而"变",优化结构,提升内涵,以新能源为品牌,以机电、制种、旅游、土木、化工及财经等为支柱,架构了国家级、省级、院级三级重点专业梯状体系,实现了专业与产业的高位对接。至今,学院建成中央财政支持的国家级重点专业5个、"甘肃省高等学校特色专业"3个,入选"中央财政支持高等职业学校提升专业服务产业发展能力项目"2个。

与此同时,学院积极完善职业教育的办学层次,向中职延伸,全面启动了中高职"2+2+1"一体化人才培养模式改革试点;向应用型本科拓展,挂牌成立了"兰州理工大学酒泉校区"及"兰州理工大学新能源学院(酒泉)",先期开办新能源科学与工程、电气工程与自动化等本科专业,探索建立了内部衔接、外部对接、多元立交的人才培养路径,架构起了中职、高职、应用型本科相衔接的一体化办学格局。

- 优良的办学条件

学院拥有2万 m^2 图书馆、4万 m^2 校园文化广场、6万 m^2 公园、8 000 m^2 素质拓展训练基地、8 000座位标准体育场和5 251 m^2 体育馆,教学区、实训区、生活区、运动区、休闲区布局合理,局域网(500 MiB/s)、CNKI数字图书馆、VBI数据广播及卫星接收系统等一应俱全,生态化、园林化、数字化、人文化氛围浓厚。

拥有10万 m^2 驾驶员培训中心、8万 m^2 农林产教研发中心、2万 m^2 工科实训基地、3 000 m^2 烹饪酒店实训中心,建成新能源、机械制造、化工、土木工程、农林、烹饪酒店、汽车技术、电工电子、经济管理、信息技术等实训中心10余个、实验实训室(实训车间)140多个,教学科研仪器设备资产总值约8 000万元。其中,农林产教研发中心系"酒泉高科技农业示范园"核心园区,10 MW光伏电厂集生产、实训、科研于一体,在全国高校独一无二。

拥有专任教师520人,其中副教授以上职称122人、硕士以上学位114人。引进行业企业专家及客座教授20余人,外聘兼职教师200余人。近几年,选派国内访学、进修200余人次,完成境外培训40余人次,专业课教师"双师"素质比达到70%。建成"甘肃省高等学校教学团队"4个,获评全国模范(优秀)教师2

人、“甘肃省高等学校教学名师奖”1 人、“甘肃省园丁奖”3 人、“甘肃省高等学校青年教师成才奖”2 人；取得甘肃省教学成果奖 5 项，获取专利近 30 项、市级科技进步奖等近 20 项。

拥有国家精品课程 1 门、省级精品课程 12 门、院级精品课程 82 门，自主开发、出版高职适用性特色教材 87 部。

- 深度的校企合作

坚持走“产、学、研”结合之路，主动寻求与企业行业“联姻”，依托优质企业，开辟战略性校外实训、就业基地 200 余家，大大提升了顶岗实习的内涵和层次。本着“合作办学、合作育人、合作就业、合作发展”的原则，成立了金风学院、蓝海学院、大禹学院、庆华学院、中锐汽车学院等多个“虚拟学院”，有效扩大了“订单教育”。积极探索“产教融合、校企合作”的人才培养模式和教学做一体化的教学模式，岗位练兵，生产育人，显著缩小了工学之间的缝隙，实现了培养规格与岗位标准的零距离对接，从根本上提升了学生的就业竞争力。

- 优质的就业服务

学院始终把提高就业率和就业质量作为办学的基本导向和检验教育教学质量的核心指标，全方位拓宽毕业生就业渠道。就业工作呈现出就业层次高、对口率高、起薪高、稳定性高、岗位升迁率高的“五高”态势。毕业生供不应求，在新疆生产建设兵团、新疆庆华能源集团有限公司、新疆广汇实业投资(集团)有限责任公司、新疆金风科技股份有限公司、东方电气集团有限公司、中国国电电力(集团)公司、中国华电集团公司、中国华能集团公司、中国水利水电建设集团公司、中国铁路建筑总公司、中国石油天然气股份集团公司等近百家大型企业及其下属企业就业人数达到一半以上。

- 多彩的校园文化

把沙漠“生命之魂”胡杨作为校园文化的标志，以胡杨之春公益文化艺术节、胡杨之夏广场文化艺术节、胡杨之秋行为文化艺术节和胡杨之冬传统文化艺术节为基本序列，构建了丰富多彩的胡杨品牌系列文化活动。胡杨大讲堂、胡杨论坛、胡杨 · 颂大学生文艺展演、胡杨 · 翼球类运动会等常态化或届次化的文体活动，为学生成长成才搭建了理想平台；胡杨艺术团、胡杨志愿者协会、追风记者团、红星辩论社等近 50 个学生社团，已经成为活跃在校园文化舞台上的骨干力量。

系部及专业简介

生物工程系

一、系部简介

生物工程系已有近30年的办学历史。目前,在校学生1 033人,现有专兼职教师70人。其中专任教师45人,兼职教师25人。专任教师中教授3人,副教授16人,硕士学位22人,双师素质教师36人。教师获“全国教学竞赛二等奖”1项、“全国教学竞赛三等奖”1项、“全国教学竞赛优秀课件奖”1项。师生在省部级以上刊物公开发表专业性研究论文110余篇,国家级刊物公开发表专业性研究论文18篇。获地厅级教研教改奖励15人次。

我系开设种子生产与经营、作物生产技术、园艺技术、畜牧兽医、园林工程技术、食品加工技术、现代农业技术等7个高职专业,其中种子生产与经营专业在2009年被教育部、财政部确定为中央财政支持的全国重点示范专业,农业技术教学团队被评为甘肃省优秀教学团队。

我系拥有农林产教研发中心、畜禽生产技术服务中心两个校内实训基地以及作物育种、作物栽培、植物保护、组织培养、农畜特产加工、动物疫病预防、畜禽生产与临床诊断、园林工程制图等实验实训室14个。以农林产教研发中心为基础,由政府牵头,政、企、校、科研院所四方联动,以“一园五区八中心”为基本框架,建设了酒泉市高科技农业示范园核心园区,为开展科学研究、试验示范、技术推广、生产经营和教育教学提供了条件,并在甘肃省河西地区及北京、新疆、山东、天津、内蒙古、宁夏、江苏建立了以敦煌种业、登海先锋种业(中美合资)、中粮集团、伊利集团、蒙牛集团、甘肃东方现代农业发展公司、正大集团、新疆顶益集团、兰州好利来等农牧企事业单位为代表的近百家稳固就业(实训)单位。

与中国农业大学、西北农林科技大学、甘肃农业大学开展联合办学,举办本、专科自考辅导以及成人学历教育。

近年来,我系按照专业结构匹配产业结构、人才质量匹配企业需求、办学条件匹配人才培养、管理体系匹配教学改革,全面提升社会服务与辐射能力的“四匹配一提升”总体思路,围绕产业建设专业,办好专业服务产业,瞄准岗位设置课程,紧贴能力培育人才,集中优势彰显特色,探索和完善了“专业+公司”人才培养模式,构建了基于工作过程职业能力要求的课程体系,优化了双师结构教学团队,强化了实验实训基地建设,不断提升专业辐射带动和示范作用,得到了教育部人才培养工作水平评估专家组的高度肯定。以“现代学徒制”为推手,畜牧兽医专业成立了“中粮班”和“伊利班”两个订单班,有效提高了人才培养水平和学生就业率。企业在校内设立“同庆”“中粮”“伊利”等 3 项专项奖学金。1995 年以来,向社会输送毕业生 4 000 多名,毕业生平均就业率达到 90%。为当地经济社会发展和社会主义新农村建设做出了重要贡献。

二、专业介绍

1. 种子生产与经营

培养目标:培养具备作物遗传育种、种子种苗生产与经营管理基本知识与技能,从事育种、种子种苗生产、经营管理与技术开发的高级技术应用型专门人才。

核心课程与主要实践环节:植物生长与环境、作物栽培技术、作物遗传育种技术、作物病虫害防治技术、种子实验与贮藏加工、田间试验与统计分析、农业生态、种子机械、农业技术推广、企业经营管理、作物栽培技能训练、作物遗传育种技能训练、田间技能训练、种子(生产、检验、营销)技能训练、岗位综合实训、毕业论文等,以及实践环节。

就业面向:作物、花卉、蔬菜等种子生产与营销企业,从事作物、花卉、蔬菜种子繁育技术指导及种子生产与管理等工作。可在各类种子研发繁育机构、作物种子生产技术指导部门、种子营销服务企业、种子及农资流通企业、农业观光示范园区等领域就业创业。

2. 作物生产技术

培养目标：培养具备作物栽培、育种良种繁育与经营管理基本知识与技能，从事作物生产技术、育种及良种繁育、种子种苗生产、开发、推广，并具有一定经营管理能力的高级技术应用型专门人才。

核心课程与主要实践环节：植物生长与环境、作物栽培技术、作物遗传育种技术、作物病虫害防治技术、田间试验与统计分析、种子生产与检验技术、农业生态、农业机械化、农产品贮藏与加工、农业技术推广、企业经营管理、土壤营养测试、植物营养诊断、作物栽培技能训练、作物遗传育种技能训练、作物病虫害防治技能训练、种子生产与检验技能训练、岗位就业综合实训、毕业论文等，以及实践环节。

就业面向：各类作物种植生产企业，主要从事作物栽培技术指导、作物病虫害防治、植保、农机管理等岗位相关工作。可在作物生产技术领域中的种苗生产、开发、育繁、检疫监测、田间技术指导、农业技术推广等方面就业创业。

3. 园艺技术

培养目标：培养具备园艺科学的基本知识与技能，从事果树（蔬菜、花卉、食用菌等）栽培、育（制）种、良种繁育、商品化生产、病虫害防治、产品贮藏加工及应用性科技实验、农业技术开发与推广等工作，并具有一定生产管理和经营能力的高级技术应用型专门人才。

核心课程及主要实践环节：植物生长与环境、栽培技术、遗传育种技术、园艺设施、病虫害防治技术、产品贮藏与加工、企业经营管理、园艺专业基本技能训练、田间试验与统计分析技术技能训练、栽培技术技能训练、病虫害防治技术技能训练、育种及种苗繁育技能训练、产品贮藏与加工技能训练、岗位就业综合实训等，以及实践环节。

就业面向：各类花卉、蔬菜种子及种植生产企业、高科技农业示范园区，从事园艺领域的技术指导、生产管理、蔬菜花卉育繁栽培与销售管理等工作。可在园艺企业的种苗开发繁育、果蔬栽培技术、园艺设施、大型农业高科技示范园区生产管理销售等领域就业创业。

4. 畜牧兽医

培养目标：培养能够掌握动物饲料配制、繁殖技术、饲料管理、疫病诊断与控制相关理论与技术,能够从事养殖场生产技术与管理、动物门诊、饲料与兽药营销的高级技术应用型专门人才。

核心课程与主要实践环节:畜禽生理、畜禽饲养、家畜环境卫生、动物繁殖、畜禽病传染、家畜病害防治、动物生产与销售、微生物检验、饲料配制与质量分析、畜禽饲养管理、综合训练、毕业实习等,以及实践环节。

就业面向:大型标准化畜禽养殖、饲料加工、兽药生产企业及兽医治疗机构及管理部门,从事各类家禽标准化养殖及各类肉制品的深加工、家禽养殖疫病防治、专用饲料研发及生产加工、家禽繁育技术指导、宠物养护与治疗等工作。可在畜禽标准化生产企业、饲料加工企业、兽医检疫检测、宠物养护等领域就业创业。

5. 食品加工技术

培养目标:培养能够从事食品生产技术管理、产品开发、资源利用、工程设计等工作的高级技术应用型专门人才。

核心课程与主要实践环节:食品生物化学、食品微生物、食品分析、食品工程原理、果蔬贮藏与加工工艺、畜产品加工工艺、发酵食品工艺、焙烤制品工艺、饮料工艺、食品机械与设备、电工技术、金工实习、食品工程原理课程设计、食品分析综合实验、生产及毕业实习训练等,以及实验环节。

就业面向:各类食品加工、生产与营销企业,从事食品行业的新产品研制、食品加工技术指导、食品设备管理、各类食品加工工艺技术革新、食品行业营销服务等工作。可在食品生产加工营销企业的食品研发、加工技术指导、食品营养检测分析、食品标准化生产、食品营销等领域就业创业。

6. 园林工程技术

培养目标:培养掌握园林的基本理论和专业知识,能从事园林设计、园林施工技术、园林绿化维护与管理的高级技术应用型专门人才。

核心课程与主要实践环节:园林设计、园林树木学、花卉学、园林工程,园林史、园林工程施工与管理、风景写生、树木花卉认识实习、园林测绘、课题设计、实训中心实训、毕业综合实训等,以及实践环节。

就业面向:园林设计施工工程公司,从事城市园林及景观设计、园林花卉培育、城市景观工程施工与组织管理等工作。可在园林工程公司的园林设计、园林测绘、园林制图、城市景观设计、城市美化绿化设计、园林工程施工组织等领域就业创业。

7. 现代农业技术

培养目标:培养具备现代农业生产、管理、经营等基本知识,掌握现代农业技术(农作物生产、良种繁育、组织培养技术等)、设施农业生产技术(设施果树、蔬菜、花卉、食用菌生产、农业机械操作与应用等)、植物保护技术、作物生长环境调控技术(土、肥、水、气象等)、农业经营与管理信息化等基本技能,并具有生态经营理念、创新意识和创业能力的高级技术应用型专门人才。

核心课程与主要实践环节:农作物栽培技术、农作物制种技术、设施园艺技术、观赏植物栽培技术、植物组织培养技术、植物病虫害防治技术、设施结构与建造技术、节水灌溉技术、食用菌生产技术等,以及实践环节。

就业面向:现代高科技农业技术推广与示范园区、各类新型高科技农业技术生产企业,从事现代高新农业技术指导、农作物生产、农作物土壤肥料管理、农业信息和通信、植物保护、农产品营销推广等工作。可在农业高科技企业的作物栽培技术研发、生产、管理、销售、推广等领域就业创业。

新能源工程系

一、系部简介

新能源工程系现有教师 38 人,其中教授 2 人,副教授 10 人,双师型教师 18 人,外聘兼职教师 20 人,省级青年教师成才奖获得者 1 人。我系是全国新能源类专业教学资源库建设主持单位之一,已建成省级以上精品课程 3 门,出版特色教材 16 部,获得发明专利 2 项,实用新型专利 13 项,省级优秀教学团队 1 个,公开刊物发表学术论文 75 余篇,获得全国技能竞赛大奖 2 项。现有全日制在校学生 1 000 余名。

现开设风力发电工程技术、太阳能发热技术与应用、光伏材料制备技术、电力系统继电保护及自动化技术、供用电技术、电厂热能动力装置等 6 个专业,其中,风力发电工程技术专业是中央财政重点支持专业和甘肃省特色专业,光伏材料制备技术专业是教育部财政部“支持高等职业学校提升专业服务产业发展能力项目”重点建设专业。

建有 8 324 m^2 的校内新能源实训基地,有风机控制、光伏发电、电工电子、机械制造等 12 个实训室,10.1 MW 光伏发电站一座,建成校外实训基地 10 个。与金风科技、华锐风电、东方电气、酒泉正泰、新疆宜化、新疆新业、新疆庆华、新疆东方希望、新疆梅花集团、内蒙古盐湖镁钾有限公司等国内知名企业建立校企合作关系并开展订单培养,毕业生就业前景广阔,多数毕业生在风光电装备制造及大中型电力企业就业,近三年毕业生就业率达 98% 以上。

二、专业介绍

1. 风力发电工程技术

培养目标:面向风力发电行业(产业),培养德、智、体、美全面协调发展,具有良好职业素养、创新精神和创业能力,掌握风力发电相关文化基础知识、风力发电专业知识及职业技能,能胜任风力发电行业设备的生产制造、安装调试、运行与维护等工作,能主动适应风电行业经济技术发展和企业技术创新需要的发展型、复合型、创新型技术技能人才。

核心课程与主要实践环节:工程数学、机械制图、电子电路分析与实践、机械零部件加工及检测、电器安装规划与实践、PLC 技术及应用、单片机应用技术、信息检测与控制、液气压传动、计算机绘图、电力电子技术、计算机辅助制造、风电场建设基础、风力发电机组安装调试、风力发电机组控制技术、风力发电机组运行维护等,以及实践环节。

就业面向:可从事风电行业的生产制造,安装调试,风电机组运行与维护,风电场设计、安装与运营等工作。

2. 太阳能光热技术与应用

培养目标:面向太阳能应用行业(产业),培养德、智、体、美全面协调发展,具有良好职业素养、创新精神和创业能力,掌握太阳能应用相关文化基础知识、太阳能应用技术专业知识及职业技能,能胜任太阳热能应用领域的设备安装与维护、调试与运行、光电技术转换、产品检测与质量控制等工作,能主动适应太阳能光热行业经济技术发展和企业技术创新需要的发展型、复合型、创新型技术技能人才。

核心课程与主要实践环节：电气制图、电工技术、电子技术、电力电子技术、工程热力学与传热学、传感器与检测技术、PLC 应用技术、供配电技术、太阳热能发电技术、太阳热能应用技术、LED 制造技术及应用等，以及实践环节。

就业面向：可从事太阳能热能行业设备的生产制造、安装调试等工作，也可从事光热、光伏发电厂的设计、调试安装、运行维护，光热、光伏电厂运营管理等工作。

3. 光伏材料制备技术

培养目标：面向光伏材料加工及应用行业（产业），培养德、智、体、美全面协调发展，具有良好职业素养、创新精神和创业能力，掌握光伏产业链相关文化基础知识、专业知识及职业技能，能胜任光伏材料加工、光伏材料检测等相关行业的生产运行、产品检测与质量控制、生产技术管理、光伏材料制备系统设备检测与维护等工作，能主动适应光伏行业经济技术发展和企业技术创新需要的发展型、复合型、创新型技术技能人才。

核心课程与主要实践环节：电气制图、电工技术、电子技术、电力电子技术、PLC 应用技术、光伏材料生产技术、光伏材料检测技术、光伏电池原理与制造、光伏组件生产技术、太阳能光伏发电技术及应用、供配电技术、LED 制造技术及应用、光伏电站运行与维护等，以及实践环节。

就业面向：光伏材料生产制备及光伏产品的生产加工企业，从事光伏材料生产、光伏材料检测、光伏产品生产加工、光伏产品质量检测、光伏生产设备的运维、检修以及光伏电站的运行维护等工作。

4. 电力系统继电保护及自动化技术

培养目标：面向电力系统行业（产业），培养德、智、体、美全面协调发展，具有良好职业素养、创新精神和创业能力，掌握电力系统继电保护相关文化基础知识、电力专业知识及职业技能；能胜任发电厂、变电所电力系统继电保护装置的运行、调试等工作，能主动适应电力系统行业经济技术发展和企业技术创新需要的发展型、复合型、创新型技术技能人才。

核心课程与主要实践环节：电路基础、电机学、电子技术基础、微机原理及应用、电力系统故障分析、电力系统继电保护、微机保护、自动装置、二次回路、测试技术、金工实习、电工实习、电子实习、认识实习、保护装置(微机)测试及整组调试实习、二次线路安装实习、课程设计、毕业实习等,以及实践环节。

就业面向:发电厂、各级供电部门及电力建设企业,从事电力系统继电保护和自动装置的安装、调试、运行及技术管理等工作。

5. 供用电技术

培养目标:面向电力行业(产业),培养德、智、体、美全面协调发展,具有良好职业素养、创新精神和创业能力,掌握电力相关文化基础知识、电力系统专业知识及职业技能,能胜任工矿企事业单位的供配电系统运行、维护、安装、调试等工作,能主动适应电力行业经济技术发展和企业技术创新需要的发展型、复合型、创新型技术技能人才。

核心课程与主要实践环节:电工基础、电子技术、电机与拖动技术、电气制图与识图、电力电子技术、工程数学、自动控制系统与应用、电力系统分析、供配电技术、高电压技术、电气设备检修与安装、工厂电气控制设备、PLC 技术及应用、用电管理与法规、电力系统继电保护、二次回路、电工实习、金工实习、毕业设计、顶岗实习等,以及实践环节。

就业面向:可从事电厂、变电所的电气设备运行、检修工作。各类工矿企事业单位配电设备的管理与维修、建筑电气设计与施工技术管理工作,政府职能部门电业经营管理、安全监管等工作,供电部门电力营销类和变配电技术类工作。

6. 电厂热能动力装置专业

培养目标:面向火电厂及热能动力行业(产业),培养德、智、体、美全面协调发展,具有良好职业素养、创新精神和创业能力,掌握热能动力相关文化基础知识、热能动力专业知识及职业技能,能胜任热能动力设备的安装、调试、运行、检修和管理等工作,能主动适应热能动力行业经济技术发展和企业技术创新需要的发展型、复合型、创新型技术技能人才。

核心课程与主要实践环节:流体力学、工程热力学与传热学、机械制图与 CAD、电厂汽轮机、电厂锅炉、热力发电厂、电机与拖动技术、发电厂电气设备、单元机组集控运行、泵与风机、金工实习、生产实习、课程设计、毕业设计等,以及实践环节。

就业面向：热力发电厂、企业热能动力站、城市热力工程公司、地方企业热能动力车间、城市公用供热企业等，从事热能动力设备的安装、运行、检修、检测、维护等岗位的技术工作和管理工作。

机电工程系

一、系部简介

机电工程系是我院办学规模大、办学特色鲜明、社会影响力强的教学系之一。机电工程系始终以企业需求为导向，紧跟地方经济发展需要，以培养适应现代工业企业生产一线岗位的高技能综合型人才为目标，开设了机电一体化技术、机械制造与自动化技术、电子信息工程技术、应用电子技术、图文信息技术、计算机网络技术、汽车检测与维修技术、电气自动化技术等8个专业。

机电系师资力量雄厚，结构层次优化合理，教风严谨。现有专任教师32人，副教授、高级工程师职称10人，双师素质23人，同时，从企业聘请多名高级专业技术人员和高技能人才担任兼职教师。近年来，建成精品课程4门，出版教材5部，省级以上公开刊物发表学术论文60余篇。

机电工程系拥有实力雄厚的校内实训基地，先后建立了机械制造中心、电子技术实训中心、自动控制实训中心、汽车检测与维修实训中心，设备价值840余万元，为保证学生实操训练创造了良好的条件；同时，机电工程系不断探索“校企合作、工学结合”的教学模式，大力与机械、电子行业等知名企业进行合作，共建校外实训基地20余个。通过学院、行业、企业三方联动，实现了学院、企业、学生共赢的目标，有效实现了学生高质量就业与创业，连续三年就业率达95%以上。

机电工程系学生工作始终把立德树人作为根本任务，努力加强学生综合素质教育，积极强化学生职业道德培养，率先搭建起党、团、学、技四个教育平台，组织学生积极参加校外技能竞赛，近年来喜获省级奖项60余人次。

二、专业介绍

1. 机电一体化技术

培养目标:培养从事机电一体化设备的使用和技术管理工作的高级技术应用型专门人才。

核心课程与主要实践环节:电工与电子技术、机械制造技术、液压与气动技术、机电设备控制技术、数控加工工艺与编程、微机原理及应用、可编程控制器、测试技术、数控机床故障诊断与维护、CAD 实训、数控机床的编程和操作实训、机床电器控制实训、数控加工实训、液压与气动实训、金工实习、电工电子实习、毕业实习(设计)等,以及实践环节。

就业面向:机械制造工艺设计与实施、工装设计与实施、机电一体化设备的管理和维护、数控机床的编程和操作等工作。

2. 机械制造与自动化

培养目标:培养掌握现代化机械制造及自动化基础理论知识,从事现代机械加工设备的设计制造、控制与技术管理的高级技术应用型专门人才。

核心课程与主要实践环节:机械制图、工程力学、机械设计基础、电工与电子技术、液压与气动、机械制造设备、数控技术、自动化控制系统、现代控制工程、机加工实习、现代机械制造技术综合实训、专业课程的课程设计、毕业实习(设计)等,以及实践环节。

就业面向:工业企业机械设备的安装、调试、维护与管理,机电设备的技术销售与制造等工作。

3. 汽车检测与维修技术

培养目标:培养具有汽车等各类机动车的检测、运行、维修与技术管理能力的高级技术应用型专门人才。

核心课程与主要实践环节:机械制图、工程材料与成型工艺基础、机械设计基础、电工电子基础、汽车结构、汽车制造工艺学、汽车维修、汽车检测技术、汽车电子技术、金工实习、机械设计基础课程设计、汽车制造工艺与装备课程设计、汽车制造与维修综合实训、毕业实习与毕业设计等,以及实践环节。

就业面向:汽车制造厂、汽车改装厂及汽车维修企业,从事汽车等各类机动车的检测、运行、维修等技术与管理工作。

4. 电气自动化技术

培养目标:培养掌握电气自动化专业的基本理论和知识、技能,从事工业电气控制设备及系统安装、设计、调试、维护及技术管理的高级技术应用型专门人才。

核心课程与主要实践环节:电工基础、电子技术、电机拖动基础、电力电子技术、工厂供电技术、工厂电气控制技术、自动控制系统、单片机与接口技术、PLC技术应用、检测技术、计算机控制技术、金工实习、电工实习、电力电子技术课程设计、电气控制课程设计、毕业实习(设计)等,以及实践环节。

就业面向:电气设备及控制系统的应用开发、技术服务,企业电气设备或供配电系统的运行、维护与管理工作。

5. 图文信息技术

培养目标:培养掌握计算机基本理论原理与技能,具有系统美术方面的知识和技能,具备图文信息处理能力和图文软件的应用开发能力的高级技术应用型专门人才。

核心课程与主要实践环节:程序设计语言、数据库原理及应用、计算机网络基础、印刷工艺、Internet 原理与应用、工业产品造型、多媒体技术及应用、包装信息系统设计、图像处理技术、展示设计、多媒体技术、图像处理技术实训、多媒体技术实训、程序设计语言实训、数据库原理及应用。

就业面向:新闻、出版、广告、影视等单位,从事计算机图文信息处理工作,图像处理与排版、网页设计与制作等工作。

6. 汽车技术服务与营销

培养目标:培养从事新车销售服务企业、物流企业、售后及维修检测企业、汽车配件营销企业、交通运输及汽车故障救援服务企业、旧车置换交易服务市场等高级技术应用型人才。学生毕业时具有英语和计算机等级证书及汽车维修工、汽车评估师、汽车驾驶证等职业技能资格证书。

核心课程与主要实践环节:汽车发电机构造与拆装、汽车发动机构造与检修、地盘构造与检修、发动机电控技术、电气设备构造与检修、汽车维护与检验、一级维护、汽车销售与服务流程、汽车营销、汽车配件及营销、汽车保险与理赔实务、汽车车损与定险、汽车评估师、汽车4S店经营与管理、汽车美容与装潢等，以及实践环节。

就业方向：汽车制造、汽车维修、交通运输以及汽车技术服务性行业，从事汽车营销、汽车维修、汽车技术检测、机动车鉴定评估、汽车4S店管理与经营等方面的技术工作。

旅游管理系

一、系部简介

旅游管理系成立于2005年9月，现开设旅游管理、酒店管理、烹调工艺与营养等3个专业。其中，旅游管理专业为国家示范性高职院校建设计划项目首批骨干高职院校重点专业，烹饪工艺与营养专业为中央财政支持“提升专业服务产业发展能力”重点专业。2015年，作为教育部现代学徒制100个试点单位，旅游管理系与山东蓝海酒店集团合作开设了烹饪工艺与营养专业“现代学徒制班”，开辟了人才培养新模式。

旅游管理系在校内现有全日制在校生500多人，专任教师25人，其中，副教授6人，讲师12人；双师素质教师18人，硕士6人；外聘兼职教师40人，其中行业企业兼职教师38人。近几年教师承担各类科研及教改项目50余项，公开发表学术论文80多篇，主编参编专著3部、教材17部。

旅游管理系在校内建有烹饪酒店实训中心、赛会宾馆2个实训基地，设立导游、中式烹饪、西餐制作、冷菜工艺、食品雕刻、调酒工艺、烹饪教室、客房服务、中餐摆台等实训室16个，标准客房48间，床位96张；校外建有山东蓝海酒店集团、北京南国苑餐饮有限责任公司、初音隐泉餐饮有限责任公司、嘉峪关诚信旅行社有限责任公司、嘉峪关雄关国际旅行社有限责任公司、酒泉国际旅行社有限责任公司等实训基地30个。十多年来，旅游管理系为社会培养酒店管理、旅游管理、烹调工艺与营养等专业的高素质高技能人才3 000余人，赢得了良好的社会声誉。

二、专业介绍

1. 烹调工艺与营养

培养目标:培养掌握现代烹饪、营养、餐饮管理的基本知识,具有较强烹饪技术,能从事烹饪操作、营养分析与营养配餐以及餐饮业管理的高级技术应用型专门人才。

核心课程与主要实践环节:烹饪学概论、烹饪原料知识、烹饪基本功训练、中餐烹调技术、面点制作技术、冷菜制作技术、西餐制作技术、宴席设计与菜肴创新、烹饪营养、烹饪卫生与健康、创新菜研发、烹饪技术与饭店餐饮管理、综合实训、毕业设计等,以及实践环节。

就业面向:旅游饭店餐饮部、社会中高档餐馆业的烹饪技术岗位、营养分析与营养配餐岗位以及餐饮管理岗位。

2. 酒店管理

培养目标:培养掌握现代饭店经营管理的基本知识和服务技能,从事饭店经营管理和餐饮接待服务的高级管理人才与高级技术应用型专门人才。

核心课程与主要实践环节:现代酒店管理、酒店市场营销、酒店人力资源管理、酒店餐饮服务与管理、酒店前厅服务与管理、酒店客房服务与管理、宴会设计、营养与配餐、酒店岗位英语、酒店公共关系、酒店服务心理、酒吧服务与管理、中外饮食文化、酒店服务礼仪、顶岗实习、毕业设计(论文)等,以及实践环节。

就业面向:旅游饭店、星级酒店等,从事酒店一线服务和基层、中层管理工作。

3. 旅游管理

培养目标:培养掌握旅游企业管理和服务的基本知识与技能,从事旅行社、旅游饭店等旅游行业经营管理和接待服务的管理和高级技术应用型专门人才。

核心课程与主要实践环节:旅游学概论、旅游经济学、旅游市场营销学、旅游资源学、旅游法规、旅游企业财务管理、旅游饭店管理概论、现代饭店客房管理、旅行社经营管理、导游业务、导游基础知识、外联岗位实习、毕业论文等,以及实践环节。

就业面向:旅行社、旅游景区及旅游饭店等旅游企业的管理与技术岗位。

化学工程系

一、系部简介

化工类专业已有30年的办学历史,累计培养化工人才6 000余名;化工系现有在校生1 070人,专职教师34人,其中副教授9人,讲师10人;具有硕士学位14人,在读硕士3人,双师型教师8人,外聘教师4人。现开设应用化工技术(精细化学方向和高分子材料成型方向)、石油化工技术、化工设备技术、工业分析技术、有色冶金技术、药品生产技术等6个专业。应用化工技术专业是国家示范院校和骨干院校建设项目重点建设专业。

系部拥有甘肃省优秀教学团队1个,甘肃省教育厅教学成果奖1项,院级教学成果奖40余项;主持并完成省级、市级、院级课题5项,在国家级、省级、院级刊物上发表教研、科研论文100余篇。化工教职委精品课程1门、省级精品资源共享课1门、学院精品课程7门;出版教材8部,自编讲义6部。

化学工程系始终坚持以服务为宗旨,以就业为导向,围绕化工企业岗位需求,探索人才培养模式,构建以岗位能力为核心的课程体系,经过多年的专业建设和改革,形成了符合社会需求的人才培养方案,建设了较为完善的实训基地,拥有结构合理的师资队伍,形成了“突出能力、强化素质、理论够用、实践为重”的专业人才培养理念。现拥有无机化学、仪表及自动化、工业分析、化工单元操作、化工管路拆装等15个实验实训室;同时在中西部建立玉门油田炼油总厂、天业集团、浙江能源、新疆中泰化学等30个校外实训就业基地。

历届毕业生集中在国有大中型石化企业及大型民营、合资化工企业集团就业,逐步形成了西部大型石油、煤化工与东南精细化工企业就业格局,树立了良好的声誉,就业率和就业质量稳居全院前列,就业率达98%以上。与中国庆华能源集团、新疆广汇集团、天业集团、青海盐湖集团实行校企合作,订单培养,分别设立了“庆华奖学金”“广汇奖学金”“天业奖学金”。

二、专业介绍

1. 应用化工技术

培养目标：培养掌握化学工程与工艺专业必需的基础理论知识和基本技能，从事化工生产运行、技术开发、生产技术管理等工作的高级技术应用型专门人才。

核心课程与主要实践环节：无机化学、有机化学、化工原理、化工热力学、化工传递过程、化学反应工程、化学分离工程、化工过程系统工程、工业催化等核心课程；化学与化工基础实验、认识实习、生产实习、课程设计、毕业实习、毕业设计等，以及实践环节。

就业面向：化工、炼油、冶金、轻工、医药、环保和军工部门，从事生产运行、技术开发、生产技术管理等工作。

2. 石油化工技术

培养目标：培养掌握石油化工生产技术专业必需的基础理论知识和基本技能，在石油化工生产第一线从事生产、技术、管理等工作的高级技术应用型专门人才。

核心课程与主要实践环节：化学理论基础、化工理论基础、化学工程、石油炼制工艺学、有机化工工艺学、高分子工艺学、化工设备、企业管理、市场营销、实验基本操作技能训练、有机化工产品合成、检验等综合训练、毕业实习、毕业设计等，以及实践环节。

就业面向：石油化工、石油炼制、有机化工、精细化工等相关企业，从事生产、技术、管理等工作。

3. 化工设备技术

培养目标：培养面向生产、建设、管理、服务第一线需要的，与岗位紧密对接，从事化工设备维修岗位、具有良好敬业精神和实践能力的高级技术应用型专门人才。

核心课程与主要实践环节：工程力学、机械工程材料、化工原理、设备状态监测与设备诊断、化工设备、化工生产设备管理、化工腐蚀与防护、化工装备制造、CAD。

就业面向:石油化工、轻工、制糖、制药、橡胶等企业,从事化工机器与设备的安装、调试、操作使用、维护、保养等工作。

4. 工业分析技术

培养目标:培养从事工业原料及产品化学成分、结构分析及污染监测等工作的高级技术应用型专门人才。

核心课程与主要实践环节:物理化学、分析化学、电化学分析、色谱分析、光学分析、波谱分析、现代分析技术、电工电子技术基础、分析仪器与技术、仪器分析、计算机在分析检测中的应用、数理统计在分析检测中的应用等。

就业面向:在工业企业从事原料及产品的化学成分、结构分析及污染监测等工作。

5. 有色冶金技术

培养目标:培养掌握冶金方面知识,从事冶金领域中生产、设计、管理工作的高级技术应用型专门人才。

核心课程与主要实践环节:物理化学、金属学、冶金传输原理、冶金原理、钢铁冶金学、有色金属冶金学、冶金传输原理、冶金物理化学、冶炼工业、矿相岩相结构分析、课程设计、毕业设计等。

就业面向:冶炼企业或制造业中的铸造车间从事冶金工艺设计、生产管理、材料分析检测等工作。

6. 药品生产技术

培养目标:培养具备药物生产、药品质量检验与分析、药品营销的基本知识和基本技能,具有原料药检验能力、正确使用和维护一般化学制药生产设备的能力,并能排除常见故障,具备良好职业道德和敬业精神,可面向制药生产企业和药品流通领域,从事药物的生产、药品的质量分析检验、药品销售等工作的高素质技能型专门人才。

核心课程与主要实践环节:制剂技术、药物质量检测分析技术、药物分离技术、实用药理基础、制药设备保养与维护、药事管理与 GMP、气体净化技术、制药企业安全生产与健康保护、药厂反应设备与车间布置等,以及实践环节。

就业面向：医药制药行业及药物研究机构或其他工业部门，从事药品生产运行、产品质量控制、生产技术管理、制药新工艺、新设备开发应用等工作，具体岗位有：制药企业的原料药试验，合成药备料、配料，合成药单元反应控制，药物精制等；同时，还可从事药物制剂、药品检验及药品销售等工作。

经济管理系

一、系部简介

经济管理系现开设会计、财务信息管理、电子商务、市场开发与营销、连锁经营管理、物流管理等6个专业。目前，全日制在校生804人。现有专任教师35人，其中，副教授13人，硕士研究生8人；双师型教师29人，其中，高级会计师1人、会计师7人、经济师19人、审计师1人、物业管理师1人。

经济管理系坚持“工学结合，校企合作”的办学宗旨，充分依托专业特色和资源优势，以社会需求为导向，依靠地方产业优势，以培养面向基层、面向生产和管理服务第一线的高素质技能型人才为目标，授课内容与岗位知识和技能要求紧密结合，突出“岗证一体，三层递进”等人才培养模式，培养学生扎实的专业技能和全面的职业素养。现建有校内物流实训中心1个，会计综合实训室3个，电子商务实训室2个，沙盘模拟实训室1个，市场营销实训室1个；并与苏宁（北京）物流有限公司、北京探路者户外用品股份有限公司、甘肃天一会计事务（管理咨询）有限公司、华拓数码科技（昆山）有限公司、浙江十足商贸有限公司（人本集团）和嘉峪关西部天地公司等企业共建校外实训基地15个。2015年经济管理系毕业生就业率达93%。

二、专业介绍

1. 会计

培养目标：培养具有诚信、敬业的良好职业素质，熟悉国家经济法律法规，系统掌握会计理论与会计实务的高级技术应用型专门人才。

核心课程与主要实践环节:经济学基础、会计基础、经济法、税法、财务会计、成本会计、财务管理、管理会计、企业审计、会计电算化、会计制度设计、手工会计分岗综合模拟实训、电算会计综合实训、企业实践、毕业论文等,以及实践环节。

就业面向:企事业单位和服务机构,从事会计、审计及经济管理工作。

2. **物流管理**

培养目标:培养掌握现代物流经营管理理论,具有较强物流经营管理实践能力,在工商企业物流中心和第三方物流公司从事物流经营管理的高级技术应用型专门人才。

核心课程与主要实践环节:经济学基础、管理学基础、经济法、现代物流管理、电子商务、配送与配送中心管理、采购与仓储管理、供应链管理、物流管理信息系统、商品学概论、电子商务、社会调查、课程设计、毕业实习、毕业论文等,以及实践环节。

就业面向:工商企业物流中心和物流公司经营管理岗位。

3. **电子商务**

培养目标:培养掌握现代商务管理、计算机及网络知识,能从事企事业单位网站建设及管理、网络维护、网络营销及调研的高级技术性应用型专门人才。

核心课程与主要实践环节:西方经济学、企业管理、经济法、市场调研与预测、电子商务概论、网络营销、计算机网络技术、数据库系统、网站规划与建设、管理信息系统、电子商务物流、商务软件应用、电子商务模拟公司实训、毕业实习、毕业论文等,以及实践环节。

就业面向:企业事业单位电子商务领域的技术岗位与管理岗位。

4. **财务信息管理**

培养目标:培养掌握经济管理、理财、金融和网络信息技术等方面的知识和能力,能够用现代化技术和手段从事企事业单位、政府部门财务管理活动的高级技术应用型专门人才。

核心课程与主要实践环节:基础会计、财务会计、财务管理、会计电算化、经济活动分析、税务会计、审计学、会计制度设计、购并原理及案例、网络技术、经济学基础、管理学基础、货币银行学、财政学、财务会计模拟实训、财务管理实践等,以及实践环节。

就业面向：工商企业、事业等部门财务管理岗位。

5. 连锁经营管理

培养目标：培养掌握连锁经营的基本理论，具有较强连锁经营管理能力，在连锁企业从事经营管理的高级技术应用型专门人才。

核心课程与主要实践环节：经济学基础、管理学基础、经济法、消费心理学、市场营销学、商品学、连锁经营管理原理、连锁企业采购管理、连锁企业营运管理、连锁企业信息系统管理、连锁企业人力资源管理、物流管理、连锁企业认识实习、办公自动化及商务软件操作实训、毕业实习、毕业论文等，以及实践环节。

就业面向：连锁企业总部、连锁企业配送中心、连锁门店经营管理岗位。

6. 市场营销

培养目标：培养掌握市场营销管理理论，具有较强市场营销实践能力，在工商企业或相关行业从事营销业务及管理工作的高级技术应用型专门人才。

核心课程与主要实践环节：经济学、管理学、经济法、会计基础知识、消费心理学、市场营销学、市场调查与预测、广告学、推销技术、商务谈判、商务礼仪、市场营销策划、工商企业认识实习、主要专业课程校内实验实训、毕业实习、毕业论文等，以及实践环节。

就业面向：工商企业或相关行业的市场营销业务与管理岗位。

土木工程系

一、系部简介

土木工程系已有30多年开办土建工程专业的办学历史，在校生1 360人。现开设工程测量技术、建筑工程技术、工程造价、建筑设计技术、建筑设备工程技术、水利工程、水利水电工程管理、水利水电建筑工程、道路桥梁工程技术等9个专业。现有专任教师44人，其中副教授10人，讲师16人，硕士研究生26人，双师素质教师 27 人，取得国家注册职业资格证书 10 人；聘请 2 名国内外知名专家担任客座教授，外聘水利、建筑行业副高以上职称的兼职教师 20 人。

土木工程系建成水利与土木工程实训中心，拥有工程测量实训室、节水灌溉实训场、建筑材料实训室、建筑施工技术实训区、土工实训室、水工实训室、BIM 仿真实训室、工程软件（预算、设计、制图）实训室等 13 个，可开设 150 多个实训项目，为实现理实一体化教学搭建了坚实平台。同时，我系积极利用社会资源，以当地知名建筑企业、设计院、水利水电公司等为载体，建立校外实训基地 36 个，学生顶岗实习达到 100%，教学实训、实验开出率达到 100%，学生“双证书”获得率达 98%。并与北京世纪国源科技发展有限公司、甘肃省地质矿产勘查开发局第四地质矿产勘查院、甘肃飞翔建设集团有限公司等企业开展“校企合作、订单培养”，学生在校实现优先就业，企业设置奖学金、助学金，各专业学生平均就业率达 92%。

近年来，土木工程系以国家骨干高职院校项目建设、人才培养工作水平评估为契机，紧紧把握土木工程院校的办学特点，围绕建筑、水利行业企业岗位需求，探索构建“任务驱动，学做合一”人才培养模式，建立以职业岗位能力培养为主线的课程体系，开发学习领域，重组教学内容，积极开展专业教学资源库建设，实现专业优质核心课程教学资源共享。重视教师教科研工作，鼓励教师积极参与工程项目研究与实践，以研促教，不断提升教育教学能力和教学团队整体实力。现有甘肃省教学名师 1 人，水利职教名师 1 人，甘肃省高等学校“青年教师成才奖”获得者 1 人，酒泉市“五一劳动奖章”获得者 1 人。水利工程专业教学团队获评“2012 年甘肃省优秀教学团队”。专任教师在省级以上公开刊物发表学术论文 80 余篇，承担并完成 12 项科研课题，2 项获得“酒泉市科技进步二等奖”，4 项获“甘肃省教学成果奖”，1 项获“陇原青年创新项目扶持计划”，建成国家精品资源共享课 1 门，省级精品资源共享课 1 门，院级精品资源共享课 9 门。

在多年的办学实践中，土木工程系始终坚持以教学为中心，以就业为导向，以专业建设为龙头，以科学管理为保证，以加快发展为目标，全面提高教育教学质量，全面构筑教育教学质量评估体系和保障体系，建立和完善教师考核体系和业绩评价体系，狠抓实践教学，以培养高级技术应用型人才为己任，真正按照高等职业技术教育的特点办学，全面促进大学生成长与成才，大多数毕业生已经成长为河西及西北地区建设行业的行家里手、技术骨干和中坚力量，为全面建设小康社会做出了应有的贡献。

二、专业介绍

1. 工程测量技术

培养目标:具备基层工程测量技术岗位工作所必需的基础理论知识和专门知识,掌握一定测量实用技能,有较强实践能力和处理问题能力,获得工程测量技术专业技术岗位的基本训练,具有良好职业道德和敬业精神的高素质技能型人才。

核心课程与主要实践环节:控制测量、测量平差、工程测量学、摄影测量学、卫星定位技术、地籍测量与土地管理、地图学概论、遥感原理与应用、计算机地图制图、地理信息系统原理等课程,进行计算机辅助设计实训、工程测量基本训练、控制测量实训、卫星定位技术实训、测量学与数字测图实训、工程测量实训和生产实习、顶岗实习、职业技能培训等实践环节技能训练。

就业面向:在测绘单位从事工程测量基础测绘、工程测量管理工作,以及大地测量员、工程测量员、房产测量员、地籍测绘员、摄影测量员、地图制图员等测绘工程生产一线的技术与管理工作;在国土测绘部门或建筑施工企业从事现场测绘组织和管理、质量控制、测绘安全、质量验收、技术资料整理等工作。

2. 建筑工程技术

培养目标:培养具有本专业岗位工作的职业能力和专业技能,掌握建筑工程施工技术、组织、管理等核心专业知识,具备建筑工程施工、管理、测量等核心职业能力,具有建造工程师基本素质,从事建筑工程生产一线技术与管理工作的高素质技能型人才。

核心课程与主要实践环节:建筑材料、建筑识图与构造、建筑力学、建筑结构、地基与基础、建筑施工技术、建筑工程测量、建筑施工组织、高层建筑施工、建筑工程计量与计价、工程项目招投标与合同管理等课程,进行工种操作训练、课程设计、工程实践、岗位实习等实践环节技能训练。

就业面向:在建设单位、施工企业从事施工的准备、施工方案的确定、工程施工、施工过程的控制工作、竣工验收、工程质量管理、进度管理、成本管理和招投标及造价分析工作;在监理单位、设计单位从事工程监理,工程进度、质量、投资控制和小型土建工程施工图设计工作。

3. 建筑设备工程技术

培养目标：培养具备建筑设备工程技术基本理论知识和技能，能在建筑设备安装工程设计、施工、造价、监理等企事业单位从事建筑室内外给水排水、供热、建筑电气及楼宇智能化等建筑设备的施工安装、运行管理与维护、工程监理及中小型安装工程规划设计等工作的高素质技能型人才。

核心课程与主要实践环节：流体力学、泵与风机、热工理论基础、电工与电子技术、建筑给水排水工程、供热通风工程、制冷与空调工程、建筑电气控制等课程，以及电工工艺实习、金工实习、水暖工艺实训、毕业与生产实习、毕业设计等实践环节技能训练。

就业面向：在建设单位、施工企业从事设备工程施工的准备、施工方案的确定、工程施工、施工过程的控制工作、竣工验收等工作；在监理单位、设计单位从事小型设备工程施工图设计工作，施工现场施工图变更以及设备工程进度、质量、投资控制工作。

4. 水利水电建筑工程

培养目标：培养掌握水利水电工程基本理论知识，具备水利水电工程师必备素质以及水利水电工程施工岗位职业能力，从事生产一线技术工作的高素质技能型人才。

核心课程与主要实践环节：水利工程测量、土力学与工程地质、建筑结构、水工建筑物、水电站与水泵站、水利工程施工、水利工程造价与招投标、水工建筑物养护与维修等课程，进行水利水电工程识图实训、水利工程测量实训、水利工程施工技术与组织实训、顶岗实习、毕业设计、职业技能培训等实践环节技能训练。

就业面向：在水利水电工程公司、水电站企业从事规划、设计、施工以及施工现场组织和管理、施工质量控制、施工安全、材料检测、质量验收等工作；在工业与民用建筑公司等部门从事规划、设计、施工等工作。

5. 工程造价

培养目标：培养掌握工程造价的计量计价与控制基本理论知识，具备造价工程师基本素质以及岗位职业能力，从事建设项目工程造价的确定与控制的高素质技能型人才。

核心课程与主要实践环节：建筑工程概论、建筑制图与识图、建筑力学与结构、建筑施工组织、建筑工程计量与计价、安装工程计量与计价、工程项目招投标与合同管理、工程成本会计、工程招投标与合同管理、建筑设备与安装施工工艺、工程造价管理、工程造价案例分析等，以及实践环节。

就业面向：在工程造价咨询单位、建筑施工企业、房地产开发企业、监理单位、招投标代理机构等单位从事一般工程造价计算和控制管理工作；也可以从事施工企业的施工员、资料员、材料检测实验员、现场监理员等相关岗位工作。

6. 道路桥梁工程技术

培养目标：培养掌握道路桥梁工程基本理论和专业技能，具有良好的职业道德和综合素质，具备岗位职业能力，从事道路桥梁工程生产一线技术与管理工作的高素质技能型人才。

核心课程与主要实践环节：道路工程制图、工程力学、土力学与基础、水力与水文、公路建筑材料、工程地质、道路工程、桥涵工程、道桥工程计量与计价、道桥工程施工技术与施工组织、道路建筑材料、公路勘测技术、公路养护与管理、道桥工程招投标与合同管理等课程，进行工种操作训练、课程设计、工程实践、岗位实习等实践环节技能训练。

就业面向：在道路桥梁工程技术施工第一线，从事小型道路与桥梁工程设计、施工、概预算、质量检查等技术工作及组织管理工作；在建设单位、道路桥梁管理部门、监理单位、设计单位、政府建设行政主管部门、工程造价咨询公司、招投标代理公司、投资管理部门从事一般的技术管理、概预算工作。

7. 水利工程

培养目标：培养掌握水利工程基本理论知识，具有水利工程师的基本素质，具备节水灌溉等水利工程规划设计、工程造价、招投标、工程施工及运行管理的岗位职业能力，从事水利工程生产一线技术与管理工作的高素质技能型人才。

核心课程与主要实践环节：水利工程制图与识图、水工建筑物、工程力学与结构、水利工程施工、工程水文与水力学、水利工程造价与招投标、灌溉排水工程学、节水灌溉技术与新材料、水利工程质量与安全管理、水利工程施工组织、水利工程技术资料管理等，以及实践工作。

就业面向：在水利施工企业、水利工程设计院、造价事务所、监理公司、建设管理等部门从事一般工程的建筑和结构设计、工程预决算、工程项目招投标、工程监理等工作;也可以从事水利工程的现场施工组织和管理、施工质量控制、施工安全、材料检测、质量验收、技术资料整理等工作。

8. 水利水电工程管理

培养目标:培养掌握水利水电工程基本理论知识,具备水利水电工程施工和管理岗位职业能力,能从事生产一线技术与管理工作的高素质技能型人才。

核心课程与主要实践环节:水利识图,水工建筑物、工程力学与结构、水利水电施工、工程水文与水力学、水电工程造价与招投标、水电站运行与管理、水利工程管理、水利水电工程监理、水电工程施工组织管理等,以及实践环节。

就业面向:在水利水电管理局、水利枢纽、水电站等单位从事运行、调度、维护和管理等工作;在水利水电造价、监理、设计等部门从事工程预决算、工程项目招投标、工程监理、一般工程的结构设计等技术与管理工作;在水利水电施工企业从事施工现场组织和管理、施工质量控制、施工安全、材料检测、质量验收等工作。

教育艺术系

一、系部简介

教育艺术系创建于 2014 年 12 月,其前身是国家级重点职业高中——酒泉市高级职业中学,随着酒泉教育布局的不断调整,经历了酒泉职业中专学校、酒泉职业技术学院中专部、酒泉职业技术学院公共教学部、酒泉职业技术学院旅游管理系等历史沿革,依托有 30 多年办学历史的艺术幼师专业师资队伍,于 2015 年成功申办高等职业教育学前教育专业,新办表演艺术、艺术设计专业。

教育艺术系秉承"艺术熏染、教育立人"的发展思路,以培养学生的职业道德、职业技能和就业创业能力为目标,把立德树人作为根本任务,在目标定位、课程结构、专业特色、师资力量、教学方法与改革等方面进行了有效的探索,致力于为地方培养一流的幼教、表演和设计类应用型人才。

教育艺术系拥有一支结构合理、专业水平精湛的师资队伍，其中教授1人，副教授5人，讲师13人，助教4人；外聘兼职教师15人。拥有专业琴房25间，专业数码钢琴室2个及舞蹈练功厅、幼儿游戏情景模拟室、蒙台梭利实训室、幼儿科学实训室、平面设计实训室等设施完善、设备一流的专业实训室。此外，还拥有校外实习基地21个。

教育艺术系积极为学生学历提升搭建平台，目前与河西学院进行学前教育专业“3+2高本一体化贯通培养”合作办学，与兰州城市学院幼儿师范学院联合举办学前教育专业自学考试应用型本科联合办学。教育艺术系是学院一个地区影响力广泛、专业优势突出、发展势头良好、独具特色的教学系部。

二、专业介绍

1. 学前教育

培养目标：培养具有良好的思想道德素质和身体心理素质，系统掌握现代学前教育基础理论和专业知识，具备从事学前教育教学与管理工作的业务能力，能适应现代学前教育事业发展与改革需要，胜任早期教育机构的教学工作和管理工作的高级技术应用型专门人才。

核心课程与主要实践环节：学前教育学、幼儿心理学、声乐、舞蹈、钢琴、幼儿保健学、教育实习等，以及实践环节。

就业面向：幼儿园专职教师、学前教育机构管理人员、社区幼儿教育服务人员、各类儿童服务机构的工作人员。

2. 表演艺术专业

培养目标：适应现代表演艺术事业发展与改革需要，掌握表演艺术的基础理论和专业知识，具有较强的从事表演艺术、专业教学与管理工作的业务能力，能在文艺团体及艺术培训教育机构从事教学演艺工作和管理工作，德、智、体、美全面发展的高素质、高技能可持续发展人才。

核心课程与主要实践环节：乐理视唱练耳、钢琴与即兴伴奏、歌曲演唱、形体、电脑音乐制作、艺术表演、艺术概论、形象设计、外国音乐史、中国音乐史等。

就业面向：少年宫、群艺馆、文化馆、社区文化站、艺术团、演艺公司等企事业单位或业余文艺社团从事音乐艺术辅导和文化宣传工作。

3. 艺术设计

培养目标：适应文化艺术生产服务管理第一线需要，掌握艺术设计的基础理论和基本知识，具备较强的综合职业能力，能够熟练运用计算机等现代技术手段，进行广告、包装、展示、动画设计等设计与制作工作，德、智、体、美全面发展的高素质、高技能可持续发展人才。

核心课程与主要实践环节：装饰画、VI 设计、版式设计、广告设计、设计素描、包装设计、设计色彩、三大构成等。

就业面向：在各级企事业单位的宣传部门、广告设计制作企业、网络公司、包装设计企业、广告传媒公司等相关单位从事艺术设计制作工作。在教育、影视、动漫设计制作公司、建筑设计单位等从事教学、设计、管理、研究工作。

医护系简介

一、系部简介

医护系成立于 2014 年 12 月。自建系起，始终秉承“以生为本，崇德重技”的办学理念，注重内涵建设，致力于培养社会经济发展急需的理念技能俱优的复合型护理人才，为社会和地方医疗卫生事业的发展提供人才保障。

医护系现有专职教师 20 人，其中，副教授 5 人，讲师 9 人，助教 6 人；具有硕士学位 7 人，双师型素质教师 7 人。外聘教师 6 人，其中外教 2 人。在省级以上公开刊物发表学术论文 20 余篇，主编出版教材 3 部，主持省级以上科研项目 2 项。

医护系现开设护理和助产两个专业，自 2015 年 9 月开始招生，现有在校生 248 人，设有护理教研室和基础教育教研室。医护系配备了一批功能先进的教学设备，如 3Gw 无线超级综合模拟人、无线考核心肺复苏系统、高级分娩与母子急救模型、儿童综合急救系统、高智能数字化综合护理人、ICU 专用综合护理级护理模拟人、臀部肌肉注射模型、仿真护理输液模型、开放式护理辅助教学系统等，拥有护理技能训练、健康评估、急救护理、内科护理、外科护理、儿科护理、妇产科护理、人体解剖等9个实验实训室，设备先进，设施齐全，完全满足各专业学生实训需要。实验室按照临床工作情境设置，在高仿真临床环境中进行现场教学，实现教学做一体化的教学方式。

护理系始终坚持“国际接轨、院（医院）校融通、教学做一体”的“两段四递进”的人才培养模式。2015年，学院与德国哈勒玛专科学校开展中德护理专业（老年护理方向）国际教育合作，在甘肃省内开创了老年护理专业国际合作办学的先河，为学生提升学历水平，夯实专业基础，走向国际，搭建了平台，创造了机会。

“百年树人，桃李芬芳”，医护系将坚持自己的办学特色，坚定发展目标，勇于开拓进取，为提升护理专业技术人才的国际竞争力，造就高素质、全面发展的技能应用型人才而不断努力。

二、专业介绍

1. 护理

培养目标：面向临床医院、社区卫生两大岗位（群），培养德、智、体全面发展，具有现代护理理念、良好的职业道德素养，掌握护理专业必备的基础理论和专门知识，具备较强的护理操作技能和工作能力，能运用基本护理技术、临床护理技术、社区及老年护理技术，在各级医疗卫生机构从事临床护理、老年护理、涉外护理的高素质技能型护理专门人才。

核心课程与主要实践环节：现代护理导论、护理伦理、人体解剖与组织胚胎、医用化学、生理学、病理学、药物应用、健康评估、基础护理、内科护理（含传染病护理）、外科护理（含皮肤病护理）、妇产科护理、儿科护理、急危重症护理、精神科护理、老年护理、认知实习、跟岗实习、顶岗实习、毕业设计等，以及实践环节。

就业面向：针对临床护理、社区护理、养老机构三大岗位（群），在各级各类医疗机构从事临床护理工作，在社区卫生服务机构从事社区护理服务工作，在国内及涉外养老机构担任老年护理及养老机构管理者等工作。

2. 助产

培养目标：培养掌握具有现代助产理念、良好的职业道德素质，具有人文社会科学、医学、妇幼卫生保健的基本知识和较强的助产操作技能和工作能力，在各级医疗卫生保健和服务机构从事临床产科护理、自然分娩助产、母婴保健及社区妇幼健康管理的高素质技能型专门人才。

核心课程与主要实践环节：医学伦理学、医用化学、人体解剖学与组织胚胎学、遗传与优生、病理学、药物应用护理、母婴心理学、健康评估、护理基本技术、内科护理、外科护理、妇产科护理、助产学、儿科护理、优生优育、母婴保健、临床营养学、急危重症护理、康复护理管理、认知实习、跟岗实习、顶岗实习、毕业设计等，以及实践环节。

就业面向：在各级医院、妇幼保健院、计划生育机构、产妇家庭及社区卫生服务站等单位从事临床助产、妇产科护理、母婴保健、社区卫生保健、健康咨询及计划生育等工作。

校训、校歌

一、办学理念

办学思路

以专业结构匹配产业结构，以人才质量匹配企业需求，以办学条件匹配人才培养，以管理体系匹配教学建设，不断提升社会服务能力。

服务面向定位

为社会主义现代化建设服务，为区域经济社会发展服务，为学生成人成才和未来发展服务。

培养目标定位

面向生产、建设、服务和管理一线，培养理论够用、技能娴熟、素质优良、诚信敬业的高素质、高技能应用型人才。

专业发展定位

举“特色旗”，打“敦煌牌”走“风水路”，唱“种子歌”，集中优势打造旅游、风电、种子、水利、化工等品牌专业群。

校训

修身笃学　精艺尚能

教风

严谨治学　科学施教

学风

勤学善悟　学做合一

二、校歌

我们是胡杨的种子

酒泉职业技术学院校歌

作词 吴建新
作曲 盛鸿斌

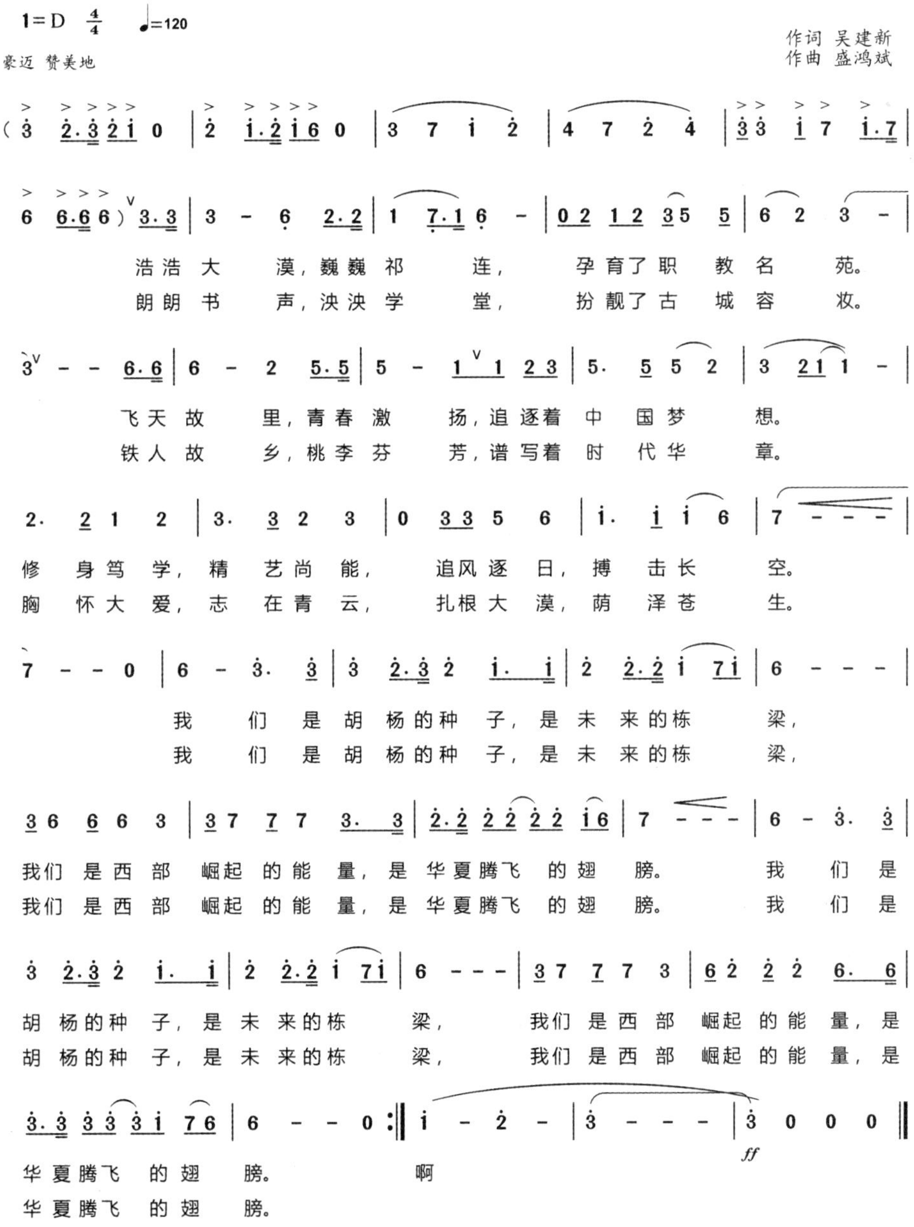
1=D 4/4 ♩=120
豪迈 赞美地
浩浩大漠，巍巍祁连，孕育了职教名苑。
朗朗书声，泱泱学堂，扮靓了古城容妆。
飞天故里，青春激扬，追逐着中国梦想。
铁人故乡，桃李芬芳，谱写着时代华章。
修身笃学，精艺尚能，追风逐日，搏击长空。
胸怀大爱，志在青云，扎根大漠，荫泽苍生。
我们是胡杨的种子，是未来的栋梁，
我们是胡杨的种子，是未来的栋梁，
我们是西部崛起的能量，是华夏腾飞的翅膀。我们是
我们是西部崛起的能量，是华夏腾飞的翅膀。我们是
胡杨的种子，是未来的栋梁，我们是西部崛起的能量，是
胡杨的种子，是未来的栋梁，我们是西部崛起的能量，是
华夏腾飞的翅膀。啊
华夏腾飞的翅膀。
ff

第二篇　政策篇

高等学校学生行为准则

一、志存高远，坚定信念。努力学习马克思列宁主义、毛泽东思想、邓小平理论和“三个代表”重要思想，面向世界，了解国情，确立在中国共产党领导下走社会主义道路、实现中华民族伟大复兴的共同理想和坚定信念，努力成为有理想、有道德、有文化、有纪律的社会主义新人。

二、热爱祖国，服务人民。弘扬民族精神，维护国家利益和民族团结。不参与违反四项基本原则、影响国家统一和社会稳定的活动。培养同人民群众的深厚感情，正确处理国家、集体和个人三者利益关系，增强社会责任感，甘愿为祖国为人民奉献。

三、勤奋学习，自强不息。追求真理，崇尚科学；刻苦钻研，严谨求实；积极实践，勇于创新；珍惜时间，学业有成。

四、遵纪守法，弘扬正气。遵守宪法、法律规定，遵守校纪校规；正确行使权利，依法履行义务；敬廉崇洁，公道正派；敢于并善于同各种违法行为作斗争。

五、诚实守信，严于律己。履约践诺，知行统一；遵从学术规范，恪守学术道德，不作弊，不剽窃；自尊自爱，自省自律；文明使用互联网；自觉抵制黄、赌、毒等不良诱惑。

六、明礼修身，团结友爱。弘扬传统美德，遵守社会公德，男女交往文明；关心集体，爱护公物，热心公益；尊敬师长，友爱同学，团结合作；仪表整洁，待人礼貌；豁达宽容，积极向上。

七、勤俭节约，艰苦奋斗。热爱劳动，珍惜他人和社会劳动成果；生活俭朴，杜绝浪费；不追求超越自身和家庭实际的物质享受。

八、强健体魄，热爱生活。积极参加文体活动，提高身体素质，保持心理健康；磨砺意志，不怕挫折，提高适应能力；增强安全意识，防止意外事故；关爱自然，爱护环境，珍惜资源。

普通高等学校学生管理规定

第一章　总　则

第一条　为维护普通高等学校正常的教育教学秩序和生活秩序,保障学生身心健康,促进学生德、智、体、美全面发展,依据教育法、高等教育法以及其他有关法律、法规,制定本规定。

第二条　本规定适用于普通高等学校、承担研究生教育任务的科学研究机构(以下简称高等学校或学校)对接受普通高等学历教育的研究生和本科、专科(高职)学生的管理。

第三条　高等学校要以培养人才为中心,按照国家教育方针,遵循教育规律,不断提高教育质量;要依法治校,从严管理,健全和完善管理制度,规范管理行为;要将管理与加强教育相结合,不断提高管理水平,努力培养社会主义合格建设者和可靠接班人。

第四条　高等学校学生应当努力学习马克思主义、毛泽东思想、邓小平理论和“三个代表”重要思想,确立在中国共产党领导下走中国特色社会主义道路,实现中华民族伟大复兴的共同理想和坚定信念;应当树立爱国主义思想,具有团结统一、爱好和平、勤劳勇敢、自强不息的精神;应当遵守宪法、法律、法规,遵守公民道德规范,遵守《高等学校学生行为准则》,遵守学校管理制度,具有良好的道德品质和行为习惯;应当刻苦学习,勇于探索,积极实践,努力掌握现代科学文化知识和专业技能;应当积极锻炼身体,具有健康体魄。

第二章　学生的权利与义务

第五条　学生在校期间依法享有下列权利：

（一）参加学校教育教学计划安排的各项活动，使用学校提供的教育教学资源；

（二）参加社会服务、勤工助学，在校内组织、参加学生团体及文娱等活动；

（三）申请奖学金、助学金及助学贷款；

（四）在思想品德、学业成绩等方面获得公正评价，完成学校规定学业后获得相应的学历证书、学位证书；

（五）对学校给予的处分或处理有异议，向学校或者教育行政部门提出申诉；对学校、教职工侵犯其人身权、财产权等合法权益，提出申诉或者依法提起诉讼；

（六）法律、法规规定的其他权利。

第六条　学生在校期间依法履行下列义务：

（一）遵守宪法、法律、法规；

（二）遵守学校管理制度；

（三）努力学习，完成规定学业；

（四）按规定缴纳学费及有关费用，履行获得贷学金及助学金的相应义务；

（五）遵守学生行为规范，尊敬师长，养成良好的思想品德和行为习惯；

（六）法律、法规规定的其他义务。

第三章　学籍管理

第一节　入学与注册

第七条　按国家招生规定录取的新生，持录取通知书，按学校有关要求和规定的期限到校办理入学手续。因故不能按期入学者，应当向学校请假。未请假或者请假逾期者，除因不可抗力等正当事由以外，视为放弃入学资格。

第八条　新生入学后，学校在三个月内按照国家招生规定对其进行复查。复查合格者予以注册，取得学籍。复查不合格者，由学校区别情况，予以处理，直至取消入学资格。

凡属弄虚作假、徇私舞弊取得学籍者，一经查实，学校应当取消其学籍。情节恶劣的，应当请有关部门查究。

第九条 对患有疾病的新生，经学校指定的二级甲等以上医院（下同）诊断不宜在校学习的，可以保留入学资格一年。保留入学资格者不具有学籍。在保留入学资格期内经治疗康复，可以向学校申请入学，由学校指定医院诊断，符合体检要求，经学校复查合格后，重新办理入学手续。复查不合格或者逾期不办理入学手续者，取消入学资格。

第十条 每学期开学时，学生应当按学校规定办理注册手续。不能如期注册者，应当履行暂缓注册手续。未按学校规定缴纳学费或者其他不符合注册条件的不予注册。

家庭经济困难的学生可以申请贷款或者其他形式的资助，办理有关手续后注册。

第二节 考核与成绩记载

第十一条 学生应当参加学校教育计划规定的课程和各种教育教学环节（以下统称课程）的考核，考核成绩记入成绩册，并归入本人档案。

第十二条 考核分为考试和考查两种。考核和成绩评定方式，以及考核成绩不合理的课程是否重修或者补考，由学校规定。

第十三条 学生思想品德的考核、鉴定，要以《高等学校学生行为准则》为主要依据，采取个人小结，师生民主评议等形式进行。

学生体育课的成绩应当根据考勤、课内教学和课外锻炼活动的情况综合评定。

第十四条 学生学期或者学年所修课程或者应修学分数以及升级、跳级、留级、降级、重修等要求，由学校规定。

第十五条 学生可以根据学校有关规定，申请辅修其他专业或者选修其他专业课程。

学生可以根据校际间协议跨校修读课程。在他校修读的课程成绩（学分）由本校审核后予以承认。

第十六条 学生严重违反考核纪律或者作弊的，该课程考核成绩记为无效，并由学校视其违纪或者作弊情节，给予批评教育和相应的纪律处分。给予留校察看及以下处分的，经教育表现较好，在毕业前对该课程可以给予补考或者重修机会。

第十七条 学生不能按时参加教育教学计划规定的活动，应当事先请假并获得批准。未经批准而缺席者，根据学校有关规定给予批评教育，情节严重的给予纪律处分。

第三节 转专业与转学

第十八条 学生可以按学校的规定申请转专业。学生转专业由所在学校批准。

学校根据社会对人才需求情况的发展变化，经学生同意，必要时可以适当调整学生所学专业。

第十九条 学生一般应当在被录取学校完成学业。如患病或者确有特殊困难，无法继续在本校学习的，可以申请转学。

第二十条 学生有下列情形之一，不得转学：

（一）入学未满一学期的；

（二）由招生时所在地的下一批次录取学校转入上一批次学校、由低学历层次转为高学历层次的；

（三）招生时确定为定向、委托培养的；

（四）应予退学的；

（五）其他无正当理由的。

第二十一条 学生转学，经两校同意，由转出学校报所在地省级教育行政部门确认转学理由正当，可以办理转学手续；跨省转学者由转出地省级教育行政部门与转入地省级教育行政部门协商，按转学条件确认后办理转学手续。须转户口的由转入地省级教育行政部门将有关文件抄送转入校所在地公安部门。

第四节 休学与复学

第二十二条 学生可以分阶段完成学业。学生在校最长年限（含休学）由学校规定。

第二十三条 学生申请休学或者学校认为应当休学者，由学校批准，可以休学。休学次数和期限由学校规定。

第二十四条 学生应征参加中国人民解放军（含中国人民武装警察部队），

学校应当保留其学籍至退役后一年。

第二十五条 休学学生应当办理休学手续离校，学校保留其学籍。学生休学期间，不享受在校学习学生待遇。休学学生患病，其医疗费按学校规定处理。

第二十六条 学生休学期满，应当于学期开学前向学校提出复学申请，经学校复查合格，方可复学。

第五节 退 学

第二十七条 学生有下列情形之一，应予退学：

（一）学业成绩未达到学校要求或者在学校规定年限内（含休学）未完成学业的；

（二）休学期满在学校规定期限内未提出复学申请或者申请复学经复查不合格的；

（三）经学校指定医院诊断，患有疾病或者意外伤残无法继续在校学习的；

（四）未请假离校连续两周未参加学校规定的教学活动的；

（五）超过学校规定期限未注册而又无正当事由的；

（六）本人申请退学的。

第二十八条 对学生的退学处理，由校长会议研究决定。

对退学的学生，由学校出具退学决定书并送交本人，同时报学校所在地省级教育行政部门备案。

第二十九条 退学的本专科学生，按学校规定期限办理退学手续离校，档案、户口退回其家庭户籍所在地。

退学的研究生，按已有毕业学历和就业政策可以就业的，由学校报所在地省级毕业生就业部门办理相关手续；在学校规定期限内没有聘用单位的，档案、户口退回其家庭户籍所在地。

第三十条 学生对退学处理有异议的，参照本规定第六十一条、第六十二条、第六十三条、第六十四条办理。

第六节 毕业、结业和肄业

第三十一条 学生在学校规定年限内，修完教育教学计划规定内容，德、智、体达到毕业要求，准予毕业，由学校发给毕业证书。

第三十二条 学生在学校规定年限内，修完教育教学计划规定内容，未达到毕业要求，准予结业，由学校发给结业证书。结业后是否可以补考、重修或者补作毕业设计、论文、答辩，以及是否颁发毕业证书，由学校规定。对合格后颁发的毕业证书，毕业时间按发证日期填写。

第三十三条　符合学位授予条件者，学位授予单位应当颁发学位证书。

第三十四条　学满一学年以上退学的学生，学校应当颁发肄业证书。

第三十五条　学校应当严格按照招生时确定的办学类型和学习形式，填写、颁发学历证书、学位证书。

第三十六条　学校应当执行高等教育学历证书电子注册管理制度，每年将颁发的毕（结）业证书信息报所在地省级教育行政部门注册，并由省级教育行政部门报国务院教育行政部门备案。

第三十七条　对完成本专业学生同时辅修其他专业并达到该专业辅修要求者，由学校发给辅修专业证书。

第三十八条　对违反国家招生规定入学者，学校不得发给学历证书、学位证书；已发的学历证书、学位证书，学校应当予以追回并报教育行政部门宣布证书无效。

第三十九条　毕业、结业、肄业证书和学校证书遗失或者损坏，经本人申请，学校核实后应当出具相应的证明书。证明书与原证书具有同等效力。

第四章　校园秩序与课外活动

第四十条　学校应当维护校园正常秩序，保障学生的正常学习和生活。

第四十一条　学校应当建立和完善学生参与民主管理的组织形式，支持和保障学生依法参与学校民主管理。

第四十二条　学生应当自觉遵守公民道德规范，自觉遵守学校管理制度，创造文明、整洁、优美、安全的学习和生活环境。

学生不得有酗酒、打架斗殴、赌博、吸毒、传播、复制、贩卖非法书刊和音像制品等违反治安管理规定的行为；不得参与非法传销和进行邪教、封建迷信活动；不得从事或者参与有损大学生形象、有损社会公德的活动。

第四十三条　任何组织和个人不得在学校进行宗教活动。

第四十四条　学生可以在校内组织、参加学生团体。学生成立团体，应当按学校有关规定提出书面申请，报学校批准。成立学生团体应当在宪法、法律、法规和学校管理制度范围内活动，接受学校的领导和管理。

第四十五条 学校提倡并支持学生及学生团体开展有益于身心健康的学术、科技、艺术、文娱、体育等活动。

学生进行课外活动不得影响学校正常的教育教学秩序和生活秩序。

第四十六条 学校应当鼓励、支持和指导学生参加社会实践、社会服务和开展勤工助学活动，并根据实际情况给予必要的帮助。

学生参加勤工助学活动应当遵守法律、法规以及学校、用工单位的管理制度，履行勤工助学活动的有关协议。

第四十七条 学生举行大型集会、游行、示威等活动，应当按法律程序和有关规定获得批准。对未获批准的，学校应当依法劝阻或者制止。

第四十八条 学生使用计算机网络，应当遵循国家和学校关于网络使用的有关规定，不得登录非法网站、传播有害信息。

第四十九条 学校应当建立健全学生住宿管理制度。学生应当遵守学校关于学生住宿管理的规定。

第五章　奖励与处分

第五十条 学校、省（自治区、直辖市）和国家有关部门应当对在德、智、体、美等方面全面发展或者在思想品德、学业成绩、科技创造、锻炼身体及社会服务等方面表现突出的学生，给予表彰和奖励。

第五十一条 对学生的表彰和奖励可以采取授予“三好学生”称号或者其他荣誉称号、颁发奖学金等多种形式，给予相应的精神鼓励或者物质奖励。

第五十二条 对有违法、违规、违纪行为的学生，学校应当给予批评教育或者纪律处分。

学校给予学生的纪律处分，应当与学生违法、违规、违纪行为的性质和过错的严重程度相适应。

第五十三条 纪律处分的种类分为：

（一）警告；

（二）严重警告；

（三）记过；

（四）留校察看；

（五）开除学籍。

第五十四条 学生有下列情形之一，学校可以给予开除学籍处分：

（一）违反宪法，反对四项基本原则、破坏安定团结、扰乱社会秩序的；

（二）触犯国家法律，构成刑事犯罪的；

（三）违反治安管理规定受到处罚，性质恶劣的；

（四）由他人代替考试、替他人参加考试、组织作弊、使用通信设备作弊及其他作弊行为严重的；

（五）剽窃、抄袭他人研究成果，情节严重的；

（六）违反学校规定，严重影响学校教育教学秩序、生活秩序以及公共场所管理秩序，侵害其他个人、组织合法权益，造成严重后果的；

（七）屡次违反学校规定受到纪律处分，经教育不改的。

第五十五条 学校对学生的处分，应当做到程序正当、证据充足、依据明确、定性准确、处分恰当。

第五十六条 学校对学生作出处分决定之前，应当听取学生或者其代理人的陈述和申辩。

第五十七条 学校在对学生作出开除学籍处分决定，应当由校长会议研究决定。

第五十八条 学校对学生作出处分，应当出具处分决定书，送交本人。对学生开除学籍的处分决定书报学校所在地省级教育行政部门备案。

第五十九条 学校对学生作出的处分决定书应当包括处分和处分事实、理由及依据，并告知学生可以提出申诉及申诉的期限。

第六十条 学校应当成立学生申诉处理委员会，受理学生对取消入学资格、退学处理或者违规、违纪处分的申诉。

学生申诉处理委员会应当由学校负责人、职能部门负责人、教师代表、学生代表组成。

第六十一条 学生对处分决定有异议的，在接到学校处分决定书之日起 5 个工作日内，可以向学校学生申诉处理委员会提出书面申诉。

第六十二条 学生申诉处理委员会对学生提出的申诉进行复查，并在接到书面申诉之日起 15 个工作日内，作出复查结论并告知申诉人。需要改变原处分决定的，由学生申诉处理委员会提交学校重新研究决定。

第六十三条 学生对复查决定有异议的，在接到学校复查决定书之日起 15

个工作日内，可以向学校所在地省级教育行政部门提出书面申诉。

地省级教育行政部门在接到学生书面申诉之日起 30 个工作日内，对申诉人的问题给予处理并答复。

第六十四条　从处分决定或者复查决定送交之日起，学生在申诉期内未提出申诉的，学校或者省级教育行政部门不再受理其提出的申诉。

第六十五条　被开除学籍的学生，由学校发给学习证明。学生按学校规定期限离校，档案、户口退回其家庭户籍所在地。

第六十六条　对学生的奖励、处分材料，学校应当真实完整地归入学校文书档案和本人档案。

第六章　附　则

第六十七条　对接受成人高等学历教育的学生、港澳台侨学生、留学生的管理参照本规定实施。

第六十八条　高等学校应当根据本规定制定或修改学校学生管理规定，报主管教育行政部门备案（中央部委属校同时抄报所在地省级教育行政部门），并及时向学生公布。

省级教育行政部门根据本规定，指导、检查和督促本地区高等学校实施学生管理。

第六十九条　本规定自 2005 年 9 月 1 日起施行。原国家教育委员会发布的《普通高等学校学生管理规定》（国家教育委员会令第 7 号）、《研究生学籍管理规定》（教学〔1995〕4 号）同时废止。其他有关文件规定与本规定不一致的，以本规定为准。

普通本科高校、高等职业学校国家奖学金管理暂行办法

第一章 总 则

第一条 为激励普通本科高校、高等职业学校学生勤奋学习、努力进取，在德、智、体、美等方面得到全面发展，根据《国务院关于建立健全普通本科高校、高等职业学校和中等职业学校家庭经济困难学生资助政策体系的意见》(国发〔2007〕13 号)，制定本办法。

第二条 本办法所称普通本科高校、高等职业学校是指根据国家有关规定批准设立、实施高等学历教育的全日制普通本科高等学校、高等职业学校和高等专科学校(以下简称高校)。

第三条 国家奖学金由中央政府出资设立，用于奖励高校全日制本专科(含高职、第二学士学位)学生(以下简称学生)中特别优秀的学生。

中央高校国家奖学金的名额由财政部教育部等有关部门确定。地方高校国家奖学金的名额由各省(自治区、直辖市)根据财政部、教育部确定的总人数，以及高校数量、类别、办学层次、办学质量、在校本专科生人数等因素确定。在分配国家奖学金名额时，对办学水平较高的高校、以农林水地矿油核等国家需要的特殊学科专业为主的高校予以适当倾斜。

第二章 奖励标准与基本条件

第四条 国家奖学金的奖励标准为每人每年 8 000 元。

第五条 国家奖学金的基本申请条件：

1. 热爱社会主义祖国，拥护中国共产党的领导。
2. 遵守宪法和法律，遵守学校规章制度。

3. 诚实守信,道德品质优良。

4. 在校期间学习成绩优异,社会实践、创新能力、综合素质等方面特别突出。

第三章　名额分配与预算下达

第六条　全国学生资助管理中心根据财政部、教育部确定的当年国家奖学金的总人数,按照本办法第三条的规定,于每年 5 月底前,提出各省(自治区、直辖市)和中央部门所属高校国家奖学金名额分配建议方案,报财政部、教育部审批。

第七条　每年 7 月 31 日前,财政部、教育部将国家奖学金分配名额和预算下达中央主管部门和省级财政、教育部门。

每年 9 月 1 日前,中央主管部门和省及省以下财政、教育部门负责将国家奖学金名额和预算下达所属各高校。

第四章　评　审

第八条　国家奖学金每学年评审一次,实行等额评审,坚持公开、公平、公正、择优的原则。

第九条　获得国家奖学金的学生为高校在校生中二年级以上(含二年级)的学生。

同一学年内,获得国家奖学金的家庭经济困难学生可以同时申请并获得国家助学金,但不能同时获得国家励志奖学金。

第十条　高校要根据本办法的规定,制定具体评审办法,并报主管部门备案。

第十一条　高校学生资助管理机构具体负责组织评审工作,提出本校当年国家奖学金获奖学生建议名单,报学校领导集体研究审定后,在校内进行不少于 5 个工作日的公示。公示无异议后,每年 10 月 31 日前,中央高校将评审结果报中央主管部门,地方高校将评审结果逐级报至省级教育部门。中央主管部门和省级教育部门审核、汇总后,统一报教育部审批。教育部于每年 11 月 15 日前批复并公告。

第五章　奖学金发放、管理与监督

第十二条　高校于每年 11 月 30 日前将国家奖学金一次性发放给获奖学生，颁发国家统一印制的奖励证书，并记入学生学籍档案。

第十三条　各高校要切实加强管理，认真做好国家奖学金的评审和发放工作，确保国家奖学金用于奖励特别优秀的学生。

第十四条　各省（自治区、直辖市）、有关部门和高校必须严格执行国家相关财经法规和本办法的规定，对国家奖学金实行分账核算，专款专用，不得截留、挤占、挪用，同时应接受财政、审计、纪检监察、主管机关等部门的检查和监督。

第六章　附　则

第十五条　民办高校（含独立学院）国家奖学金管理办法由各省（自治区、直辖市）制定。各省（自治区、直辖市）在制定办法时，应综合考虑学校的办学质量、学费标准、招生录取分数、一次性就业率、学科专业设置等因素。

第十六条　本办法由财政部、教育部负责解释。各省（自治区、直辖市）要根据本办法制定实施细则，并报财政部、教育部备案。

第十七条　本办法自发布之日起施行。《财政部　教育部关于印发〈国家助学奖学金管理办法〉的通知》（财教〔2005〕75 号）同时废止。

普通本科高校、高等职业学校国家励志奖学金管理暂行办法

第一章 总 则

第一条 为激励普通本科高校、高等职业学校家庭经济困难学生勤奋学习、努力进取，在德、智、体、美等方面得到全面发展，根据《国务院关于建立健全普通本科高校、高等职业学校和中等职业学校家庭经济困难学生资助政策体系的意见》（国发〔2007〕13 号），制定本办法。

第二条 本办法所称普通本科高校、高等职业学校是指根据国家有关规定批准设立、实施高等学历教育的全日制普通本科高等学校、高等职业学校和高等专科学校（以下简称高校）。

第三条 国家励志奖学金用于奖励资助高校全日制本专科（含高职、第二学士学位）学生（以下简称学生）中品学兼优的家庭经济困难学生。

中央高校国家励志奖学金的奖励资助名额由财政部教育部等有关部门确定。地方高校国家励志奖学金的奖励资助名额由各省、自治区、直辖市根据财政部、教育部确定的总人数，以及高校数量、类别、办学层次、办学质量、在校本专科生人数和生源结构等因素确定。在分配国家励志奖学金名额时，对办学水平较高的高校，以农林水地矿油核等国家需要的特殊学科专业为主的高校予以适当倾斜。

第四条 国家励志奖学金由中央和地方政府共同出资设立。中央部门所属高校国家励志奖学金所需资金由中央财政负担。地方所属高校国家励志奖学金所需资金根据各地财力及生源状况由中央与地方财政按比例分担。

国家鼓励各省、自治区、直辖市加大家庭经济困难学生资助力度，超出中央核定总额部分的国家励志奖学金所需资金由中央财政给予适当补助。

第二章　奖励标准与申请条件

第五条　国家励志奖学金的奖励标准为每人每年 5 000 元。

第六条　国家励志奖学金的基本申请条件：

1. 热爱社会主义祖国，拥护中国共产党的领导。
2. 遵守宪法和法律，遵守学校规章制度。
3. 诚实守信，道德品质优良。
4. 在校期间学习成绩优秀。
5. 家庭经济困难。
6. 社会能力、工作能力较强，有一定的群众基础。
7. 无其他不良嗜好和不适合该荣誉称号的表现。

第三章　名额分配与预算下达

第七条　每年 5 月底前，中央主管部门和各省、自治区、直辖市要根据本办法第三条的规定，提出所属高校国家励志奖学金名额分配建议方案，报财政部、教育部。

财政部、教育部委托全国学生资助管理中心对中央主管部门和各省、自治区、直辖市报送的国家励志奖学金名额分配建议方案进行审核。

第八条　每年 7 月 31 日前，财政部、教育部结合全国学生资助管理中心审核意见，将国家励志奖学金分配名额和预算下达中央主管部门和省级财政、教育部门。

第九条　每年 9 月 1 日前，中央主管部门和省以下财政、教育部门负责将国家励志奖学金名额和预算下达所属各高校。

第四章　申请与评审

第十条　国家励志奖学金实行等额评审，坚持公开、公平、公正、择优的原则。

第十一条　国家励志奖学金申请与评审工作由高校组织实施。高校要根据本办法的规定，制定具体评审办法，并报中央主管部门或省级教育行政部门备案。高校在开展国家励志奖学金评审工作中，要对农林水地矿油核等国家需要的特殊学科专业学生予以适当倾斜。

第十二条 国家励志奖学金按学年申请和评审。申请国家励志奖学金的学生为高校在校生中二年级（含二年级）以上的学生。

同一学年内，申请国家励志奖学金的学生可以同时申请并获得国家助学金，但不能同时获得国家奖学金。

试行免费教育的教育部直属师范院校师范类专业学生不再同时获得国家励志奖学金。

第十三条 每年9月30日前，学生根据本办法规定的国家励志奖学金的基本申请条件及其他有关规定，向学校提出申请，并递交《普通本科高校、高等职业学校国家励志奖学金申请表》（见附表）。

第十四条 高校学生资助管理机构负责组织评审，提出本校当年国家励志奖学金获奖学生建议名单，报学校领导集体研究通过后，在校内进行不少于5个工作日的公示。公示无异议后，每年10月31日前，中央高校评审结果报中央主管部门，地方高校评审结果逐级报至省级教育部门。中央主管部门和省级教育部门于11月15日前批复。

第五章 奖学金发放、管理与监督

第十五条 高校于每年11月30日前将国家励志奖学金一次性发放给获奖学生，并记入学生的学籍档案。

第十六条 地方财政部门要按有关规定落实所负担的资金，及时拨付，加强管理。

第十七条 各高校要切实加强管理，认真做好国家励志奖学金的评审和发放工作，确保国家励志奖学金真正用于资助品学兼优的家庭经济困难学生。

第十八条 各省、自治区、直辖市、各有关部门和高校必须严格执行国家相关财经法规和本办法的规定，对国家励志奖学金实行分账核算，专款专用，不得截留、挤占、挪用，同时应接受财政、审计、纪检监察、主管机关等部门的检查和监督。

第六章　附　则

第十九条　高校要按照国家有关规定，从事业收入中足额提取4%～6%的经费用于资助家庭经济困难学生。中央高校提取的具体比例由财政部商中央主管部门确定，地方高校提取的具体比例由各省、自治区、直辖市确定。

第二十条　民办高校（含独立学院）按照国家有关规定规范办学、举办者按照本办法第十九条规定的比例从事业收入中足额提取经费用于资助家庭经济困难学生的，其招收的符合本办法规定申请条件的普通本专科（含高职、第二学士学位）学生，也可以申请国家励志奖学金。具体评审管理办法，由各省、自治区、直辖市研究制定。各省、自治区、直辖市在制定评审管理办法时，应综合考虑学校的办学质量、学费标准、招生录取分数、一次性就业率、学科专业设置等因素。

第二十一条　本办法由财政部、教育部负责解释。各省、自治区、直辖市要根据本办法制定实施细则，并报财政部、教育部备案。

第二十二条　本办法自公布之日起施行。

普通本科高校、高等职业学校国家助学金管理暂行办法

第一章 总 则

第一条 为体现党和政府对普通本科高校、高等职业学校家庭经济困难学生的关怀，帮助他们顺利完成学业，根据《国务院关于建立健全普通本科高校、高等职业学校和中等职业学校家庭经济困难学生资助政策体系的意见》（国发〔2007〕13 号），制定本办法。

第二条 本办法所称普通本科高校、高等职业学校是指根据国家有关规定批准设立、实施高等学历教育的全日制普通本科高等学校、高等职业学校和高等专科学校（以下简称高校）。

第三条 国家助学金用于资助高校全日制本专科（含高职、第二学士学位）在校生中的家庭经济困难学生。

中央高校国家助学金的资助名额由财政部商有关部门确定。地方高校国家助学金的资助名额由各省（自治区、直辖市）根据财政部、教育部确定的总人数，以及高校数量、类别、办学层次、办学质量、在校本专科生人数和生源结构等因素确定。在分配国家助学金名额时，对民族院校、以农林水地矿油核等国家需要的特殊学科专业为主的高校予以适当倾斜。

第四条 国家助学金由中央和地方政府共同出资设立。中央部门所属高校国家助学金所需资金由中央财政负担。地方所属高校国家助学金所需资金根据各地财力及生源状况由中央与地方财政按比例分担。

国家鼓励各省（自治区、直辖市）加大家庭经济困难学生资助力度，超出中央核定总额部分的国家助学金所需资金由中央财政给予适当补助。

第二章 资助标准与申请条件

第五条 国家助学金主要资助家庭经济困难学生的生活费用开支。国家助学金的平均资助标准为每生每年2 000元,具体标准在每生每年1 000~3 000元范围内确定,可以分为2~3档。中央高校国家助学金分档及具体标准由财政部商有关部门确定,地方高校国家助学金分档及具体标准由各省(自治区、直辖市)确定。

第六条 国家助学金的基本申请条件:

1. 热爱社会主义祖国,拥护中国共产党的领导。
2. 遵守宪法和法律,遵守学校规章制度。
3. 诚实守信,道德品质优良。
4. 勤奋学习,积极上进。
5. 家庭经济困难,生活俭朴。

第三章 名额分配与预算下达

第七条 每年5月底前,中央主管部门和各省(自治区、直辖市)要根据国家确定的有关原则和本办法第三条、第五条的规定,提出所属高校国家助学金名额分配建议方案,报财政部、教育部。

财政部、教育部委托全国学生资助管理中心对中央主管部门和各省(自治区、直辖市)报送的国家助学金名额分配建议方案进行审核。

第八条 每年7月31日前,财政部、教育部结合全国学生资助管理中心审核意见,将国家助学金分配名额和预算下达中央主管部门和省级财政、教育部门。

第九条 每年9月1日前,中央主管部门和省以下财政、教育部门负责将国家助学金预算下达所属各高校。

第四章 申请与评审

第十条 国家助学金的评定工作坚持公开、公平、公正的原则。

第十一条 国家助学金申请与评审工作由高校组织实施。高校要根据本办法的规定，制定具体评审办法，并报中央主管部门或省级教育部门备案。高校在开展国家助学金评审工作中，要对农林水地矿油核等国家需要的特殊学科专业学生予以适当倾斜。

第十二条 国家助学金按学年申请和评审。

第十三条 每年 9 月 30 日前，学生根据本办法规定的国家助学金的基本申请条件及其他有关规定，向学校提出申请，并递交《普通本科高校、高等职业学校国家助学金申请表》（见附表）。

在同一学年内，申请并获得国家助学金的学生，可同时申请并获得国家奖学金或国家励志奖学金。

试行免费教育的教育部直属师范院校师范类专业学生，不再同时获得国家助学金。

第十四条 高校学生资助管理机构结合本校家庭经济困难学生等级认定情况，组织评审，提出享受国家助学金资助初步名单及资助档次，报学校领导集体研究通过后，于每年 11 月 15 日前，将本校当年国家助学金政策的落实情况按隶属关系报至中央主管部门或省级教育部门备案。

第五章　助学金发放、管理与监督

第十五条 高校应按月将国家助学金发放到受助学生手中。

第十六条 地方财政部门应按有关规定落实所负担的资金，及时拨付，加强管理。

第十七条 各高校应切实加强管理，认真做好国家助学金的评审和发放工作，确保国家助学金用于资助家庭经济困难的学生。

第十八条 各省（自治区、直辖市）、有关部门和高校必须严格执行国家相关财经法规和本办法的规定，对国家助学金实行分账核算，专款专用，不得截留、挤占、挪用，同时应接受财政、审计、纪检监察、主管机关等部门的检查和监督。

第六章　附　则

第十九条 高校要按照国家有关规定，从事业收入中足额提取 4% ~6% 的经费用于资助家庭经济困难学生。中央高校提取的具体比例由财政部商中央主管部门确定,地方高校提取的具体比例由各省(自治区、直辖市)确定。

第二十条 民办高校(含独立学院)按照国家有关规定规范办学、举办者按照本办法第十九条规定的比例从事业收入中足额提取经费用于资助家庭经济困难学生的,其招收的符合本办法规定申请条件的普通本专科(含高职、第二学士学位)学生,也可以申请国家助学金,具体评审管理办法,由各省(自治区、直辖市)制定。各省(自治区、直辖市)在制定评审管理办法时,应综合考虑学校的学费标准、招生录取分数、一次性就业率、学科专业设置等因素。

第二十一条 本办法由财政部、教育部负责解释。各省(自治区、直辖市)要根据本办法制定实施细则,并报财政部、教育部备案。

第二十二条 本办法自发布之日起施行。《财政部、教育部关于印发〈国家助学奖学金管理办法〉的通知》(财教〔2005〕75 号)同时废止。

普通高等学校学生安全教育及管理暂行规定

第一章　总　则

第一条　为了加强高等学校管理，维护正常的教学和生活秩序，保障学生人身和财物的安全，促进身心健康发展，特制定本暂行规定。

第二条　高等学校学生安全教育及管理的主要任务是：宣传、贯彻国家有关安全管理工作的方针、政策、法律、法规，对学生实施安全教育及管理，妥善处理各类安全事故，引导学生健康成长。

第三条　高等学校学生安全教育及管理，要以预防为主，本着保护学生、教育先行、明确责任、教管结合、实事求是、妥善处理的原则，做好教育、管理和处理工作。

第四条　本暂行规定所称学生指在普通高等学校取得学籍的全日制学生，即按国家任务、用人单位委托培养、自费三种计划形式录取的学生。

第二章　安全教育

第五条　高等学校应将对学生进行安全教育作为一项经常性的工作，列入学校工作的重要议事日程，加强领导。学校各部门和有关群众团体或组织要相互配合，积极开展安全教育，普及安全知识，增强学生的安全意识和法制观念，提高防范能力。

第六条　学生安全教育应根据不同专业及青年学生的特点，从学生入学到毕业，在各种教学活动和日常生活中，特别是节假日前适时进行，并善于利用发生的安全事故教育学生，防患于未然。

学校应根据环境、季节及有关规律进行防盗、防火、防特、防病、防事故等方面的教育，并使之经常化、制度化。

第七条 学校对学生进行安全教育须注重心理疏导，加强思想政治工作，教育学生注意保持健康的心理状态，帮助学生克服因各种原因造成的心理障碍，把事故消除在萌芽状态。

第三章 安全管理

第八条 高等学校要做好学生日常安全管理工作，加强安全防范，建立和健全规章制度，严格管理。学校要把安全教育及管理工作纳入领导任期的责任目标，落实到年级、班主任。学校应由一名校领导主要负责。

第九条 高等学校应确定学生安全教育及管理工作的主要部门，明确其职责，具体组织实施安全教育及其管理工作。各有关部门应分工协作，积极配合。

第十条 全体教职工要从关心学生、爱护学生出发，树立安全思想，努力做好本职工作，改善环境与条件，保护学生人身和财产安全。

第十一条 学生发生意外事故以及学生要求保护人身和财产安全等情况时，学校应迅速采取有效措施。

第十二条 学生必须严格遵守国家法律、法规和学校的各项规章制度，注意自身的人身和财物安全，防止各种事故的发生。

第十三条 学生在日常教学及各项活动中，应遵守纪律和有关规定，听从指导，服从管理；在公共场所，要遵守社会公德，增强安全防范意识，提高自我保护能力。

第十四条 学生组织集体课外活动，须经学校同意，按学校规定进行。学校须认真进行安全审查，条件不具备时不得批准。

第十五条 学生应严格遵守宿舍管理的规定，自觉维护宿舍的安全与卫生，提高自我管理能力。

第十六条 发现刑事、治安案件或交通、灾害等事故，在场学生应保护现场，及时报告学校或公安部门并协助处理。在学校范围内的，学校应迅速采取措施，控制事态发展，减轻伤害和损失。

第四章　事故处理

第十七条　学生人身和财产发生一般伤害后学校要及时调查处理，根据当事人或他人的过错，责令其赔偿损失，并给予批评教育或相应的行政、纪律处分。

在校园内，发生学生非正常死亡、重伤或被窃、失火等造成财产重大损失事故后，学校应迅速采取措施进行抢救、保护现场，同时加强思想政治工作，稳定情绪，恢复秩序，并协同地方有关部门妥善处理。

第十八条　学校对事故调查后认为涉及追究刑事责任的，要及时与公安部门联系，协助调查处理。

重大事故学校有关领导应亲自参与调查工作，并认真研究调查报告，及时处理。

第十九条　在安全管理或事故处理过程中，学校认为有必要搜查学生住处，须报请公安部门依法进行。调查处理案件中要以事实为依据，不得逼供或诱供。

第二十条　重大事故发生后，学校应在一天内向所在省（自治区、直辖市）有关主管部门报告，并及时通知学生家长。事故处理结束后一周内书面报告有关主管部门。

第二十一条　学生在教学、实习过程与日常生活中，因学校或有关单位责任发现死亡、重伤或残疾，由学校或有关单位承担责任，做好处理及善后工作。

在教学、实习过程与日常生活中，学生因不遵守纪律和不按要求活动而发生意外事故，学校不承担责任。

第二十二条　因忽视安全生产、管理不善；工作不负责任，违反指挥；玩忽职守，徇私舞弊等，对学生造成严重的人身、财物损害的，由其所在单位或上级主管部门，视具体情况对有关责任人员分别给予责令检查、赔偿损失、行政处分，直至依法追究刑事责任。

第二十三条　学生未经批准擅自离校不归发生意外事故的，学校不承担责任。

对擅自离校不归，学校不知去向的学生，学校应及时寻找并报告当地公安部门，及时通知学生家长。半月不归且未说明原因者，学校可张榜公布，按自动退学除名。

第二十四条　学生假期或办理离校手续后发生意外事故的，学校不承担责任。

第二十五条 在校内正常生活及由学校在校外组织的活动中，由于不能避免的原因或自然灾害而发生的事故，由学校视具体情况处理。

第二十六条 有条件的高等学校可为学生办理人身保险。

第二十七条 凡经学校指定的专业医院确诊为精神病、癫痫病患者的学生，应予退学，由其监护人负责领回。学生及其监护人不得无理纠缠，扰乱学校教学、生活秩序。

第二十八条 因事故伤残的学生，经治疗后病情稳定，学校认为生活能自理，能坚持在校学习，可留校继续学习；不能坚持在校学习者，应予退学，由学校按其实际学习年限发给肄业证书，并根据事故性质和伤残程度一次性给予适当经济补助。退学学生回其监护人所在地，当地民政等有关部门应协助做好接收、落户等工作，由当地劳动部门按国家关于残疾人劳动就业有关规定安置。

第二十九条 学生因病死亡和责任不由学校承担的意外死亡，学校不承担丧葬费。如家庭确有困难者，学校可酌情予以一次性经济补助。

第三十条 因责任不在本人的意外死亡学生，由学校或有关单位参照国家关于事业职工死亡丧葬有关规定处理，负担丧葬费的全部，学校可一次性给予适当经济补助。

无论何种情况（事故）给予的经济补助，一般不超过国家规定的学生在校期间（以四年计）的平均奖学金数。

凡是事故责任由学校以外的其他单位、个人承担的，学校不再给予经济补助。

第三十一条 因保护国家财产和他人人身安全，见义勇为而致残或英勇牺牲的学生，学校应报请所在省（自治区、直辖市）人民政府授予荣誉称号，并给予相应的待遇。

第三十二条 对事故处理不服或持有异议者，可向学校或学校上一级部门申诉，或者依法向人民法院提起民事诉讼。

第五章 附 则

第三十三条 普通高等学校研究生事故处理，参照本办法执行。

第三十四条 本暂行规定结合《普通高等学校学生管理规定》《高等学校校

园秩序管理若干规定》试行。

第三十五条 各省、自治区、直辖市教育行政部门和各高等学校可根据本暂行规定制定实施细则。

第三十六条 本暂行规定由国家教育委员会解释。

第三十七条 本暂行规定自发布之日起试行。

高等学校校园秩序管理若干规定

第一条　为了优化育人环境，加强高等学校校园管理，维护教学、科研生活秩序和安定团结的局面，建立有利于培养社会主义现代化建设专门人才的校园秩序，制定本规定。

第二条　本规定所称的高等学校（以下简称"学校"）是指全日制普通高等学校和成人高等学校。

本规定所称的师生员工是指学校的教师（包括外籍教师）、学生（包括外国在华留学生）、教育教学辅助人员、管理人员和工勤人员。

第三条　学校的师生员工以及其他到学校活动的人员都应该遵守本规定，维护宪法确立的根本制度和国家利益，维护学校的教学、科研和生活秩序。

学校应当加强校园管理，采取措施，及时有效地预防和制止校园内的违反法律、法规、校规的活动。

第四条　学校应当尊重和维护师生员工的人身权利、政治权利、教育和受教育的权利以及法律规定的其他权利，依照法律，不得限制、剥夺师生员工的权利。

第五条　进入学校的人员，必须持有本校的学生证、工作证、听课证或者学校颁发的其他进入学校的证章、证件。

未持有前款规定的证章、证件的国内人员进入学校，应当向门卫登记后进入学校。

第六条　国内新闻记者进入学校采访，必须持有记者证和采访介绍信，在通知学校有关机构后，方可进入学校采访。

外国新闻记者和港澳台新闻记者采访，必须持有学校所在省、自治区、直辖市人民政府外事机关或港澳台办的介绍信和记者证，并在进校采访前与学校外事机构联系，经许可后方可进入学校采访。

第七条　外国人、港澳台人员进入学校进行公务、业务活动，应当经过省、自治区、直辖市或者国务院有关部门同意并告知学校后，或按学术交流计划经学校主管领导研究同意后，方可进入学校。

自行要求进入学校的外国人、港澳台人员，应当在学校外事机构或港澳台办批准后，方可进入学校。

接受师生员工个人邀请进入学校探亲访友的外国人、港澳台人员，应当履行门卫登记手续后进入学校。

第八条 依照本规定第五条、第六条、第七条的规定进入学校的人员，应当遵守法律、法规、规章和学校的制度，不得从事与其身份不符的活动，不得危害校园治安。

对违反本规定第五条、第六条、第七条和本条前款规定的人员，师生员工有权向学校保卫机构报告，学校保卫机构可以要求其说明情况或责令其离开学校。

第九条 学生一般不得在学生宿舍留宿校外人员，遇有特殊情况留宿校外人员，应当报请学校有关机构许可，并且进行留宿登记，留宿人员离校就注销登记。不得在学生宿舍内留宿异性。

违反前款规定的，学校保卫机构可以责令留宿人员离开学生宿舍。

第十条 告示、通知、启事、广告等，应当张贴在学校指定或者许可的地点。散发宣传品、印刷品应当经过学校有关机构的同意。

对于张贴、散发反对我国宪法确立的根本制度、损害国家利益或者侮辱诽谤他人的公开张贴物、宣传品和印刷品的当事人，由司法机关依法追究其法律责任。

第十一条 在校园设置临时或者永久建筑物以及安装音响、广播、电视设施，设置者、安装者应当报请学校有关机构审批，未经批准不得擅自设置、安装。

师生员工或有关团体、组织使用学校的广播、电视设施，必须报请学校有关机构批准，禁止任何组织和个人擅自使用学校广播、电视设施。

在校内举行文化娱乐活动，不得干扰学校的教学、科研和生活秩序。

违反第一款、第二款、第三款规定的，学校有关机构可以劝其停止设置、安装或者停止活动，已经设置、安装的，学校有关机构可以拆除，或者责令设置者、安装者拆除。

第十二条 在校内举行集会、讲演等公共活动，组织者必须在七十二小时前向学校有关机构提出申请，申请中应当说明活动的目的、人数、时间、地点和负责人的姓名。学校有关机构应当至迟在举行时间的四小时前将许可或不许可的决定通知组织者。逾期未通知的，视为许可。

集会、讲演等应符合我国的教育方针和相应的法规、规章，不得反对我国宪法确立的根本制度，不得干扰学校的教学、科研和生活秩序，不得损害国家财产和其他公民的权利。

第十三条 在校内组织讲座、报告等室内活动，组织者应当在七十二小时前向学校有关机构提出申请，申请中应当说明活动的内容、报告人和负责人的姓名，学校有关机构应当至迟在举行时间的四小时前将许可或不许可的决定通知组织者。逾期未通知的，视为许可。

讲座、报告等不得违反我国宪法确立的根本制度，不得违反我国的教育方针，不得宣传封建迷信，不得进行宗教活动，不得干扰学校的教学、科研和生活秩序。

第十四条 师生员工应当严格按照学校的安排进行教学、科研、生活和其他活动，任何人都不得破坏学校的教学、科研和生活秩序，不得阻止他人根据学校的安排进行教学、科研、生活和其他活动。

禁止师生员工赌博、酗酒、打架斗殴以及其他干扰学校的教学、科研和生活秩序的行为。

第十五条 师生员工组织社会团体，应当按照《社会团体登记管理条例》的规定办理。成立校内非社会团体的组织，应当在成立前由其组织者报请学校有关机构批准，未经批准不得成立和开展活动。

校内非社会团体的组织和校内报刊必须遵守法律、法规、规章，贯彻我国的教育方针和遵守学校的制度，接受学校的管理，不得进行超出其宗旨的活动。

第十六条 违反本规定第十二条、第十三条、第十四条和第十五条规定的，学校有关机构可以责令其组织者以及其他当事人立即停止活动。

违反本规定第十二条第二款的规定，损害国家财产的，学校有关机构可以责令其赔偿损失。

第十七条 禁止无照人员在校园内经商。设在校园内的营业网点必须在指定地点经营。

违反前款规定的，学校有关机构可以责令其停止经商活动或者离开校园。

第十八条 对违反本规定，经过劝告、制止仍不改正的师生员工，学校可视其情节给予行政处分或者纪律处分；属于违反治安管理行为的，由公安机关依法处理；情节严重构成犯罪的，由司法机关处理。

师生员工对学校的处分不服的，可以向有关教育行政部门提出申诉，教育行政部门应当在接到申诉的三十日内作出处理决定。

对违反本规定，经劝告、制止仍不改正的校外人员，公安、司法机关根据情节依法处理。

第十九条　各高等学校可以根据本规定制定具体管理制度。

第二十条　本规定自发布之日起施行。

学生伤害事故处理办法

第一章 总 则

第一条 为积极预防、妥善处理在校学生伤害事故,保护学生、学校的合法权益,根据《中华人民共和国教育法》《中华人民共和国未成年人保护法》和其他相关法律、行政法规及有关规定、制定本办法。

第二条 在学校实施的教育教学活动或者学校组织的校外活动中,以及在学校负有管理责任的校舍、场地、其他教育教学设施、生活设施内发生的,造成在校学生人身损害后果的事故的处理,适用本办法。

第三条 学生伤害事故应当遵循依法、客观公正、合理适当的原则,及时、妥善地处理。

第四条 学校的举办者应当提供符合安全标准的校舍、场地、其他教育教学设施和生活设施。

教育行政部门应当加强学校安全工作,指导学校落实预防学生伤害事故的措施,指导、协助学校妥善处理学生伤害事故,维护学校正常的教育教学秩序。

第五条 学校应当对在校学生进行必要的安全教育和自护自救教育;应当按照规定,建立健全安全制度,采取相应的管理措施,预防和消除教育教学环境中存在的安全隐患;当发生伤害事故时,应当及时采取措施救助受伤害学生。

学校对学生进行安全教育、管理和保护,应当针对学生年龄、认知能力和法律行为能力的不同,采取相应的内容和预防措施。

第六条 学生应当遵守学校的规章制度和纪律;在不同的受教育阶段,应当根据自身的年龄、认知能力和法律行为能力,避免和消除相应的危险。

第七条 未成年学生的父母或者其他监护人(以下称为监护人)应当依法

履行监护职责,配合学校对学生进行安全教育,管理和保护工作。

学校对未成年学生不承担监护职责,但法律有规定的或者学校依法接受委托承担相应监护职责的情形除外。

第二章　事故与责任

第八条　学生伤害事故的责任,应当根据相关当事人的行为与损害后果之间的因果关系依法确定。

因学校、学生或者其他相关当事人的过错造成的学生伤害事故,相关当事人应当根据其行为过错程度的比例及其与损害后果之间的因果关系承担相应的责任。当事人的行为是损害后果发生的主要原因,应当承担主要责任;当事人的行为是损害后果发生的非主要原因,承担相应的责任。

第九条　因下列情形之一造成的学生伤害事故,学校应当依法承担相应的责任:

(一)学校的校舍、场地、其他公共设施,以及学校提供给学生使用的学具、教育教学和生活设施、设备不符合国家规定的标准,或者有明显不安全因素的;

(二)学校的安全保卫、消防、设施设备管理等安全管理制度有明显疏漏,或者管理混乱,存在重大安全隐患,而未及时采取措施的;

(三)学校向学生提供的药品、食品、饮用水等不符合国家或者行业的有关标准、要求的;

(四)学校组织学生参加教育教学活动或者校外活动,未对学生进行相应的安全教育,并未在可预见的范围内采取必要的安全措施的;

(五)学校教师或者其他工作人员患有不适宜担任教育教学工作的疾病,但未采取必要措施的;

(六)学校违反有关规定,组织或者安排未成年学生从事不宜未成年人参加的劳动、体育运动或者其他活动的;

(七)学生有特异体质或者特定疾病,不宜参加某种教育教学活动,学校知道或者应当知道,但未予以必要的注意的;

(八)学生在校期间突发疾病或者受到伤害,学校发现,但未根据实际情况及时采取相应措施,导致不良后果加重的;

(九)学校教师或者其他工作人员体罚或者变相体罚学生,或者在履行职责过程中违反工作要求、操作规程、职业道德或者其他有关规定的；

（十）学校教师或者其他工作人员在负有组织、管理未成年学生的职责期间，发现学生行为具有危害性，但未进行必要的管理、告诫或者制止的；

（十一）对未成年学生擅自离校等与学生人身安全直接相关的信息，学校发现或者知道，但未及时告知未成年学生的监护人，导致未成年学生因脱离监护人的保护而发生伤害的；

（十二）学校有未依法履行职责的其他情形的。

第十条 学生或者未成年学生监护人由于过错，有下列情形之一，造成学生伤害事故，应当依法承担相应的责任：

（一）学生违反法律法规的规定，违反社会公共行为准则、学校的规章制度或者纪律，实施按其年龄和认知能力应当知道有危险或者可能危及他人的行为的；

（二）学生行为具有危险性，学校、教师已经告诫、纠正，但学生不听劝阻、拒不改正的；

（三）学生或者其监护人知道学生有特异体质，或者患有特定疾病，但未告知学校的；

（四）未成年学生的身体状况、行为、情绪等有异常情况，监护人知道或者已被学校告知，但未履行相应监护职责的；

（五）学生或者未成年学生监护人有其他过错的。

第十一条 学校安排学生参加活动，因提供场地、设备、交通工具、食品及其他消费与服务的经营者，或者学校以外的活动组织者的过错造成的学生伤害事故，有过错的当事人应当依法承担相应的责任。

第十二条 因下列情形之一造成的学生伤害事故，学校已履行了相应职责，行为并无不当的，无法律责任：

（一）地震、雷击、台风、洪水等不可抗的自然因素造成的；

（二）来自学校外部的突发性、偶发性侵害造成的；

（三）学生有特异体质、特定疾病或者异常心理状态，学校不知道或者难于知道的；

（四）学生自杀、自伤的；

（五）在对抗性或者具有风险性的体育竞赛活动中发生意外伤害的；

（六）其他意外因素造成的。

第十三条 下列情形下发生的造成学生人身损害后果的事故,学校行为并无不当的,不承担事故责任;事故责任应当按有关法律法规或者其他有关规定认定:

(一)在学生自行上学、放学、返校、离校途中发生的;

(二)在学生自行外出或者擅自离校期间发生的;

(三)在放学后、节假日或者假期等学校工作时间以外,学生自行滞留学校或者自行到校发生的;

(四)其他在学校管理职责范围外发生的。

第十四条 因学校教师或者其他工作人员与其职务无关的个人行为,或者因学生、教师及其他个人故意实施的违法犯罪行为,造成学生人身损害的,由致害人依法承担相应的责任。

第三章 事故处理程序

第十五条 发生学生伤害事故,学校应当及时救助受伤害学生,并应当及时告知未成年学生的监护人;有条件的,应当采取紧急救援等方式救助。

第十六条 发生学生伤害事故,情形严重的,学校应当及时向主管教育行政部门及有关部门报告;属于重大伤亡事故的,教育行政部门应当按照有关规定及时向同级人民政府和上一级教育行政部门报告。

第十七条 学校的主管教育行政部门应学校要求或者认为必要,可以指导、协助学校进行事故的处理工作,尽快恢复学校正常的教育教学秩序。

第十八条 发生学生伤害事故,学校与受害学生或者学生家长可以通过协商方式解决;双方自愿,可以书面请求主管教育行政部门进行调解。成年学生或者未成年学生的监护也可以依法直接提起诉讼。

第十九条 教育行政部门收到调解申请,认为必要的,可以指定专门人员进行调解,并应当在受理申请之日起 60 天内完成调解。

第二十条 经教育行政部门调解,双方就事故处理达成一致意见的,应当在调解人员的见证下签订调解协议,结束调解;在调解期限内,双方不能达成一致意见,或者调解过程中一方提起诉讼,人民法院已经受理的,应当终止调解。调解结束或者终止,教育行政部门应当书面通知当事人。

第二十一条 对经调解达成的协议,一方当事人不履行或者反悔的,双方可以依法提起诉讼。

第二十二条 事故处理结束,学校应当将事故处理结果书面报告主管的教育行政部门;重大伤亡事故的处理结果,学校主管的教育行政部门应当向同级人民政府和上一级教育行政部门报告。

第四章 事故损害的赔偿

第二十三条 对发生学生伤害事故负有责任的组织或者个人,应当按照法律法规的有关规定,承担相应的损害赔偿责任。

第二十四条 学生伤害事故赔偿的范围与标准,按照有关行政法规、地方性法规或者最高人民法院司法解释中的有关规定确定。

教育行政部门进行调解中,认为学校有责任的,可以依照有关法律法规及国家有关规定,提出相应的调解方案。

第二十五条 对受伤害学生的伤残程度存在争议的,可以委托当地具有相应鉴定资格的医院或者有关机构,依据国家规定的人体伤残标准进行鉴定。

第二十六条 学校对学生伤害事故负有责任的,根据责任大小,适当予以经济赔偿,但不承担解决户口、住房、就业等与救助受伤害学生、赔偿相应经济损失无直接关系的其他事项。学校无责任的,如果有条件,可以根据实际情况,本着自愿和可能的原则,对受伤害学生给予适当的帮助。

第二十七条 因学校教师或者其他工作人员在履行职务中的故意或者重大过失造成的学生伤害事故,学校予以赔偿后,可以向有关责任人员追偿。

第二十八条 未成年学生对学生伤害事故负有责任的,由其监护人依法承担相应的赔偿责任。

学生的行为侵害学校教师及其他工作人员以及其他组织、个人的合法权益,造成损失的,成年学生或者未成年学生的监护人应当依法予以赔偿。

第二十九条 根据双方达成的协议、经调解形成的协议或者人民法院的生效判决,应当由学校负担的赔偿金,学校应当负责筹措;学校无力完全筹措的,由学校的主管部门或者举办者协助筹措。

第三十条 县级以上人民政府教育行政部门或者学校举办者有条件的,可以通过设立学生伤害赔偿准备金等多种形式,依法筹措伤害赔偿金。

第三十一条 学校有条件的,应当依据保险法的有关规定,参加学校责任保险。

教育行政部门可以根据实际情况，鼓励中小学参加学校责任保险。

提倡学生自愿参加意外伤害保险。在尊重学生意愿的前提下，学校可以为学生参加意外伤害保险创造便利条件，但不得从中收取任何费用。

第五章　事故责任者的处理

第三十二条　发生学生伤害事故，学校负有责任且情节严重的，教育行政部门应当根据有关规定，对学校的直接负责的主管人员和其他直接责任人员，分别给予相应的行政处分；有关责任人的行为触犯刑律的，应当移送司法机关依法追究刑事责任。

第三十三条　学校管理混乱，存在重大安全隐患的，主管的教育行政部门或者其他有关部门应当责令其限期整顿；对情节严重或者拒不改正的，应当依据法律法规的有关规定，给予相应的行政处罚。

第三十四条　教育行政部门未履行相应职责，对学生伤害事故的发生负有责任的，由有关部门以直接负责的主管人员和其他直接责任人员分别给予相应的行政处分；有关责任人的行为触犯刑律的，应当移送司法机关依法追究刑事责任。

第三十五条　违反学校纪律，对造成学生伤害事故负有责任的学生，学校可以给予相应的处分；触犯刑律的，由司法机关依法追究刑事责任。

第三十六条　受伤害学生的监护人、亲属或者其他有关人员，在事故处理过程中无理取闹，扰乱学校正常教育教学秩序，或者侵犯学校、学校教师或者其他工作人员的合法权益的，学校应当报告公安机关依法处理；造成损失的，可以依法要求赔偿。

第六章　附　则

第三十七条　本办法所称学校，是指国家或者社会力量举办的全日制的中小学（含特殊教育学校）、各类中等职业学校、高等学校。本办法所称学生是指在上述学校中全日制就读的受教育者。

第三十八条　幼儿园发生的幼儿伤害事故，应当根据幼儿为完全无行为能力人的特点,参照本办法处理。

第三十九条 其他教育机构发生的学生伤害事故,参照本办法处理。

在学校注册的其他受教育者在学校管理范围内发生的伤害事故,参照本办法处理。

第四十条 本办法自2002年9月1日起实施,原国家教委、教育部颁布的与学生人身安全事故处理有关的规定,与本办法不符的,以本办法为准。

在本办法实施之前已处理完毕的学生伤害事故不再重新处理。

普通高等学校毕业生就业工作暂行规定

为了理顺高等学校毕业生就业体制，完善改革措施，健全服务体系，优化资源配置，提高办学效益，使毕业生就业工作全面适应社会主义现代化建设对各类人才培养的需要，我委根据《中国教育改革和发展纲要》及实施意见的精神，研究制定了《普通高等学校毕业生就业工作暂行规定》，以指导和管理全国高校毕业生就业工作，逐步把这项工作纳入规范化、法制化的轨道。这不仅是做好全国高校毕业生就业工作的需要，也是改革、发展和社会稳定的需要，现将《普通高等学校毕业生就业工作暂行规定》发给你们，请遵照执行，并根据《规定》要求积极主动地做好毕业生就业工作。

第一章　总　则

第一条　为做好普通高等学校（含研究生培养单位）毕业生（含毕业研究生）就业工作，更好地为经济建设和社会发展服务，维护毕业生和用人单位的合法权益，根据国家的有关法律和政策，制定本规定。

第二条　普通高等学校毕业生凡取得毕业资格的，在国家就业方针、政策指导下，按有关规定就业。

第三条　毕业生是国家按计划培养的专门人才，各级主管毕业生就业部门、高等学校和用人单位应共同做好毕业生就业工作。毕业生有执行国家就业方针、政策和根据需要为国家服务的义务。必要时，国家采取行政手段，安置毕业生就业。

第四条　毕业生就业工作要贯彻统筹安排、合理使用、加强重点、兼顾一般和面向基层，充实生产、科研、教学第一线的方针。在保证国家需要的前提下，贯彻学以致用、人尽其才的原则。国家采取措施，鼓励和引导毕业生到边远地区、艰苦行业和其他国家急需人才的地方去工作。

第五条 国家教委归口管理全国毕业生就业工作，国务院其他部委（以下简称部委）和各省、自治区、直辖市（以下简称地方）负责本部门、本地方的毕业生就业工作。

第二章 职责分工

第六条 国家教委的主要职责：

1. 制定全国毕业生就业工作的法规和政策，部署全国毕业生就业工作。

2. 组织研究并指导实施全国毕业生就业制度改革。

3. 收集和发布全国毕业生供需信息，组织指导和管理毕业生就业供需见面、双向选择活动。

4. 编制全国普通高等学校毕业生就业计划，制订国家教委直属高校毕业生就业计划和部委、地方所属高校抽调计划。

5. 负责全国毕业生就业计划协调工作，管理全国毕业调配工作。

6. 指导、检查毕业生就业工作，授权各省、自治区、直辖调配部门派遣本地区高校毕业生。

7. 组织开展毕业教育、就业指导和人员培训工作。

8. 开展毕业生就业工作的科学研究和宣传工作。

9. 检查毕业生的使用情况。

第七条 国务院有关部委主管部门的主要职责：

1. 根据国家的有关方针、政策和国家教委的统一部署，提出本部门毕业生就业的具体工作意见。

2. 及时向国家教委报送所属院校毕业生就业计划和本部委需求信息。

3. 组织协调所属院校的毕业生供需信息交流活动。

4. 制订并组织实施所属院校的毕业生就业计划。

5. 开展有关毕业生就业工作改革的研究和宣传工作。

第八条 省、自治区、直辖市主管部门的主要职责：

1. 根据国家的有关方针、政策和国家教委的统一部署，提出本省、自治区、直辖市毕业生就业的具体工作意见。

2. 负责本地区毕业生的资源统计工作，并按时报送国家教委。

3. 收集本地区毕业生的需求信息并及时报送国家教委。

4. 制订本地区所属院校毕业生的就业计划并及时报送国家教委。

5. 组织管理本地区毕业生就业供需见面和双向选择活动。

6. 受国家教委委托组织实施本地区高校毕业生的资格审查,并负责毕业生的调配派遣和接收工作。

7. 组织开展毕业教育、就业指导工作。

8. 检查、监督本地区用人单位和高等学校的毕业生就业工作。

9. 开展毕业生就业制度改革的研究和宣传工作。

10. 完成国家教委交办的其他工作。

第九条 高等学校的主要职责:

1. 根据国家的就业方针、政策和规定以及学校主管部门的工作意见,制定本学校的工作细则。

2. 负责本校毕业生的资格审查工作,及时向主管部门和地方调配部门报送毕业生资源情况。

3. 收集需求信息,开展毕业生就业供需见面和双向选择活动,负责毕业生的推荐工作。

4. 按照主管部门的要求提出毕业生就业建议计划。

5. 开展毕业教育和就业指导工作。

6. 负责办理毕业生的离校手续。

7. 开展与毕业生就业有关的调查研究工作。

8. 完成主管部门交办的其他工作。

第十条 用人单位的主要职责:

1. 及时向主管部门报送毕业生需求计划、向有关高等学校提供需求信息。

2. 参加供需见面和双向选择活动,如实介绍本单位,积极招聘毕业生。

3. 按照国家下达的就业计划接收、安排毕业生。

4. 负责毕业生见习期间的管理工作。

5. 向有关部门和学校反馈毕业生的使用情况。

第三章 毕业生就业工作程序

第十一条 全国高等学校毕业生就业工作程序和时间安排由国家教委统一

部署，各部委和地方应按照统一部署具体指导所属院校毕业生的就业工作。

第十二条 毕业生就业工作程序分为就业指导、收集发布信息、供需见面及双向选择、制订就业计划、进行毕业生资格审查、派遣、调整、接收等阶段。

第十三条 毕业生就业工作一般从毕业生在校的最后一学年开始。

第十四条 用人单位一般应在每年 11 ~ 12 月向主管部门及有关高校提出下一年度毕业生需求计划，11 月 ~ 次年 5 月与毕业生签订录用协议。

第十五条 毕业生的就业活动不得影响学校正常的教学秩序和学生的学习。毕业生联系工作时间应安排在 1 ~ 5 月，春季毕业研究生可适当提前。

第四章 毕业生就业指导与毕业生鉴定

第十六条 毕业生就业指导重点进行人生观、价值观、择业观和职业道德教育，突出毕业生就业政策的宣传。

第十七条 毕业生就业指导要理论联系实际，注重实效，可采用授课、报告、讲座、咨询等多种形式。

第十八条 毕业生就业指导要与毕业教育相结合，教育毕业生以国家利益为重，正确处理国家利益与个人发展的关系，自觉服从国家需要，到基层去，到艰苦的地方去，走与实践相结合的成才之路。

第十九条 高等学校要按照国家教委《普通高等学校学生管理规定》的要求，实事求是地对毕业生作出组织鉴定。

第二十条 毕业鉴定主要包括毕业生在校期间德、智、体等各方面的基本情况，这些基本情况要按照档案管理的有关规定，认真核对无误后归档。档案材料应在毕业生派遣两周内寄送毕业生报到单位。

第五章 供需见面和双向选择活动

第二十一条 供需见面和双向选择活动是落实毕业生就业计划的重要方式。各部委、各地区主管毕业生就业工作部门负责管理和举办本门、本地区的毕业生就业供需见面和双向选择活动，其他部门不得举办以毕业生就业为主的洽谈会或招聘会。举办省级上述活动要报国家教委备案，跨省区、跨部门的有关活动须报国家教委审批。

第二十二条 有条件的高等学校要举办或校际联办毕业作供需见面和双向选择活动。高等学校在毕业生供需见面和双向选择活动中起主导作用。

第二十三条 经供需见面和双向选择后,毕业生、用人单位、高等学校应当签订毕业生就业协议书,作为制订就业计划和派遣的依据。未经学校同意,毕业生擅自签订的协议无效。

第二十四条 供需见面和双向选择活动要在国家就业方针、政策指导下,有组织、有计划、有步骤地进行,时间应安排在节假日。

第二十五条 供需见面和双向选择活动,不得以赢利为目的向学生收费,不得影响学校正常的教学秩序和学生的学习。

第六章 就业计划的制订

第二十六条 国家教委直属学校毕业生面向全国就业,其他部委所属学校毕业生主要面向本系统、本行业就业,地方所属学校主要面向地区就业。根据招生“并轨”改革的进程,有关部委和各省、自治区、直辖市可根据本部门、本地区的实际情况确定所属高校毕业生的就业范围。

第二十七条 制订就业计划的原则:

1. 遵循国家有关毕业生就业的方针、政策和规定。

2. 依据国民经济和社会发展的需要。

3. 优先保证国防、军工、国有大中型企业、重点科研和教学单位的需要。

4. 来源于边远省区的本、专科毕业生,只要是边远省区急需的,原则上回来源省区就业。

5. 师范类毕业生原则上在教育系统内就业。

6. 定向生、委培生按合同就业。

7. 实行招生“并轨”改革学校的毕业生在国家就业政策指导下,在一定范围内自主择业。

8. 毕业研究生在国家规定的服务范围内就业。

9. 其他类型毕业生按国家有关规定就业。

第二十八条 本、专科毕业生就业计划每年编制一次,毕业研究生就业计划分为春季和暑期两次编制。就业计划按部委、地方和高校各自的职责分工经上下结合,充分协商形成;有关部委和地方负责审核、汇总所属学校毕业生就业建议计划。并按时报送国家教委;国家教委审核、编制全国普通高等学校毕业生就业计划。

第二十九条 毕业生就业计划经国家教委审核下达后,各部委、地方、高等学校和用人单位必须严格执行。

第七章 调配、派遣工作

第三十条 地方主管毕业生调配部门和高等学校按照国家下达的就业计划派遣毕业生。派遣毕业生统一使用《全国普通高等学校毕业生就业派遣报到证》和《全国毕业研究生就业派遣报到证》(以下简称《报到证》),《报到证》由国家教委授权地方主管毕业生就业调配部门审核签发,特殊情况可由国家教委直接签发。

第三十一条 国家招生计划内招收的自费生(含电大、函授等普通专科班)毕业后自主择业,在规定时间内找到单位的由地方主管调配部门开具《报到证》。

第三十二条 对于华侨和来自港澳台地区的毕业生愿意留大陆工作的,学校可根据国家有关规定提供必要的帮助。

第三十三条 免试推荐和考取硕士、博士研究生的毕业生,在学校就业计划上报后提出不再攻读的,应回家庭所在地就业。

第三十四条 符合国家规定申请自费留学的毕业生,要在学校规定的期限内提出申请并按规定偿还教育培养费,经批准后,学校不再负责其就业。派遣时未获准出境的,学校可将其档案、户粮关系转至家庭所在地自谋职业。

第三十五条 对残疾毕业生学校应帮助其就业,确有困难的,按有关规定由生源所在地民政部门安置。

第三十六条 学校应在派遣前认真负责地对毕业生进行健康检查,不能坚持正常工作的,让其回家休养。一年内治愈的(须经学校指定县级以上医院证明能坚持正常工作的)可以随下一届毕业生就业;一年后仍未治愈或无用人单位接收的,户粮关系和档案材料转至家庭所在地,按社会待业人员办理。

第三十七条 结业生由学校向用人单位推荐或自荐,到工作单位的,可以派遣,但必须在《报到证》上注明“结业生”字样;在规定时间内无接收单位的,由学校将其档案、户粮关系转至家庭所在地(家居农村的保留非农业户口),自谋职业。

第三十八条 全国普通高等学校要在七月一日后派遣毕业生(春季毕业研究生例外)。

第三十九条 在派遣过程中出现特殊情况需要调整改派的,按下列原则办理:

1. 在本省、自治区、直辖市辖区内用人单位之间调整的由地方主管毕业生调配部门审批并办理改派手续。

2. 跨部委、跨省(自治区、直辖市)调整的,由学校主管部门审核同意后,统一报国家教委审批并下达调整计划,学校所在地方主管毕业生调配部门按照调整计划办理改派手续。

3. 毕业生调整改派须在一年内办理,逾期不再办理有关调整改派手续。毕业生就业后的调整按在职人员有关规定办理。

第八章 接收工作及毕业生待遇

第四十条 毕业生持《报到证》到工作单位报到,用人单位凭《报到证》予以办理接收手续和户粮关系。凡纳入国家就业计划的毕业生,地方政府不得征收其城市增容费。

第四十一条 毕业生报到后,用人单位应根据工作需要和毕业生所学专业及时安排工作岗位。

第四十二条 按国家计划派遣的毕业生,用人单位不得拒绝接收或退回学校。

第四十三条 毕业生报到后,发生疾病不能坚持正常工作的,按在职人员有关规定处理,不得把上岗后发生疾病的毕业生退回学校。

第四十四条 毕业生就业后,其工资标准和福利待遇按国家有关规定执行,工龄从报到之日计算。

第四十五条 到非公有制单位就业的毕业生,其档案按国家有关规定进行管理,工资待遇由毕业生与用人单位协商确定,但工资标准原则上应不低于国家规定。

第九章 违反规定的处理

第四十六条 有以下情形之一的部委、地方和学校就业部门,要通报批评,

情节严重的,建议主管部门对有关责任人员给予行政处分:

1. 不按要求和时间报送生源、需求计划内的。

2. 不按国家的有关规定派遣毕业生的。

3. 其他违反毕业生就业工作规定的。

第四十七条 对违反就业协议或不履行定向、委托培养合同的用人单位、毕业生、高等学校按协议书或合同书的有关条款办理,并依法承担赔偿责任。

第四十八条 对擅自拒收、截留按国家计划派遣毕业生的用人单位,由其主管部门责令改正,并对有关负责人员给予行政处分。

第四十九条 有下列情形之一的毕业生,由学校报地方主管毕业生调配部门批准,不再负责其就业。在其向学校缴纳全部培养费和奖(助)学金后,由学校将其户粮关系和档案转至家庭所在地,按社会待业人员处理:

1. 不顾国家需要,坚持个人无理要求,经多方教育仍拒不改正的。

2. 自派遣之日起,无正当理由超过三个月不去就业单位报到的。

3. 报到后,拒不服从安排或无理要求用人单位退回的。

4. 其他违反毕业生就业规定的。

第五十条 对利用职权干涉毕业生就业工作或在毕业生就业工作中徇私舞弊的工作人员,由主管部门或同级纪检、监察部门依法处理;情节严重、构成犯罪的,依法追究其刑事责任。

第十章 附 则

第五十一条 本规定中普通高等学校毕业生系指按照国家普通高等学校招生计划和研究生计划招收的具有学籍、取得毕业资格的本、专科生(含招生并轨招收的学生和招生并轨前招收的国家任务生、定向生、委培生、自费生及电大、函授普通专科班学生)和硕士、博士研究生(含统分生、定向生、委培生、自筹经费生)。

第五十二条 各有关部委和地方可根据本规定制定实施细则并报国家教委备案。

第五十三条 本规定由国家教育委员会负责解释。

第五十四条 本规定自发布之日起执行。

甘肃省普通本科高校、高等职业学校国家奖学金实施细则

第一章　总　则

第一条　为激励我省普通本科高校、高等职业学校学生勤奋学习、努力进取，在德、智、体、美等方面得到全面发展，根据《甘肃省关于建立健全普通本科高校、高等职业学校和中等职业学校家庭经济困难学生资助政策体系的意见》（甘政发〔2007〕79号）和《财政部、教育部关于印发〈普通本科高校、高等职业学校国家奖学金管理暂行办法〉的通知》（财教〔2007〕90号），制定本实施细则。

第二条　本实施细则所称普通本科高校、高等职业学校是指根据国家有关规定批准设立、实施高等学历教育的省属及市属全日制普通本科高等学校、高等职业学校和高等专科学校（以下简称高校）。

第三条　国家奖学金由中央政府出资设立，用于奖励我省高校全日制本专科（含高职、第二学士学位）学生（以下简称学生）中特别优秀的学生。

我省高校国家奖学金的名额根据财政部、教育部确定的人数，以及高校数量、类别、办学层次、办学质量、在校本专科生人数等因素确定。在分配国家奖学金名额时，对办学水平较高的高校、以农林水地矿油核等国家需要的特殊学科专业为主的高校予以适当倾斜。

第二章　奖励标准与基本条件

第四条　国家奖学金的奖励标准为每人每年8 000元。

第五条　国家奖学金的基本申请条件：

1. 热爱社会主义祖国,拥护中国共产党的领导。

2. 遵守宪法和法律,遵守学校规章制度。

3. 诚实守信,道德品质优良。

4. 在校期间学习成绩优异,社会实践、创新能力、综合素质等方面特别突出。

第三章　名额分配与预算下达

第六条　省财政厅和省教育厅根据财政部、教育部下达的国家奖学金分配名额和预算,按照本实施细则第三条的规定,提出我省高校国家奖学金名额分配方案,并于每年 9 月 1 日前,将国家奖学金名额和预算下达各高校。

第四章　评　审

第七条　国家奖学金每学年评审一次,实行等额评审,坚持公开、公平、公正、择优的原则。

第八条　获得国家奖学金的学生为我省高校在校生中二年级以上(含二年级)的学生。

同一学年内,获得国家奖学金的家庭经济困难学生可以同时申请并获得甘肃省国家助学金,但不能同时获得国家励志奖学金。

第九条　各高校要根据本办法的规定,制定具体评审办法,并报省教育厅备案。

第十条　各高校学生资助管理机构具体负责组织评审工作,提出本校当年国家奖学金获奖学生建议名单,报学校领导集体研究审定后,在校内进行不少于 5 个工作日的公示。公示无异议后,每年 10 月 31 日前,将评审结果报省教育厅。省教育厅审核、汇总后,统一报教育部审批。教育部于每年 11 月 15 日前批复并公告。

第五章　奖学金发放、管理与监督

第十一条　各高校于每年 11 月 30 日前将国家奖学金一次性发放给获奖学生,颁发国家统一印制的奖励证书,并记入学生学籍档案。

第十二条 各高校要切实加强管理，认真做好国家奖学金的评审和发放工作，确保国家奖学金用于奖励特别优秀的学生。

第十三条 各高校必须严格执行国家相关财经法规和本实施细则的规定，对国家奖学金实行分账核算，专款专用，不得截留、挤占、挪用，同时应接受财政、审计、纪检监察、主管机关等部门的检查和监督。

第六章 附 则

第十四条 我省民办高校（含独立学院）国家奖学金实施细则另行制定。

第十五条 本实施细则由省财政厅、省教育厅负责解释。

第十六条 本实施细则自发布之日起施行。《财政部、教育部关于印发〈国家助学奖学金管理办法〉的通知》（财教〔2005〕75 号）同时废止。

甘肃省普通本科高校、高等职业学校国家励志奖学金实施细则

第一章　总　则

第一条　为激励我省普通本科高校、高等职业学校家庭经济困难学生勤奋学习、努力进取，在德、智、体、美等方面得到全面发展，根据《甘肃省关于建立健全普通本科高校、高等职业学校和中等职业学校家庭经济困难学生资助政策体系的意见》（甘政发〔2007〕79号）和《财政部、教育部关于印发〈普通本科高校、高等职业学校国家励志奖学金管理暂行办法〉的通知》（财教〔2007〕91号），制定本实施细则。

第二条　本实施细则所称普通本科高校、高等职业学校是指根据国家有关规定批准设立、实施高等学历教育的省属及市属全日制普通本科高等学校、高等职业学校和高等专科学校（以下简称高校）。

第三条　甘肃省国家励志奖学金由中央和省级共同出资设立，用于奖励资助我省高校全日制本专科（含高职、第二学士学位）学生（以下简称学生）中品学兼优的家庭经济困难学生。

甘肃省国家励志奖学金的奖励资助名额根据财政部、教育部确定的人数，以及高校数量、类别、办学层次、办学质量、在校本专科生人数和生源结构等因素确定。在分配国家励志奖学金名额时，对办学水平较高的高校，以农林水地矿油核等国家需要的特殊学科专业为主的高校予以适当倾斜。

第二章　奖励标准与申请条件

第四条　国家励志奖学金的奖励标准为每人每年5 000元。

第五条 国家励志奖学金的基本申请条件：

1. 热爱社会主义祖国，拥护中国共产党的领导。
2. 遵守宪法和法律，遵守学校规章制度。
3. 诚实守信，道德品质优良。
4. 在校期间学习成绩优秀。
5. 家庭经济困难，生活俭朴。

第三章 名额分配与预算下达

第六条 每年5月底前，省财政厅、省教育厅提出高校国家励志奖学金名额分配建议方案，报财政部、教育部进行审核。

第七条 每年9月1日前，省财政厅、省教育厅负责将财政部、教育部下达的甘肃省国家励志奖学金名额和预算（连同省上配套资金）下达各高校。

第四章 申请与评审

第八条 甘肃省国家励志奖学金实行等额评审，坚持公开、公平、公正、择优的原则。

第九条 甘肃省国家励志奖学金申请与评审工作由各高校组织实施。各高校要根据本实施细则的规定，制定具体评审办法，并报省教育厅备案。各高校在开展国家励志奖学金评审工作中，要对农林水地矿油核等国家需要的特殊学科专业学生予以适当倾斜。

第十条 甘肃省国家励志奖学金按学年申请和评审。申请国家励志奖学金的学生为高校在校生中二年级以上（含二年级）的学生。

同一学年内，申请甘肃省国家励志奖学金的学生可以同时申请并获得甘肃省国家助学金，但不能同时获得国家奖学金。

第十一条 每年9月30日前，学生根据本实施细则规定的甘肃省国家励志奖学金的基本申请条件及其他有关规定，向学校提出申请，并递交《甘肃省普通本科高校、高等职业学校国家励志奖学金申请表》（见附表）。

第十二条 各高校学生资助管理机构负责组织评审，提出本校当年甘肃省国家励志奖学金获奖学生建议名单，报学校领导集体研究通过后，在校内进行不少于5个工作日的公示。公示无异议后，于每年10月31日前报省教育厅。省教育厅于11月15日前批复。

第五章　奖学金发放、管理与监督

第十三条　各高校于每年11月30日前将甘肃省国家励志奖学金一次性发放给获奖学生，并记入学生的学籍档案。

第十四条　各高校要切实加强管理，认真做好甘肃省国家励志奖学金的评审和发放工作，确保其真正用于资助品学兼优的家庭经济困难学生。

第十五条　各高校必须严格执行国家相关财经法规和本实施细则的规定，对甘肃省国家励志奖学金实行分账核算，专款专用，不得截留、挤占、挪用，同时应接受财政、审计、纪检监察、主管机关等部门的检查和监督。

第六章　附　则

第十六条　各高校要按照国家有关规定，从事业收入中足额提取5%的经费用于资助家庭经济困难学生。

第十七条　民办高校（含独立学院）要按照国家有关规定从事业收入中足额提取5%的经费，用于资助家庭经济困难学生。达到这一要求的，其招收的符合本实施细则规定申请条件的普通本专科（含高职、第二学士学位）学生，可以申请甘肃省国家励志奖学金。但须经省教育厅、省财政厅对其申请助学金的资格进行审查。

从2008年开始，民办高校（含独立学院）务于每年1月10日前，将上一年度经费提取和使用情况等方面的材料报省教育厅、省财政厅进行资格审查。符合条件的民办高校（含独立学院），按规定的时间和程序，申请甘肃省国家励志奖学金和上报有关材料。

第十八条　本实施细则由省财政厅、省教育厅负责解释。

第十九条　本实施细则自公布之日起施行。

甘肃省普通本科高校、高等职业学校国家助学金实施细则

第一章　总　则

第一条　为体现党和政府对普通本科高校、高等职业学校家庭经济困难学生的关怀，帮助他们顺利完成学业，根据《甘肃省关于建立健全普通本科高校、高等职业学校和中等职业学校家庭经济困难学生资助政策体系的意见》（甘政发〔2007〕13 号）和《财政部、教育部关于印发〈普通本科高校、高等职业学校国家助学金管理暂行办法〉的通知》（财教〔2007〕92 号），制定本实施细则。

第二条　本实施细则所称普通本科高校、高等职业学校是指根据国家有关规定批准设立、实施高等学历教育的省属及市属全日制普通本科高等学校、高等职业学校和高等专科学校（以下简称高校）。

第三条　甘肃省国家助学金用于资助我省高校全日制本专科（含高职、第二学士学位）在校生中的家庭经济困难学生。

甘肃省国家助学金的资助名额根据财政部、教育部确定的人数，以及高校数量、类别、办学层次、办学质量、在校本专科生人数和生源结构等因素确定。在分配国家助学金名额时，对民族院校、以农林水地矿油核等国家需要的特殊学科专业为主的高校予以适当倾斜。

第四条　甘肃省国家助学金由中央和地方政府共同出资设立。中央部门所属高校国家助学金由中央财政负担，甘肃省所属高校国家助学金由中央和省级财政按 8 : 2 的比例分担。

第二章　资助标准与申请条件

第五条　甘肃省国家助学金主要资助我省高校家庭经济困难学生的生活费用开支。其平均资助标准为每生每年2 000元,各高校可以根据所在地生活费标准和学校的实际情况,将资助标准分为2～3个档次,具体标准在每生每年1 000～3 000元范围内确定。

第六条　甘肃省国家助学金的基本申请条件:

1. 热爱社会主义祖国,拥护中国共产党的领导。
2. 遵守宪法和法律,遵守学校规章制度。
3. 诚实守信,道德品质优良。
4. 勤奋学习,积极上进。
5. 家庭经济困难,生活俭朴。

第三章　名额分配与预算下达

第七条　每年5月底前,省财政厅、省教育厅要根据国家确定的有关原则和本实施细则第三条、第四条的规定,提出高校国家助学金名额分配建议方案,报财政部、教育部进行审核。

第八条　每年8月底前,省财政厅、省教育厅负责将财政部、教育部下达的甘肃省国家助学金预算(连同省上配套资金)下达各高校。

第四章　申请与评审

第九条　甘肃省国家助学金的评定工作坚持公开、公平、公正的原则。

第十条　甘肃省国家助学金申请与评审工作由各高校组织实施。各高校要根据本实施细则的规定,制定具体评审办法,并报省教育厅备案。各高校在开展国家助学金评审工作中,要对农林水地矿油核等国家需要的特殊学科专业学生予以适当倾斜。

第十一条　甘肃省国家助学金按学年申请和评审。

第十二条　每年9月30日前,学生根据本实施细则规定的甘肃省国家助学金的基本申请条件及其他有关规定，向学校提出申请，并递交《甘肃省普通本科高校、高等职业学校国家助学金申请表》（见附表）。

在同一学年内，申请并获得甘肃省国家助学金的学生，可同时申请并获得国家奖学金或国家励志奖学金。

试行免费教育的师范类院校师范类专业学生，不再同时获得国家助学金（我省师范类院校免费教育办法将另行制定）。

第十三条 各高校学生资助管理机构结合本校家庭经济困难学生等级认定情况，组织评审，提出享受国家助学金资助初步名单，报学校领导集体研究通过后，于每年 11 月 15 日前，将本校当年国家助学金政策的落实情况报省教育厅备案。

第五章 助学金发放、管理与监督

第十四条 各高校应按月将甘肃省国家助学金发放到受助学生手中。

第十五条 各高校应切实加强管理，认真做好甘肃省国家助学金的评审和发放工作，确保助学金用于资助家庭经济困难的学生。

第十六条 各高校必须严格执行国家相关财经法规和本实施细则的规定，对国家助学金实行分账核算，专款专用，不得截留、挤占、挪用，同时应接受财政、审计、纪检监察、主管机关等部门的检查和监督。

第六章 附 则

第十七条 各高校要按照国家有关规定，从事业收入中足额提取 5% 的经费用于资助家庭经济困难学生。

第十八条 民办高校（含独立学院）要按照国家有关规定从事业收入中足额提取 5% 的经费，用于资助家庭经济困难学生。达到这一要求的，其招收的符合本实施细则规定申请条件的普通本专科（含高职、第二学士学位）学生，可以申请甘肃省国家助学金。但须经省教育厅、省财政厅对其申请助学金的资格进行审查。

从 2008 年开始，民办高校（含独立学院）务于每年 1 月 10 日前，将上一年度经费提取和使用情况等方面的材料报省教育厅、省财政厅进行资格审查。符合条件的民办高校(含独立学院),按规定的时间和程序,申请甘肃省国家助学金和上报有关材料。

第十九条 本实施细则由省财政厅、省教育厅负责解释。

第二十条 本实施细则自发布之日起施行。《财政部、教育部关于印发〈国家助学奖学金管理办法〉的通知》(财教〔2005〕75 号)同时废止。

省属普通高校国家奖学金评审办法

第一条 为规范省属普通高校国家奖学金评审行为,保证评审工作公平、公正、依法进行,确保评审结果的公正性,特制定本办法。

第二条 省教育厅成立评审领导小组,设立评审委员会。

评审领导小组由省教育厅、省财政厅有关领导组成,全面领导评审工作,研究决定有关评审工作的重大事项,批准评审委员会提交的国家奖学金评审意见。

第三条 评审委员会由具有代表性、权威性的领导和专家组成,具体负责评审工作,向评审领导小组提出国家奖学金评审意见。

第四条 国家奖学金实行等额评审,具体评审工作由评审委员会以书面审查方式进行。

第五条 评审委员会依照《甘肃省普通本科高校、高等职业学校国家奖学金实施细则》(以下简称《实施细则》)规定的程序和要求进行,坚持客观、公正、公平的原则,对各高校上报的国家奖学金评选材料进行审查,并提出评审意见。

第六条 评审委员会组成人员在评审工作中应遵循以下职责:

(一)在评审过程中,认真审阅评审材料,听取其他评审委员的意见,在平等的气氛中提出评审意见;

(二)发现与评审对象存在直系亲属关系、直接经济利益关系或有其他可能影响评审工作的情形,应当主动向评审领导小组申请回避;

(三)不得利用评审委员的特殊身份和影响力,单独或与有关人员共同为评审对象获奖提供便利;

(四)严格遵守保密规定,不得擅自披露评审结果、其他评审委员的意见和相关的保密信息。

第七条 国家奖学金评审工作按照下列程序进行:

(一)召开预备会。由评审领导小组主持,全体评审委员参加。评审领导小组向评审委员介绍情况,提出评审工作要求。

（二）开展评审工作。评审委员按照要求对各高校上报的评审材料进行书面审查，提出评审意见。

第八条 评审委员对各高校上报的评审材料进行审查的主要内容包括：

（一）各高校是否按照规定的要求上报了完整的材料；

（二）各高校是否严格按照规定程序进行了国家奖学金的初评和审核工作；

（三）入选学生的综合表现是否符合《实施细则》规定的基本条件。

第九条 评审委员发现高校在初评和审核工作中有下列第（一）、第（二）条情形时，应报请评审委员会同意后，要求其限期改正后重新报送评审材料；发现下列第（三）条情形时，应不予通过审查，由评审委员写出书面意见，报评审委员会审定：

（一）评选程序违反规定的；

（二）所提供的评审材料、数据不完整或不真实的；

（三）推荐的候选学生不符合《实施细则》规定的国家奖学金申请基本条件的。

第十条 各评审委员完成评审工作后，由评审委员会汇总评审意见，形成评审报告，经评审委员会主任签字同意，报评审领导小组审批。

第十一条 评审领导小组审批同意后，由省教育厅向教育部报送评审材料。

第十二条 教育部评审、批复意见后，各高校向获奖学生颁发国家统一印制的国家奖学金荣誉证书，并一次性发放国家奖学金。

甘肃省生源地国家助学贷款暂行办法

第一章　总　则

第一条　为进一步贯彻落实国家助学贷款政策，完善甘肃省国家助学贷款政策体系，支持高校贫困家庭学生顺利入学和完成学业，根据《国务院办公厅转发教育部财政部人民银行银监会关于进一步完善国家助学贷款工作若干意见的通知》（国办发〔2004〕51 号）、《甘肃省普通高校国家助学贷款实施办法（试行）》等有关规定，结合我省实际制定本办法。

第二条　生源地国家助学贷款是国家助学贷款的重要补充，是由农村信用社对考入甘肃省省属及市属普通高校的甘肃籍贫困家庭学生的家长或法定监护人发放的、由财政给予贴息并对农村信用社给予风险补偿的贷款，其用途是帮助贫困家庭学生支付学费和住宿费，以保障其顺利完成学业。

第三条　本办法所称贷款人是指办理生源地国家助学贷款业务的农村信用社。

第四条　本办法所称借款人是指向农村信用社申请办理生源地国家助学贷款的考入甘肃省省属及市属普通高校的甘肃籍贫困家庭学生的家长或法定监护人。

第五条　本办法所称受益人是指享受生源地国家助学贷款资助的贫困家庭学生。

第六条　生源地国家助学贷款由学生家庭户口所在地农村信用社按就近原则办理。

第七条　生源地国家助学贷款采用担保或信用贷款方式，具体方式由贷款人根据借款人的信用记录和实际情况确定。

第八条 省国家助学贷款管理中心和市级教育主管部门为生源地国家助学贷款工作的管理机构，具体负责生源地国家助学贷款的组织管理、贴息资金和风险补偿资金的管理。

第二章 贷款对象及条件

第九条 凡参加全国高等院校招生统一考试，并被甘肃省省属和市属全日制普通高校（公办学校，含高职高专）录取的甘肃籍贫困家庭学生的家长或法定监护人，均可向户口所在地的贷款人申请办理生源地国家助学贷款。

第十条 借款人应具备以下基本条件：

（一）具有中华人民共和国国籍，且持有中华人民共和国居民身份证；

（二）具有完全民事行为能力；

（三）诚实守信，遵纪守法，无违法违纪记录；

（四）家庭经济困难，所能获得的收入不足以支付受益人在校期间完成学业所需的基本费用（学费和住宿费）。

第三章 贷款的申请、审批和发放

第十一条 受益人向所在高校提出申请，填写《甘肃省生源地国家助学贷款申请书》（见附件），同时提交以下材料，作为《甘肃省生源地国家助学贷款申请书》的附件：

（一）对家庭经济困难情况的简要说明和所在乡镇民政部门出具的经济困难证明；

（二）本人学生证和居民身份证复印件；

（三）借款人同意申请生源地国家助学贷款并承诺按期归还贷款本息的书面证明文件。

第十二条 高校应在省国家助学贷款管理中心下达的学年度贷款计划额度内，优先组织学生办理国家助学贷款。对申请办理生源地国家助学贷款的，高校审核同意后，在《甘肃省生源地国家助学贷款申请书》上签注意见，并提供学费、住宿费标准和高校指定的开户行及账号。

第十三条 借款人在申请贷款时应向贷款人提交以下材料：

（一）本人居民身份证复印件；

（二）家庭详细地址、联系方式；

（三）高校签注意见的《甘肃省生源地国家助学贷款申请书》及相关附件；

（四）高校提供的学费、住宿费标准和高校指定的开户行及账户；

（五）受益人出具的承担第三者连带责任承诺书。

第十四条 贷款人接到贷款申请后，要认真进行贷款前审查，并在 10 个工作日内对贷款申请给予答复。对符合贷款条件的要在 15 个工作日（含答复时间）内发放贷款，并注明“甘肃省生源地国家助学贷款”字样，将贷款直接汇划到受益人所在高校指定的账户。高校收到贷款后应在 3 个工作日内通知受益人。

第四章 贷款的金额、期限和利率

第十五条 生源地国家助学贷款的最高限额为每人每学年 6 000 元。贷款实行一次性申请，一次性签订借款合同，分学年（每年秋季开学前）填写借款凭证并发放贷款的办法。借款人中途需停止贷款的，须向贷款人申请终止发放贷款。

第十六条 生源地国家助学贷款最长贷款期限为 10 年，具体贷款期限由贷款人根据借款人的还款计划确定，但须在受益人毕业后 2 年内开始还贷，6 年内还清。贷款还本付息可以采取灵活方式，可以一次或分次提前还贷。提前还贷的，贷款人要按照实际贷款期限计算利息，不得加收除应付利息之外的其他任何费用。

第十七条 生源地国家助学贷款的利率按照同期中国人民银行规定的期限档次利率执行，不得上浮。

第五章 贷款贴息

第十八条 受益人在校期间的贷款利息由同级财政全额补贴，毕业后全部由借款人自付。借款人自付利息的开始时间为受益人取得毕业证书之日的下月 1 日。受益人在校就读期间发生退学、开除和死亡等情况时，自办理有关手续之日的下月 1 日起由借款人自付利息。受益人若继续攻读学位，借款人要及时向贷款人提供受益人攻读学位的书面证明，财政部门继续按在校学生实施贴息。

第十九条 生源地国家助学贷款贴息资金由省国家助学贷款管理中心或市级教育主管部门管理，设立专户，专款专用。

第二十条 贷款人于每季度结束后20个工作日内，将实际发放生源地国家助学贷款的借款人、受益人、贷款金额、利率、利息等情况按高校进行统计，报甘肃省农村信用联社汇总，经高校以传真方式确认后，按高校隶属关系将贴息材料报送省国家助学贷款管理中心或市级教育主管部门。

第二十一条 省国家助学贷款管理中心或市级教育主管部门在收到甘肃省农村信用联社提供的贴息材料后10个工作日内，申请同级财政贴息资金，省财政厅或市级财政部门按照国家助学贷款财政专项资金管理的要求，在审核省国家助学贷款管理中心或市级教育主管部门用款申请计划和贴息材料的基础上，及时、足额地支付贴息资金。

第二十二条 省国家助学贷款管理中心或市级教育主管部门在收到贴息资金后5个工作日内，将贴息资金及时拨付甘肃省农村信用联社。甘肃省农村信用联社收到贴息资金后，应按照利息实际发生情况，及时向各经办业务的贷款人拨付贴息资金。

第二十三条 省国家助学贷款管理中心或市级教育主管部门和甘肃省农村信用联社要建立生源地国家助学贷款贴息资金台账，详细记载贴息资金拨付情况。

第六章　贷款的风险补偿

第二十四条 根据“风险分担”原则，按贷款当年实际发生额的一定比例，设立生源地国家助学贷款风险补偿基金，对贷款人给予补偿。具体比例比照甘肃省国家助学贷款确定的风险补偿基金比例执行。

第二十五条 生源地国家助学贷款风险补偿资金由高校和同级财政各承担50%。

第二十六条 贷款人于每年9月20日前，将上一学年度（上年9月1日至当年8月31日）实际发放的生源地国家助学贷款金额按高校进行统计，报甘肃省农村信用联社汇总，并经高校以传真方式确认后，由甘肃省农村信用联社于10月底前将年度风险补偿资金申请书、经高校确认的实际发放贷款汇总表提交省国家助学贷款管理中心或市级教育主管部门。

第二十七条 省国家助学贷款管理中心或市级教育主管部门根据贷款人提交的年度风险补偿资金申请，确定年度风险补偿资金总额，并通知各高校于11月15日前将所承担的风险补偿资金划入省国家助学贷款管理中心或市级教育主管部门指定账户。同时，经同级财政部门核实后，将财政应承担的风险补偿资金于11月底前拨付省国家助学贷款管理中心或市级教育主管部门。省国家助学贷款管理中心或市级教育主管部门应将风险补偿资金在当年12月底前及时、足额拨付甘肃省农村信用联社。甘肃省农村信用联社按照贷款实际发放情况，及时向各经办业务的贷款人拨付风险补偿资金。

第二十八条 省国家助学贷款管理中心、市级教育主管部门和甘肃省农村信用联社要建立生源地国家助学贷款风险补偿基金台账，详细记载风险补偿资金拨付情况。

第七章　贷款管理及有关优惠政策

第二十九条 贷款人应对生源地国家助学贷款单立台账、单设科目、单独统计、单独核算和考核。

第三十条 甘肃省农村信用联社设立“生源地国家助学贷款”二级科目和“生源地国家助学贷款统计月报表”，并按月向人民银行兰州中心支行报送“生源地国家助学贷款统计月报表”。

第三十一条 各高校要加强对生源地国家助学贷款的管理，按月统计汇总本校生源地国家助学贷款情况并报省国家助学贷款管理中心或市级教育主管部门。受益人取得毕业证书或在校就读期间发生退学、开除和死亡等情况时，学校要及时通知贷款人。

第三十二条 借款人无力还款和因不可抗拒的因素无法偿还贷款的，应由受益人重新办理有关借据，承担偿还义务。

第三十三条 在基层经办人员规范操作，符合有关规定的前提下，对发生生源地国家助学贷款呆、坏账的，不应追究经办人员的责任。

第三十四条 已经获得生源地国家助学贷款的受益人，不得再申请国家助学贷款。已经获得国家助学贷款的学生，不得再申请生源地国家助学贷款。

第三十五条 生源地国家助学贷款发生的呆、坏账，按中国人民银行、财政部关于国家助学贷款呆、坏账核销有关规定执行。生源地国家助学贷款利息收入免征营业税。

第八章　附　则

第三十六条　甘肃省国家助学贷款协调小组负责指导和协调甘肃省生源地国家助学贷款工作。

第三十七条　本办法出台前所办理的生源地助学贷款仍按原有关规定执行。

第三十八条　甘肃省农村信用联社应按本办法制定实施细则,并在日常工作中做好生源地国家助学贷款业务的宣传工作。

第三十九条　各高校在寄送新生录取通知书时,应同时寄送国家助学贷款和生源地国家助学贷款业务宣传资料。对由于学校把关不严,发生生源地国家助学贷款和国家助学贷款重复贷款的,一经发现,应立即采取措施予以纠正,并由学校承担相应的责任。

第四十条　本办法由中国人民银行兰州中心支行、甘肃省教育厅、甘肃省财政厅、中国银行业监督管理委员会甘肃监管局负责解释。

第四十一条　本办法自下发之日起施行。

甘肃省农村信用社生源地国家助学贷款管理实施细则

第一章 总 则

第一条 为加强全省农村信用社生源地国家助学贷款管理，规范贷款业务操作程序，防范和控制信贷风险，根据《甘肃省生源地国家助学贷款暂行办法》和农村信用社信贷管理的有关规定，并结合全省农村信用社实际情况，制定本实施细则。

第二条 本实施细则所称生源地国家助学贷款，是指由农村信用社对考入甘肃省省属及市属全日制普通高校的甘肃籍贫困家庭学生的家长或法定监护人发放的、由财政给予贴息并对农村信用社给予风险补偿的贷款。

第三条 本实施细则所称贷款人，是指办理生源地国家助学贷款业务的甘肃省农村信用社联合社辖属各县（区、市）农村信用联社、农村合作银行及其辖内法人营业网点。

第四条 本实施细则所称借款人，是指向农村信用社申请办理生源地国家助学贷款的、考入甘肃省省属及市属全日制普通高校的甘肃籍贫困家庭学生的家长或法定监护人。

第五条 本实施细则所称受益人，是指享受生源地国家助学贷款资助的贫困家庭学生。

第六条 生源地国家助学贷款由受益人家庭户口所在地的农村信用社按就近原则办理。

第七条 生源地国家助学贷款实行一次性申请，一次性核定，一次性签订借款合同，分学年（每年秋季开学前，并且每学年只发放一次）填写借款凭证发放贷款的办法。

第二章　贷款对象和条件

第八条　凡参加全国高等院校招生统一考试，并被甘肃省省属及市属全日制普通高校（公办学校，含高职高专，全省省属、市属全日制普通高校名单及其联系方式详见附件 1）录取的甘肃籍贫困家庭学生的家长或法定监护人，均可向户口所在地的农村信用社申请办理生源地国家助学贷款。

第九条　生源地国家助学贷款的借款人必须同时具备以下条件：

（一）具有中华人民共和国国籍，持有中华人民共和国居民身份证和当地户籍证明，并拥有固定住所；

（二）具有完全民事行为能力，并拥有一定的经济收入来源；

（三）诚实守信，遵纪守法，无违法违纪记录；

（四）家庭经济困难，所能获得的经济收入不足以支付受益人在校期间所需的基本费用；

（五）持有受益人就读高校审核同意其申请生源地国家助学贷款的《甘肃省生源地国家助学贷款申请审核表》（见附件 2，此表由甘肃省国家助学贷款管理中心统一印制，一式两份，其中高校学生资助管理中心存档 1 份，受益人用于申请生源地国家助学贷款向农村信用社提交 1 份）；

（六）贷款人要求的其他条件。

第三章　贷款额度、期限、利率、用途和贷款方式

第十条　借款人申请生源地国家助学贷款的最高限额为每人每学年 6 000 元。贷款额度由贷款人根据受益人就读高校核定的其在校期间所需的基本费用（主要包括学费和住宿费），实地调查核实受益人的家庭经济困难程度，并充分考虑借款人的信用记录、偿债能力等因素后最终确定。借款人中途需要停止发放贷款的，须向贷款人提出经受益人就读高校签章同意的书面申请后，贷款人可以终止发放贷款。

第十一条　生源地国家助学贷款最长期限为 10 年，具体贷款期限由贷款人根据借款人的还款计划和实际偿债能力确定。但最迟必须在受益人毕业后两年内开始还贷，6 年内还清。除受益人继续攻读学位的情况除外，生源地国家助学

贷款到期后不得办理展期或转贷手续。

第十二条 生源地国家助学贷款利率执行中国人民银行规定的同期限档次贷款基准利率,不上浮。在贷款存续期间,如遇国家贷款基准利率调整,自下年度1月1日起,按照调整后的同期限档次贷款基准利率执行。

第十三条 生源地国家助学贷款用途只限于受益人在校期间所需的基本费用(主要包括学费和住宿费)。

第十四条 生源地国家助学贷款采用担保或信用贷款方式,具体方式由贷款人根据借款人的信用记录和实际情况确定。借款人申请联保贷款的,由受益人的近亲属或其他有担保能力的自然人提供连带责任保证,并且联保户数一般不少于3人;借款人申请信用贷款的,具体由贷款人根据借款人的信用记录和实际偿债能力确定贷款额度。

第四章 贷款的申请、审批和发放

第十五条 生源地国家助学贷款的申请程序。

一、受益人提出贷款申请

受益人向就读高校提出生源地国家助学贷款申请,并填写《甘肃省生源地国家助学贷款申请审核表》。同时,受益人向就读高校提交以下资料,作为《甘肃省生源地国家助学贷款申请审核表》的附件:

(一)高校录取通知书、学生证及其复印件;

(二)居民身份证及其复印件;

(三)受益人家庭所在地乡(镇)民政部门出具的家庭经济困难证明;

(四)借款人同意申请生源地国家助学贷款并承诺按期归还贷款本息的书面材料。

二、高校审查受益人申请生源地国家助学贷款的主体资格

受益人就读高校对申请生源地国家助学贷款的学生要进行严格的贷款主体资格审查,防止国家助学贷款和生源地国家助学贷款的重复申请。对审核同意的,由高校在《甘肃省生源地国家助学贷款申请审核表》上签注意见,并提供受益人在校期间所需学费和住宿费标准,以及指定用于生源地国家助学贷款汇划的银行账户、账号及其开户银行。

三、借款人向当地农村信用社提交贷款申请

借款人持受益人就读高校审核同意的《甘肃省生源地国家助学贷款申请审核表》及有关附件，向户口所在地农村信用社申请办理生源地国家助学贷款，并填写《甘肃省农村信用社生源地国家助学贷款申请审批表》(见附件3)。同时，借款人向农村信用社提供以下资料：

(一)本人居民身份证、户口簿及其复印件；

(二)家庭基本情况的简要说明及其详细地址和联系方式；

(三)经受益人就读高校审核同意后签注意见，并加盖公章的《甘肃省生源地国家助学贷款申请审核表》及有关附件；

(四)贷款人要求提供的其他资料。

第十六条 贷款人对贷款申请的受理、审查和调查。凡办理生源地国家助学贷款业务的农村信用社对属于本网点服务区域内的生源地国家助学贷款申请要积极受理，并在受理后5个工作日内完成贷款资料的初步审查和实地调查工作。受理贷款申请的农村信用社重点审查和调查以下内容：

(一)借款申请人的主体资格是否真实、合法；

(二)借款申请人提供的贷款资料是否齐全、真实；

(三)贷款金额、期限、利率是否符合规定；

(四)贷款担保手续能否落实；

(五)贷款人认为需要审查和调查的其他内容。

第十七条 贷款人对生源地国家助学贷款要按照农村信用社贷款管理程序逐级进行审查审批，并在贷款申请受理后的10个工作日(含贷款审查和调查时间)内对贷款申请给以明确答复。

第十八条 贷款的发放程序。

一、签订借款合同

经过初步审查和实地调查后，对符合贷款条件，并经有权审批机构审批同意发放的生源地国家助学贷款，贷款人要依据贷款审批意见，及时与借款人、担保人签订《甘肃省农村信用社生源地国家助学贷款借款合同》(见附件4)。借款合同的内容、签章必须齐全、完整，借款人、贷款人、担保人各持1份。同时，借款人填写借款凭证，并签署《甘肃省农村信用社生源地国家助学贷款划款委托授权书》(见附件5)。

二、款项汇划

贷款人对借款合同、借款凭证及其他贷款资料审核无误后，负责在贷款申请受理后的15个工作日（含答复时间）内发放贷款，将贷款直接汇划到受益人就读高校指定的银行账户，并在借款合同、借款凭证上注明“甘肃省农村信用社生源地国家助学贷款”字样。同时，据以登记《甘肃省农村信用社生源地国家助学贷款内控台账》（见附件6）。发放生源地国家助学贷款时的会计分录为：

借：助学贷款——甘肃省生源地国家助学贷款××户

　　贷：存放联社款项等科目

第十九条　新学年受益人再次用款时，由借款人持本人身份证和个人印章直接到贷款人处填写借款凭证，并签署《甘肃省农村信用社生源地国家助学贷款划款委托授权书》后，由贷款人按照有关规定程序办理划款手续。但是，借款人不得为受益人提前申请使用下一学年的生源地国家助学贷款。

第五章　贷款的后期管理

第二十条　借款人申请生源地国家助学贷款必须制订合理的还款计划，并在借款合同中明确约定。

第二十一条　按照借贷双方约定的用款、还款计划，生源地国家助学贷款实行“分次发放、分次偿还”的方式。借款人也可以一次或分次提前还贷。提前还贷的，贷款人按照实际用款期限计算利息，不加收除应付利息之外的其他任何费用。借款人在受益人就读期间提前偿还贷款本金的，应付利息由同级财政全额补贴；但自借款人全额自付贷款利息之日起，贷款的偿还必须利随本清。

借款人偿还贷款时，贷款人销记《甘肃省农村信用社生源地国家助学贷款内控台账》。收回生源地国家助学贷款时的会计分录为：

借：个人结算存款或现金等科目

　　贷：助学贷款——甘肃省生源地国家助学贷款××户

第二十二条　贷款展期。对于毕业后继续攻读学位的受益人，借款人要及时向贷款人提供受益人继续攻读学位的书面证明和贷款展期申请。贷款人对申请材料审查核实后，可以为借款人办理贷款展期手续，同时登记《甘肃省农村信用社生源地国家助学贷款内控台账》。

第二十三条　生源地国家助学贷款展期，必须征得贷款担保人同意，并由担保人在借款展期审批表“担保人意见”栏内签署明确意见并签章。贷款展期期限与受益人继续攻读学位的期限相同。

第二十四条 生源地国家助学贷款实行按季结息,每年3月20日、6月20日、9月20日和12月20日为贷款结息日。结息后,由贷款人按照相关规定及时申请财政贴息或向借款人计收利息。

第六章 贷款的财政贴息和风险补偿管理

第二十五条 受益人在校期间的生源地国家助学贷款利息由同级财政全额补贴。受益人若继续攻读学位,财政部门继续按在校学生实施贷款贴息。

第二十六条 受益人毕业后或在校就读期间发生退学、开除和死亡等情况的,生源地国家助学贷款利息由借款人全额自付。借款人自付利息的开始时间为受益人取得毕业证书之日的下月1日或自办理退学、开除和死亡等有关手续之日的下月1日。

第二十七条 受益人取得毕业证书或在校就读期间发生退学、开除和死亡等情况,由高校负责及时通知贷款人,其时间以高校的通知为准。对于受益人在校就读期间发生退学、开除和死亡等情况的,贷款人有权要求借款人提前偿还生源地国家助学贷款本息。

第二十八条 省联社、各县(区、市)农村信用联社以及各经办农村信用社要设立相应的生源地国家助学贷款专岗,具体负责辖属营业网点生源地国家助学贷款业务的监督指导、规范操作、台账管理以及财政贴息和风险补偿金的申报、确认、划拨等工作。

第二十九条 生源地国家助学贷款的贴息程序。

一、省级财政拨款高校生源地国家助学贷款的贴息程序

(一)每季度结束后的5日前,各贷款经办农村信用社、县(区、市)农村信用联社要区别不同省属高校分别汇总生源地国家助学贷款情况,将《甘肃省农村信用社生源地国家助学贷款省级财政贴息申请表》(见附件7)和《甘肃省农村信用社生源地国家助学贷款省级财政贴息统计明细确认表》(见附件8)逐级汇总上报省联社各办事处(尚未设立市、州办事处的,于每季度结束后的10日前直接汇总上报省联社市场发展部)。

(二)省联社各办事处负责在每季度结束后的10日前,将《甘肃省农村信用

社生源地国家助学贷款省级财政贴息申请表》和《甘肃省农村信用社生源地国家助学贷款省级财政贴息统计明细确认表》汇总上报省联社市场发展部。

（三）省联社市场发展部在每季度结束后的20日前，负责将全省农村信用社向各省属高校发放的生源地国家助学贷款进行汇总、分类，并传真到各有关省属高校进行确认。

（四）经有关省属高校以传真方式确认后，省联社将贴息材料报送甘肃省国家助学贷款管理中心。

（五）省联社在收到甘肃省国家助学贷款管理中心拨付的贷款贴息资金后，按照贷款利息的实际发生情况，及时将贷款贴息资金逐级划转到各经办农村信用社入账。

二、市级财政拨款高校生源地国家助学贷款的贴息程序

（一）每季度结束后的5日前，各贷款经办农村信用社、县（区、市）农村信用联社要区别不同市属高校分别汇总生源地国家助学贷款情况，将《甘肃省农村信用社生源地国家助学贷款市级财政贴息申请表》（见附件9）和《甘肃省农村信用社生源地国家助学贷款市级财政贴息统计明细确认表》（见附件10）逐级汇总上报省联社各办事处（尚未设立市、州办事处的，于每季度结束后的10日前直接汇总上报省联社市场发展部）。

（二）省联社各办事处负责在每季度结束后的10日前，将《甘肃省农村信用社生源地国家助学贷款市级财政贴息申请表》和《甘肃省农村信用社生源地国家助学贷款市级财政贴息统计明细确认表》汇总上报省联社市场发展部。

（三）省联社市场发展部在每季度结束后的20日前，负责将全省农村信用社向各市属高校发放的生源地国家助学贷款进行汇总、分类，并传真到各有关市属高校进行确认。

（四）经有关市属高校以传真方式确认后，省联社将贴息材料分别报送各高校所在市、州的教育主管部门。

（五）省联社在接到各市、州教育主管部门拨付的贷款贴息资金后，按照贷款利息的实际发生情况，及时将贷款贴息资金逐级划转到各经办农村信用社入账。

第三十条　生源地国家助学贷款的利息收入免征营业税。经办农村信用社在收到贷款贴息资金后，及时进行有关账务处理，设立专户进行核算。其会计分录为：

借:有关科目

贷:利息收入——生源地国家助学贷款利息收入

第三十一条 省联社、各县(区、市)农村信用联社以及各经办农村信用社要层层建立生源地国家助学贷款贴息资金台账,详细记载贴息资金的拨付情况。

第三十二条 根据"风险分担"原则,由高校和同级财政各出资50%,共同设立生源地国家助学贷款风险补偿基金,按照生源地国家助学贷款当年实际发生额的一定比例对贷款人给予补偿。具体比例比照甘肃省国家助学贷款确定的风险补偿基金比例执行。贷款人对生源地国家助学贷款风险补偿金的申报、确认和拨付工作,一年进行一次。

第三十三条 生源地国家助学贷款风险补偿金的申请程序。

一、省级财政拨款高校生源地国家助学贷款风险补偿金的申请程序

(一)每年9月5日前,各贷款经办农村信用社、县(区、市)农村信用联社要区别不同省属高校,将上一学年度(即上年9月1日至当年8月31日)实际发放的生源地国家助学贷款金额进行统计、汇总,填制《甘肃省农村信用社生源地国家助学贷款风险补偿金申请书》(见附件11),逐级汇总上报省联社各办事处(尚未设立市、州办事处的,在9月10日前直接汇总上报省联社市场发展部)。

(二)省联社各办事处负责在9月10日前,将《甘肃省农村信用社生源地国家助学贷款风险补偿金申请书》汇总上报省联社市场发展部。

(三)省联社市场发展部负责在9月20日前,将《甘肃省农村信用社生源地国家助学贷款风险补偿金申请书》进行汇总、分类,并及时传真到各有关省属高校进行确认。

(四)经有关省属高校以传真方式确认后,省联社于10月底前将年度风险补偿金申请书、经高校确认的实际发放贷款汇总表提交甘肃省国家助学贷款管理中心。

(五)省联社在收到省国家助学贷款管理中心拨付的风险补偿金后,负责在当年12月底前按照生源地国家助学贷款的实际发放情况,及时将风险补偿金逐级划转到各经办农村信用社入账。

二、市级财政拨款高校生源地国家助学贷款风险补偿金的申请程序

(一)每年9月5日前,各贷款经办农村信用社、县(区、市)农村信用联社要区别不同市属高校,将上一学年度(即上年9月1日至当年8月31日)实际发放的生源地国家助学贷款金额进行统计、汇总,填制《甘肃省农村信用社生源地国

家助学贷款风险补偿金申请书》，逐级汇总上报省联社各办事处（尚未设立市、州办事处的，在9月10日前直接汇总上报省联社市场发展部）。

（二）省联社各办事处负责在9月10日前，将《甘肃省农村信用社生源地国家助学贷款风险补偿金申请书》汇总上报省联社市场发展部。

（三）省联社市场发展部负责在9月20日前，将《甘肃省农村信用社生源地国家助学贷款风险补偿金申请书》汇总、分类后，传真到各有关市属高校进行确认。

（四）经有关市属高校以传真方式确认后，省联社于10月底前将年度风险补偿金申请书、经高校确认的实际发放贷款汇总表提交各高校所在市、州的教育主管部门。

（五）省联社在收到各市、州教育主管部门拨付的风险补偿金后，负责在当年12月底前按照生源地国家助学贷款的实际发放情况，及时将风险补偿金逐级划转到各经办农村信用社入账。

第三十四条 各经办农村信用社在收到生源地国家助学贷款风险补偿金后，要及时进行账务处理。其会计分录为：

借：有关科目

贷：呆账准备——生源地国家助学贷款风险补偿金

第三十五条 生源地国家助学贷款的风险补偿金必须设立专户管理，并按照下列顺序使用：

（一）用于生源地国家助学贷款本金损失的弥补；

（二）用于生源地国家助学贷款利息的清偿；

（三）经省联社批准后，用于支付开办该业务的设备购置和人员工资等费用。

第三十六条 省联社、各县（区、市）农村信用联社以及各经办农村信用社要层层建立生源地国家助学贷款风险补偿金台账，详细记载风险补偿金的拨付情况。

第七章 贷款管理及贷款责任

第三十七条 借款人无力还款和因不可抗拒的因素无法偿还贷款的，受益人必须积极与贷款人重新办理有关贷款借据，并由受益人承担全部贷款本息的偿还义务。

第三十八条 贷款业务经办人员按照有关贷款管理规定和操作程序正常发放的生源地国家助学贷款，并且积极履行了贷后管理有关职责，但仍然形成的呆、坏账贷款，不追究贷款业务经办人员的责任。

第三十九条 生源地国家助学贷款形成的呆、坏账，按照中国人民银行、财政部关于国家助学贷款呆、坏账核销的有关规定执行。

第四十条 已经获得国家助学贷款的受益人，不得再申请生源地国家助学贷款；已经获得生源地国家助学贷款的受益人，不得再申请国家助学贷款。对由于学校把关不严，发生生源地国家助学贷款和国家助学贷款重复贷款的，一经发现，贷款人可以立即采取必要的风险防控措施，要求有关学校予以纠正，并承担相应经济损失的补偿责任，并有权要求借款人提前偿还生源地国家助学贷款本息，同时记入借款人的不良信用记录。

第四十一条 省联社、各县（区、市）农村信用联社以及各经办农村信用社要分别设立“生源地国家助学贷款”二级科目，并对生源地国家助学贷款进行单立台账、单独统计、单独核算和考核。

第四十二条 各县（区、市）农村信用联社要按月编制《甘肃省农村信用社生源地国家助学贷款统计月报》（见附件12），于每月5日前以纸质形式报送同级人民银行的同时，逐级汇总上报省联社各办事处（尚未设立市、州办事处的，于每月10日前直接汇总上报省联社市场发展部）。

省联社各办事处负责于每月10日前，将《甘肃省农村信用社生源地国家助学贷款统计月报》汇总上报省联社市场发展部。

省联社市场发展部负责于每月13日前，向人民银行兰州中心支行及时报送《甘肃省农村信用社生源地国家助学贷款统计月报》。

第八章 附 则

第四十三条 本实施细则所称生源地国家助学贷款，不同于其他一般助学贷款，贷款人应当严格管理，分别核算、汇总和统计上报。

第四十四条 本实施细则由甘肃省农村信用社联合社负责制定、解释和修改。未尽事宜和执行过程中遇到的问题，以省联社的有关补充规定为准。

第四十五条 本实施细则已经人民银行兰州中心支行和甘肃省教育厅审阅同意，自2007年3月1日起正式施行。

第三篇　制度篇

学生管理规定

为贯彻执行教育部《普通高等学校学生管理规定》的有关文件精神,结合我院实际情况,制定本规定。

第一章　学生的基本权利与义务

第一条　学生在校期间依照法律、法规、国家和学院的规章制度享有下列基本权利:

(一)参加学院教育教学计划安排的各项活动,使用教育教学资源;

(二)参加社会实践、科技服务、勤工助学,在校内组织、参加学生社团及文娱体育等活动;

(三)申请奖学金、助学金以及助学贷款;

(四)在思想品德、学业成绩、身心素质等方面获得公正评价,完成规定学业后获得相应的学历证书;

(五)对学院给予的处分或处理有异议,向学院或教育行政部门提出申诉;

(六)对学院教育教学工作、管理和改革等方面提出建议;

(七)法律、法规所规定的其他权利。

第二条　学生在校期间应当依照法律、法规、国家和学院的规章制度履行下列基本义务:

(一)遵守学院管理制度;

(二)参加学院教育教学计划规定和统一安排、组织的活动;完成学院规定的学业或实践、实习任务;

(三)按规定缴纳学费及有关费用,偿还助学贷款;

(四)维护学院教育教学秩序和生活秩序;

(五)法律、法规所规定的其他义务。

第二章　入学与注册

第三条　凡经我院录取的新生,须持我院签发的录取通知书和有关证件,按期到校办理入学手续。因故不能按期报到者,应及时以书面形式向学院招生就业处请假,假期一般不得超过两周。未经请假或请假后逾期报到者,以旷课论;超过两周不报到者,除因不可抗力等正当事由外,视为放弃入学资格。

第四条　新生入学后 3 个月内,学院按国家招生规定进行复查。复查合格者,予以注册,取得学籍;复查不符合招生条件者,由学院区别情况予以处理,直至取消入学资格,同时报省招办备案。

第五条　新生入学后,学院对其进行体检。新生在体检复查中发现患有疾病者,经学院指定医疗部门诊断,短期内可达到入学健康标准的,可由本人申请,学院批准,允许保留入学资格 1 年,并应回家治疗。保留入学资格的学生不具有学籍,不享受在校生和休学学生的待遇。保留入学资格的学生必须在下学年开学前凭县级以上医院康复证明,向学院申请入学,经学院复查合格,方可重新办理入学手续,取得学籍。复查不合格或逾期不办入学手续者,取消入学资格。

第六条　每学期开学时,学生应当按照学院规定办理注册手续。因故不能如期注册者,必须办理请假手续,否则以旷课论。不符合学院注册条件者不予注册,未经请假逾期两周不注册者,按自动退学处理。

第七条　学生应缴的各项费用,如学费、住宿费等都必须在每学年开学注册时一次性缴清,否则不予注册。凡因学籍处理(休学、留级或退学试读)而编入下一年级的学生均按所编入年级收费标准缴费。

第三章　成绩考核与记载

第八条　学生必须按时参加每学期所修读的课程及各类实践性教学环节(如实习、实验、课程设计、毕业设计等)的考核,评定成绩并取得相应分数。考核成绩计入成绩单,并载入本人学籍档案。

第九条　学期课程考核不合格者需补考,成绩单上注明“补考”字样,补考安排在开学后 1 个月内进行;补考仍不及格者,可参加毕业前补考;毕业前补考仍不及格者作结业处理,结业生必须离校,一年后回校补考,补考及格者可换发毕业证书。

第十条 因健康原因,不能参加普通体育课程学习者,经医院证明,学院批准,可由普通体育课转修保健体育课。保健体育课考核合格者可以取得体育课成绩,但需在成绩单上注明“保健体育课”字样。

第十一条 一学期中缺实验课、实习课时数达 1/3 者,实验、实习考核不及格者,缺课累计超过该课程教学时数 1/3 者,经任课教师随机抽查 3 次旷课或缺交作业 3 次者均不得参加该门课程的期末考试。

第十二条 学生因特殊原因不能参加考试,必须持医院或有关证明在考前书面提出缓考申请,经学生所在系部负责人同意,学院教务处批准后方可缓考。缓考不合格者须参加毕业前补考。

第十三条 学生必须严格遵守学院考场规则。旷考、违纪者,成绩以零分计,并注明“旷考”或“违纪”字样,当年不予补考。给予留校察看以下处分的违纪学生,毕业前可提出书面申请,经所在系部审核,学院教务处批准,参加毕业前补考。

第四章　课程重修与留级

第十四条 课程重修范围

凡我院学生有下列情况之一者,课程必须重修:

(一)课程经补考后仍不合格者;

(二)缓考不及格者(不安排考试);

(三)课程考核违纪或作弊,课程成绩按零分处理者;

(四)在课程考核中无故缺考者;

(五)无故缺课学时累计达到该课程一学期总学时的 1/3(含 1/3)以上者;

(六)无故缺交作业(或实验报告)累计达该课程规定作业量的 1/3(含 1/3)以上者;

(七)独立开设的实验实训课不及格者;

(八)毕业实践环节考核不合格者。

第十五条 重修形式

(一)组班重修。同一课程重修人数超过 25 人,由开课系(部)组织开设课程重修班，并委派教师定时、定点对重修学生进行重修辅导授课。一般安排在双休日或课余时间上课，学时数不低于原课程学时的 50%。

（二）跟班重修。因同一课程重修人数较少，或受学年限制等原因而不能参加组班重修者，编入低一年级的相同专业课程班级进行重修。

（三）导读重修。因专业停办、课程调整、生产实习或顶岗实习，不再开设重修课程，可采取学生自学、教师辅导、答疑的方式进行重修。

第十六条　重修手续办理

（一）每学期第 2 周为学生办理课程重修报名及缴费时间。重修学生可根据本学期开设的课程情况到学生所在系（部）办理报名，在计财处办理缴费手续后，取得重修资格。过期不予办理。

（二）报名结束后，学生所在系（部）教学秘书、辅导员或班主任对学生申请重修的课程信息进行汇总，报教务处审核批准后，为重修学生办理重修证。学生凭重修证参加听课、辅导、考试等。

（三）重修学生所在系（部）于每学期的第 4 周将已经办理重修报名手续的学生名单汇总后，报送到开课系（部）。

（四）开课系（部）在汇总各系（部）重修学生名单后，于每学期第 5 周会同教务处对重修学生的教学做出安排，并将重修课程表反馈给学生所在系（部），由学生所在系（部）通知学生本人。

第十七条　重修课程的考核

（一）重修班一般在每学期第 6 周开始上课，上课 10 周，于每学期第 15 周进行考核。

（二）对重修课程的考试集中安排考场。

（三）凡参加重修的学生，必须携带身份证、学生证和重修证参加考试，证件不全或未办理重修手续者不得参加重修考试和修业期满后的考试。

第十八条　重修课程成绩的记载

（一）组班重修者，教师在登记成绩时，应根据平时成绩和考试成绩计算出综合成绩。导读重修者，教师在登记成绩时将考试成绩作为综合成绩；

（二）重修课程成绩合格者，在学生成绩单中记录重修的成绩；

（三）凡办理重修手续无故不参加该门课程考核者，以缺考处理，成绩以零分计；

（四）同一门课程重修累计不得超过 2 次。

第十九条 重修课程的收费及管理

（一）学生重修课程，必须向学院缴纳课程重修费；

重修课程的收费标准以学生专业所缴学费为基数，按以下方式收取：

重修课程收费标准＝专业收费标准÷专业总课时数×重修课时数

（二）实践环节课程除缴纳课程重修费外，实践教学环节所需的其他费用由学生自理；

（三）修业期满后的补考按课程重修标准收费；

（四）课程重修费专款专用，主要用于重修教学、考试、命题、阅卷及相关教学管理等支出。

第二十条 留级的范围

凡我院学生有下列情况之一者必须留级：

（一）一学期内考试、考查课程不及格门数累计6门以上（含6门）者；

（二）一学期内经补考后不及格课程门数累计3门以上（含3门）者；

（三）一学年内经正常补考后不及格课程门数累计4门以上（含4门）者。

第二十一条 留级管理

（一）凡达到留级条件的学生，由学生所在系（部）于每学期第5周汇总情况并提出留级意见，经教务处审核，院长办公会批准，由招生就业处对学生学籍进行移动并报教育厅备案后，编入下一年级相同或相近的专业进行学习，并按所编入班级学生的收费标准缴纳学费和其他费用。

（二）学生在校期间留级以一次为限，毕业年级不再留级。

（三）留级学生，其留级前考试成绩达到75分或考查“良好”以上水平的课程（体育、政治、教学实习等除外），由个人写出书面申请，经系（部）审核，教务处备案，该课程成绩有效；其余各门课程的成绩无效，必须重修、重考，其课程成绩按重修、重考后的考核成绩审定登记。

第二十二条 凡在每学年第一学期期末课程考核中达到留级条件的学生，个人确有悔过表现，经本人申请，系（部）同意，报教务处批准后，可以随所在班级试读。试读时间为一个学期。

（一）试读学生在试读期间纳入学生所在系（部）、班级的正常管理，享有和行使试读班级学生正常的权利和义务。

（二）试读学生在试读期间表现较好，期末课程考核各门课程成绩均达到及格以上，学生可以向学院申请免除留级。申请免除留级学生必须提出免除留级申请报告，经系（部）同意，报教务处审核批准。

（三）免除留级学生上学期考核不及格的课程，按照本办法中关于课程重修的有关条款处理。

第五章 休学与复学

第二十三条 学生有下列情况之一者，应予休学：

（一）因病经校医院或学校指定医院诊断，须停课治疗、休养占一学期总学时 1/3 以上者；

（二）根据考勤。一学期内因请病、事假缺课累计超过该学期总学时 1/3 者；

（三）应征入伍者。学生应征参加中国人民解放军（含中国人民武装警察部队），保留其学籍至退役后一年；

（四）经学校批准暂停学业创业者；

（五）因某种特殊原因，本人申请或学校认为必须休学者。

第二十四条 申请休学的学生交验必要的证明材料，因病休学的应出具县级以上医院的病休证明，填写《休学审批表》（一式三份）经系（部）证实原因情况后，签注意见，加盖公章报招生就业处。招生就业处报主管院长审查同意后，留一份存档，其余两份由教学系和学生个人保存。

第二十五条 休学学生自休学之日起 1 周内必须办理完离校手续。休学期间，学生的行为后果自负，户口可不迁出学校。

第二十六条 学生休学一般以一年为限办理，累计不得超过两年。获准休学者，在休学期间保留学籍，但不享受在校学习学生待遇（如：学生评优、奖、助学金，转学等），休学期内不计入在校学习时间。

第二十七条 休学期满，对申请复学的学生，应于学期开学注册期间持《休学审批表》及由所在地街道或乡政府出具的休学期间的行为表现证明书，向学院提出复学申请，学院对其休学期间的行为表现进行审查。休学期间有严重违法乱纪行为者，不得复学，取消其复学资格。

第二十八条 因伤、病康复复学的学生，须持县以上医院开具的康复证明；其他原因休学者，持相关证明由系（部）批准后，招生就业处办理报到注册手续。

第二十九条 因伤、病未康复不能按时复学，累计休学时间未超过一年者，可以申请续延休学一学年。凡无故未按时申请、办理复学手续者,视为自动放弃学籍。复学学生一般应办理延长学制手续,视其课程修读情况,编入相同或相近专业的相应年级班级学习。

第六章　退　学

第三十条　学生有下列情况之一者,应予退学:

(一)学期考核,学生全部课程无故缺考者;

(二)学期考核成绩所有课程不及格者;

(三)每学期考核成绩不合格课程经补考后,仍有 3 门考试课程或连同以前各学期累计 6 门及以上(包括考查)课程不合格者;

(四)留级一次以上者。

(五)不论何种原因(含休学、保留学籍),学生不在校学习时间累计超过其学制 1 年者或保留学籍期满不办复学手续者;

(六)经医院确诊,患有精神病、癫痫、麻风病等疾病或意外伤残不能坚持正常学习者;

(七)未经请假逾期 2 周不注册者;

(八)本人要求退学,经劝说无效者。

第三十一条　学生退学由各系及班主任提出意见并附必要的材料,报招生就业处审核,主管院长批准。

第三十二条　经确诊患有精神病等不符合体检标准的疾病(包括意外伤残)者,由家长或抚养人负责领回。退学的普通专科高职学生,按学院规定期限办理退学手续离校,档案、户口退回其原户籍所在地。

第三十三条　学生对退学处理有异议的,可向学院学生申诉工作委员会申诉。

第三十四条　取消学籍或退学的学生,均不得复学。

第七章　转专业与转学

第三十五条　学生入学后可按照学院有关规定转换专业。转换专业由学生提出书面申请,招生就业处审核,报学院主管领导审批。

(一)申请转换专业条件

1. 申请学生确有专长,转专业后更能发挥其专长者。

2. 新生入学后发现有某种疾病、生理缺陷或特殊困难,经学院指定的医疗单位检查证明,无法在原专业继续学习,但尚能在其他专业学习者。

3. 因学院录取原因造成现专业与本人志愿严重不符者。

4. 申请学生必须报到注册,交清各项费用。

5. 学院因学科和就业需要,欲调整或取消本专业时。

(二)学生有以下情形之一者,不得转换专业:

1. 由长学制专业转入短学制专业。

2. 由非艺术类专业转入艺术类专业。

3. 由理科专业转入文科专业,或由文科专业转入理科专业(文理兼收专业除外)。

4. 无正当理由者。

5. 未在规定时间内报到注册者不予转换专业。

第三十六条 三校生只能在对口招生的专业大类中转换;单招生、贫困专项生不得转换专业。

第三十七条 生源地在甘肃省外的新生,拟转专业的,只能在所属省(自治区)下达的招生计划专业范围内转换。

第三十八条 学生一般应当在被录取学校完成学业,如患病或确实因特殊情况不能继续在本校学习者,可以申请转学。转学学生必须提出书面申请,出具学业成绩,品德鉴定后,由计财处审核各种费用,招生就业处登记备案,报所在地省级教育行政部门审批后,方可以办理转学手续。

第三十九条 学生有以下情形之一者,不得转学:

(一)入学未满一学期者;

(二)应予退学和开除学籍者;

(三)其他无正当理由者;

(四)由招生时所在地的低分数线录取学校转入高录取线学校,由低学历层次转为高学历层次;

(五)五年一贯制、3+2、委培、定向等特殊类型的;

(六)转出院校与转入院校所属同一城市的。

第四十条 凡转入我院的学生,经学院同意和转出学校同意,由转出学校出具学业成绩、品德鉴定以及转出报告，报所在地省级教育行政部门审批后，方可以办理转学手续。跨省转学者由转出地省级教育行政部门协商转入省的教育行政部门，按转学条件确认后办理转学手续。

第八章　考勤与纪律

第四十一条　学生要按时参加专业教学计划规定和学院统一安排组织的一切活动。学生应遵守课堂纪律，不迟到，不早退，不旷课。

第四十二条　住校生每周星期日晚自习前必须到校。

第四十三条　学生请假实行请销假制度。学生请假，需事先经班主任批准，其他任何人不得越权批假。请假1天以内的，由班主任批准；请假1天以上1周以内的，由班主任签注意见，系部主任审批，并报学院学生处备案；请假1至4周的，由班主任签注意见（须有单位、直系亲属签名或相关的证明），系部审查，报学生处备案，交主管院长审批。学生假满返校后，应及时向班主任销假，如有特殊原因需续假时，必须事先办理续假手续，否则按旷课论处，参照《学生违纪处理规定》有关条款处理。

第四十四条　凡迟到、早退累计达5次以上，旷课累计3学时以上，不得评为三好学生、优秀学生干部、优秀团员。

每学期全勤学生，综合考评时按有关规定加分。

第四十五条　学生考勤情况每周在班内公布一次。学期结束时，班主任统计学生考勤情况，将统计结果填入学生成绩通知单及学生综合测评系统，并交系（部）备案。

第九章　军　训

第四十六条　新生入学后，由学院统一安排进行军训，军训时间按照国家有关规定执行。参照《学生军事训练工作规定》，收取一定军训费用。

第四十七条　军训时学生必须统一着装，遵守纪律，服从教官指挥，提高训练效果。无故不参加军训的学生，本学期体育成绩定为不合格，操行评定不合格，并在一年内取消其评选学院有关奖学金、助学金、先进个人的资格。

第四十八条　军训结束后，进行检阅评比，成绩优异者进行奖励。

第十章　学生劳动

第四十九条　劳动课是全体学生的公共必修课，按照教学计划，学生必须参加由学院统一安排的劳动技能锻炼，每学期不少于18课时。

第五十条　学生不得随意逃避劳动实践课程，确因伤病等原因不适合参加劳动实践者，须提出书面申请，并出具县级以上医院诊断证明，履行请假手续，报学生处备案。全年内参加劳动实践课程不满12课时者，该门课程不合格，不予正常毕业。

第五十一条　学生在劳动实践过程当中，必须严格遵守劳动纪律和实训操作规程，爱护劳动工具或实训设备，因故意而造成劳动事故者，丢失、损坏劳动工具或设备者，除照价赔偿外，视其所造成的后果，给予纪律处分。

第五十二条　无故不参加劳动实践课程者，操行评定为不合格，并不得享受学院任何性质的奖励。

第十一章　学生证管理

第五十三条　学生证是学生表明身份，在校参加学习及其他活动的主要凭证，也是学生在校参加考试，假期返家返校购买火车票的重要凭据。

第五十四条　学生证由教学系根据学院招生就业处编定的学生证号审签、发放、注册、注销。学生证信息须与学籍注册内容等证件有关信息相符，乘车区间与家庭住址相符。

第五十五条　学生证仅限本人使用，由学生本人妥善保管，不得转借、涂改，防止遗失。因伪造涂改，转借他人使用所造成的后果，由其本人承担，严禁一人多证；对一人多证者，根据情节给予相关纪律处分。

第五十六条　学生证丢失经本人申请，班主任证明，由教学系负责审签补发，补发学生证按照学院规定缴纳手续费。

第五十七条　学生证有效使用期限同学生本人完成学业或培训业务日期相一致。学生毕业离校，由教学系在学生证上加盖“毕业留念”印章，注销其学生证；因开除学籍、退学、转学或其他原因注销学籍的，由教学系负责收回其学生证。

第五十八条　每学期学生应主动上交学生证进行注册,未注册学生证视为无效学生证。

第五十九条　学生证上所贴乘火车优惠卡由学生处根据教学系核定情况统一购买,按照国家规定配发学生个人,相关信息必须证卡相符,否则不予配发乘火车优惠卡。

第六十条　学生乘火车优惠卡购票次数不够往返学校者,由各教学系统一收取,制表审核后由学生处负责写入继续购票次数。

第十二章　奖励、处分

第六十一条　学生每学期进行一次操行评定。按优秀、良好、一般、较差4级记录,并附有简短评语,学生的操行成绩归入学生档案。

第六十二条　对德、智、体全面发展或在思想品德、学业成绩、体育锻炼某一方面表现突出的学生,可分别授予“三好学生”称号或其他单项荣誉称号。连续两年获一等奖学金,德、智、体全面发展,学习成绩全部优良者或学习成绩良好,有突出研究成果或有公认的优秀论文者,授予优秀毕业生称号,并发给证书。

第六十三条　对犯有错误的学生,学院可视其情节轻重给予批评教育或纪律处分,处分有以下五种:

(一)警告;

(二)严重警告;

(三)记过;

(四)留校察看;

(五)开除学籍。

第六十四条　受留校察看处分的学生,一年内有显著进步表现的,本人提出申请,由系部审查,学生处审核后,报学院批准可解除留校察看;经教育不改的可开除学籍。

第六十五条　有下列情况之一者,学院予以开除学籍的处分:

(一)触犯国家法律,被依法追究刑事责任者;

(二)违反治安管理法等法律、法规,情节严重者;

(三)考试违纪情节严重以及由他人代替考试或替他人参加考试者;

(四)剽窃、抄袭他人研究成果,情节严重,影响恶劣者;

（五）违反学院管理规定，严重影响学院的教育教学秩序、生活秩序以及公共场合的管理秩序；或者侵害其他个人、组织的合法权益，造成严重后果者。

第六十六条 学院对学生处分，要做到程序正当，证据充足，依据明确，定性准确，处分恰当。

第六十七条 学院对违纪、违规学生的处分，一般应在发现其违纪、违规行为的学期内处理结束。

第六十八条 学院在对学生作出处分决定之前，须告知学生拟处理或处分的事实、理由和依据，并充分听取学生或其代理人的陈述和申辩。

第六十九条 对学生作出开除学籍处分，须由院长办公会讨论决定。

第七十条 对学生所作的处分，由学院出具处分决定书，送达本人，并在院内予以公告。对学生开除学籍的处分决定书，报学院所在地教育行政部门备案。

第七十一条 对学生作出退学处理或开除学籍的处分决定书，内容须有处理或处分的事实、理由及依据，并告知学生可提出申诉的权利和时限。

第七十二条 学院成立学生申诉处理委员会，受理学生对处理或处分的申诉。学生申诉处理委员会应由学院负责人、职能部门负责人、教师、学生代表组成。

第七十三条 学生如对学院的处理或处分决定有异议，在接到学院处分决定书之日起 5 个工作日内向学院学生申诉处理委员会提出书面申诉。

第七十四条 学生申诉处理委员会对学生提出的申诉进行复查，并在接到书面申诉之日起 15 个工作日内，作出复查结论并告知申诉人。需要改变原处分或处理决定的，由学生申诉处理委员会提交学院有关部门或院长办公会重新研究决定。

第七十五条 学生如对学院的复查决定有异议，可向学院所在地教育行政部门提出申诉。

第七十六条 学生的申诉期为 1 个月。从处理或处分决定之日起，学生 1 个月内未提出申诉的，学院或教育行政部门不再受理提出的申诉。

第七十七条 被开除学籍的学生，由学院发给学习证明。学生接到处理意见 1 日内离校，其档案、户口退回其家庭所在地。

第七十八条 对学生的奖励、处分材料，学院应真实完整地归入学院文书档案和本人档案。对开除学籍以下的校纪处分，可由学院在学生毕业前据其表现进行审查，作出是否从本人档案中撤出处分的决定。撤出的处分材料留存学院文书档案。

第七十九条 被取消学籍、退学、开除学籍者，不得复学。

第十三章 毕业、结业

第八十条 有正式学籍的学生，在规定年限内，修完人才培养方案规定全部课程和实践环节规定的项目，成绩合格；德、智、体达到毕业要求，准予毕业，发给毕业证书。

第八十一条 学生在规定年限内，修完人才培养方案规定内容，未达到毕业要求者作暂时性结业处理。暂时性结业的学生可在两年内在指定时间回学院参加重修重考，经考核成绩合格者可换发毕业证书。考核成绩不合格，不再办理毕业证。

第八十二条 学院每年将颁发的毕（结）业证书信息报所在地省级教育行政部门注册，并由省级教育行政部门报国务院教育行政部门备案。

第十四章 附 则

第八十三条 学院各部门所制定制度或实施细则必须以本规定为依据，凡不符合本规定精神者按照本规定执行。

第八十四条 本规定由教务处、学生处、招生就业处负责解释。

学生注册管理规定

第一条 学籍注册是学院对学生在校学习资格的认定，是对学籍有效性的确认。凡我院普通高职在校生都应当按照学院规定办理报到、注册手续。

第二条 每学期开学，学生应在学院规定的时间按时返校报到注册，不能按时返校报到注册者，应提前履行请假手续。

第三条 实行先缴费后注册。一般情况下，缴费注册的期限自报到日起两周为止。因故未能在规定的时间内注册且符合有关规定条件者，可申请办理暂缓注册手续，暂缓注册手续应在开学两周内办妥，暂缓注册期限原则上不超过3个月（从开学之日计起）。

第四条 有下列情况之一的学生可暂缓注册：

1. 因故不能如期返校报到注册，且提前向系（部）履行请假手续者。
2. 因不可抗拒的原因未能按期返校报到注册且无法请假者。
3. 未交清学院规定的费用且已办妥缓交手续者。
4. 有其他正当理由的。

第五条 有下列情况之一的学生将不予注册或取消注册：

1. 新生复查期间发现有不符合录取条件者。
2. 欠缴学费超过3个月者（享受国家助学贷款者除外）。
3. 超过报到注册期限仍未注册且未办妥暂缓注册手续者。
4. 休学期满后超过2周仍未办理复学或继续休学手续者。
5. 休学期未满未经批准擅自提前返校者。
6. 其他不符合注册条件者。

第六条 经省级招生部门批准正式录取的新生入学后，学院在上级规定的期限及早对其进行资格和健康复查。复查合格者，由所在系（部）根据学生缴费情况，对照学生录取名册办理注册手续，凡经正式注册的学生即获得学籍，管理人员在学生证注册栏签字、加盖注册章，并录入学籍管理系统后，注册生效。

复查不合格者，由学院区别情况，按照学生管理有关规定予以处理，直至取消入学资格。

第七条 在籍学生每学期开学报到后由本人携带学生证，并持财务处开具的缴费收据或暂缓注册审批表，到所在系（部）办理注册或暂缓注册手续。

第八条 对不予注册的学生，按照国家和学院有关规定取消入学资格或作休学、自动退学处理。

第九条 暂缓注册的学生通过申请国家助学贷款或其他形式的资助等在学院规定的期限内足额缴清学费后即可办理注册手续。

第十条 暂缓注册学生属无学籍人员，不能享受在籍学生有关待遇，原则上不得参加考试，特殊情况参加考试者，其考试成绩暂缓录入教务处学生成绩管理系统，不予制作和发给毕业证书。

第十一条 由暂缓注册转为正式注册的学生，其在学院不能享受的各种待遇从注册生效之日起恢复，但不能追溯未正式注册以前受到的处理或损失。

第十二条 暂缓注册学生暂缓期满未办理正式注册手续者，符合休学的，由本人申请可办理休学，无故不办理正式注册手续者，视为放弃学籍，作退学处理。

第十三条 各系（部）对学生注册情况要及时登记、统计，对未如期注册的学生，要有缘由记录。并在两周内向未注册的学生发出催促注册通知书，说明无故不注册的后果。每学期开学后第 3 周，各系（部）应将学生注册情况（包括请假、迟到和按期等），并单列附上未注册学生名单分别报招生就业处、学生处。

第十四条 招生就业处负责未注册学生名单的汇总，在第 4 周上报学院领导研究处理并及时通知有关部门。

第十五条 学院有关部门和人员应当及时组织做好学生入学资格和体检复查、缓缴学费审批等相关工作，以保证注册工作如期顺利进行。

第十六条 各系（部）、招生就业处学籍管理人员应充分重视注册工作的严肃性，对于违反规定随意为学生进行注册的工作人员，学院将严肃查处，视情节轻重，给予通报批评直至纪律处分。

第十七条 成人教育类型的学生注册管理工作可参照本办法执行。

第十八条 本规定自下文之日起执行，由招生就业处负责解释。

学籍学历管理暂行办法

第一章 总 则

第一条 为适应高等教育改革发展,保证高等教育质量,维护高等教育公平、公正,保护学生的合法权益,依据《中华人民共和国高等教育法》、教育部《高等学校学生学籍学历电子注册办法》、《普通高等学校学生管理规定》制定本办法。

第二条 实行高等教育学生学籍学历电子注册是运用计算机网络管理技术手段,对高等学历教育的高等学校或其他教育机构按国家招生规定录取的学生进行学籍和学历电子注册,规范高等教育办学行为,打击学历证书造假行为,为社会提供学历查询服务。

第三条 高等学历教育中的专科、本科学历层次的学生,均须进行新生入学学籍电子注册、在校期间学年电子注册、毕业时学历证书电子注册。注册平台为中国高等教育学生信息网(http://www.chsi.com.cn)。

第四条 高等学历教育学生学籍学历电子注册工作实行国家、省(自治区、直辖市)、学校三级管理。教育部负责制定学籍学历管理政策和办法;省(自治区、直辖市)教育行政部门负责组织管理和监督检查;高等学校负责学籍学历电子注册的具体实施。教育厅对经注册的学籍学历进行审核,并报教育部审核备案后国家方给予承认和保护。

第二章 新生报到与学籍电子注册

第五条 凡被我院录取的新生须持录取通知书、身份证,按期到校办理入学手续。因故不能按期入学者,应及时向学院招生就业处请假,假期一般不得超过

1 周。未请假或请假逾期者,除不可抗力等正当事由外,视为放弃入学资格。

第六条 新生报到结束后,各系应在规定的时间内按学生类型、专业等项目分别填写《新生花名册》,招生就业处将《新生花名册》与省招办正式录取数据库核实后,办理新生注册手续给予学号,并在校园网上公布注册学生名册,相关部门则依据招生就业处提供的新生注册名册办理相关证件及信息录入工作。

第七条 新生入学 3 个月后,学院对其进行体检。新生在体检复查中发现患有疾病者,经学院指定的医疗部门诊断证明不宜在校学习的,经本人申请,学院批准,可保留入学资格 1 年。保留入学资格者的学籍入学后随低年级。保留入学资格的学生不享受在校学生或休学学生的待遇,在保留入学资格期内经治疗康复,须在下半年开学前凭县级以上医院康复证明,向学院申请入学,经学院复查合格,方可重新办理入学手续。复查不合格或者逾期不办理入学手续者,取消入学资格。

第八条 根据教育部招生规定和《普通高等学校学生管理规定》,新生入学后 3 个月内完成入学资格复查和学籍电子注册。对新生入学资格复查合格的予以学籍电子注册;对放弃入学资格、取消入学资格、保留入学资格的学生,在学籍电子注册信息中予以标注。复查不合格者,由学院区别情况,予以处理,直至取消入学资格。凡属弄虚作假、徇私舞弊取得学籍者,一经查实,取消其学籍。情节恶劣的,提请有关部门查处。

第九条 学籍注册后,学生可登录学信网实名注册后查询、核实本人信息和学籍注册信息。如发现录取数据有误或缺失的,由招生就业处负责协调省招生办修改和补报,对学籍信息内容不完整的,进行补充。

第十条 特殊招生形式录取的新生,含五年一贯制、三二分段制、“2+2+1”联合办学,按照国家关于上述学生录取数据编制的相关规定报送录取信息。经省教育厅审核后报教育部备案,再由学院进行新生学籍电子注册。

第十一条 凡注册的高职新生学籍档案由招生就业处统一管理,学生毕业时与毕业生登记表、成绩单、奖惩材料同时密封后由各教学系派专人统一领取。

第三章 在校生报到与学年电子注册

第十二条 每学期开学时,在校生应按学院规定办理报到注册手续。凡不能如期注册者,必须办理请假手续,否则以旷课论处。未按学院规定缴纳学费或者其他不符合注册条件的不予注册，未经请假且逾期两周不报到注册者，视为放弃学籍，按自动退学处理。家庭经济困难的学生可以申请助学贷款或者其他形式资助，办理有关手续后注册。

第十三条 暂缓注册的学生通过申请国家助学贷款或其他形式的资助等在学院规定的期限内足额缴清学费后即可办理注册手续。

第十四条 暂缓注册学生属无学籍人员，不能享受在籍学生有关待遇，原则上不得参加考试；特殊情况参加考试者，其考试成绩暂缓录入教务处学生成绩管理系统，不予制作和发给毕业证书。

第十五条 由暂缓注册转为正式注册的学生，其在学院不能享受的各种待遇从注册生效之日起恢复，但不能追溯未正式注册以前受到的处理或损失。

第十六条 暂缓注册学生暂缓期满未办理正式注册手续者，符合休学的，由本人申请可办理休学；无故不办理正式注册手续者，视为放弃学籍，作退学处理。

第十七条 学生在校期间发生学籍信息变更的，由学生本人提供合法证明材料，学校审核申报、省教育厅审核确认后在学年注册时及时进行标注。

第十八条 各教学系对学生学籍异动（休学、退学、转学、转专业、复学等）情况要及时登记、统计，特别是对未如期注册的学生，要有缘由记录，为在校生学年电子注册工作提供准确依据。

第十九条 在校生学年电子注册，是作为学历证书电子注册的依据。学生通过新生学籍电子注册后，自入学次年起直至毕业，每学年第一学期要进行学年电子注册（以下简称学年注册）。相关人员应当高度重视注册工作的严肃性，及时、准确填报数据，以保证注册工作如期顺利进行。

第二十条 在校生学年电子注册要在每学年开学后 1 个月内完成。学籍注销在学籍处理后 15 个工作日完成。学院通过教育部学籍学历管理平台下载在校生库发至各教学系，各系认真核对学生信息，将审核名册及学生注册情况统计表签章后报招生就业处，学籍员适时通过中国高等教育学生信息网进行电子标注。

第二十一条 有下列情行者，将不予注册或取消注册：

（一）新生复查期间发现有不符合录取条件者；

（二）欠缴学费超过 3 个月者（享受国家助学贷款者除外），超过 3 周无正当理由未到校办理报到手续者；

（三）休学期满后超过 2 周仍未办理复学或继续休学者；

（四）休学期未满未经批准擅自提前返校者；

（五）其他不符合注册条件者。

第四章　转专业

第二十二条　学生专业一旦录定，原则上不予转换。确有需要转换的，在入学后可按照学院有关转专业规定执行。转换专业由学生提出书面申请，招生就业处审核，经纪检部门审查后，报学院主管领导审批。

第二十三条　申请转换专业条件

（一）确有专长，转专业后更能发挥其专长者；

（二）新生入学后发现有某种疾病、生理缺陷或特殊困难，经学院指定的医疗单位检查证明，无法在原专业继续学习，但尚能在其他专业学习者；

（三）因学院录取原因造成现专业与本人志愿严重不符者；

（四）必须报到注册，交清各项费用；

（五）学院因学科和就业需要，欲调整或取消本专业时。

第二十四条　学生有以下情形之一者，不得转换转业：

（一）按照报考志愿录取的学生；

（二）由长学制专业转入短学制专业；

（三）非艺术类专业与艺术类专业不得互转；

（四）由理科专业转入文科专业，或由文科专业转入理科专业（文理兼收专业除外）；

（五）无正当理由者。

第二十五条　三校生只能在对口招生的专业大类中转换，单招生、贫困专项生不得转换专业。

第二十六条　生源地在甘肃省外的新生，拟转专业的，只能所属省（自治区）下达的招生计划专业范围内转换。

第二十七条　未在规定时间内报到注册者不予转换专业。

第五章　学号编制规则

第二十八条　新生报到1月后，由招生就业处负责编制发放学号，各系（部）

以此学号办理学生证及相关手续,学号一旦确定,在校期间不得更改。

第二十九条 新生学号为9位编码,每位编码均有特定的含义,各教学系必须严格要求按此办法执行,不得随意更改,省略。

第三十条 学号各代含义:第一、二位表示级别号,录取入学年份的末两位数;第三位表示学生的层次类别:1为普通高职,2为五年高职,3为“3+2”教育,4为“2+2+1”联合办学,5为中专生,6为成人生,7为随班生;第四位表示系部代码,1为机电工程系,2为土木工程系,3为旅游管理系,4为生物工程系,5为经济管理系,6为化学工程系,7为新能源工程系,8为艺术教育系,9为医护系;第五、六位表示各专业代码,具体代码见附件(酒泉职业技术学院专业代码表),每个系都有预留的专业代码,如有新增,在招生年份给予其专业号;第七、八、九位数表示学生在本专业,本级别的顺序号。

第六章 转 学

第三十一条 学生一般应当在被录取学校完成学业,如患病或确实因特殊情况不能继续在本校学习者,可以申请转学。转学学生必须提出书面申请,出具学业成绩,品德鉴定后,由计财处审核各种费用,招生就业处登记备案,报所在地省级教育行政部门审批后,方可以办理转学手续。

第三十二条 学生有以下情形之一者,不得转学:

(一)入学未满一学期者;

(二)当年应届毕业生;

(三)应予退学、开除学籍者;

(四)其他无正当理由者;

(五)由招生时所在地的低录取线学校转入高录取线学校,由低学历层次转为高学历层次;

(六)5年一贯制、3+2、委培、定向等特殊类型的;

(七)转出院校与转入院校所属同一城市的。

第三十三条 凡转入我院的学生,经学院同意和转出学校同意,由转出学校出具学业成绩、品德鉴定以及转出报告,报所在地省级教育行政部门审批后,方可以办理转学手续。跨省转学者由转出地省级教育行政部门协商转入省的教育行政部门,按转学条件确认后办理转学手续。

第七章　休学与复学

第三十四条　学生申请休学应根据学院有关规定办理手续，经招生就业处批准后方可休学。

第三十五条　有下列情况之一的学生，经审查属实应予休学：

（一）因病经校医院或学校指定医院诊断，须停课治疗、休养占一学期总学时 1/3 以上者；

（二）根据考勤，一学期内因请病、事假缺课累计超过该学期总学时 1/3 者；

（三）应征入伍者；

（四）经学校批准暂停学业创业者；

（五）因某种特殊原因，本人申请或学校认为必须休学者。

第三十六条　学生应征参加中国人民解放军（含中国人民武装警察部队），保留其学籍至退役后 1 年。

第三十七条　申请休学的学生交验必要的证明材料，因病休学的应出具县级以上医院的病休证明，填写《休学审批表》（一式三份）经系（部）证实原因情况后，签注意见，加盖公章报招生办。招生就业处报主管院长审查同意后，留 1 份存档，其余 2 份由教学系和学生本人保存。

第三十八条　休学学生自休学生效之日起 1 周内必须办理完离校手续。休学期间，学生的行为后果自负，户口可不迁出学校。

第三十九条　学生休学一般以 1 年为限办理，累计不得超过两年。获准休学者，在休学期间保留学籍，但不享受在校学习学生待遇（如：学生评优、奖、助学金，转学等），休学期内不计入在校学习时间。

第四十条　休学期满，对申请复学的学生，应于学期开学注册期间持休学审批表及由所在地街道或乡政府出具的休学期间的行为表现证明书，向学院提出复学申请，学院对其休学期间的行为表现进行审查。休学期间有严重违法乱纪行为者，不得复学，取消其复学资格。

第四十一条　因伤、病康复复学的学生，须持县以上医院开具的康复证明；其他原因休学者，持相关证明由系（部）批准后，招生就业处办理报到注册手续。

第四十二条　因伤、病未康复不能按时复学，累计休学时间未超过 1 年者，可以申请续延休学 1 学年。凡无故未按时申请、办理复学手续者，视为自动放弃学籍。

第四十三条 复学学生一般应办理延长学制手续，视其课程修读情况，编入相同或相近专业的相应年级班级学习。

第八章 留 级

第四十四条 凡我院学生有下列情况之一者必须留级：

（一）一学期内考试、考查课程不及格门数累计6门以上（含6门）者；

（二）一学期内经补考后不及格课程门数累计仍3门以上（含3门）者；

（三）一学年内经正常补考后不及格课程门数累计仍4门以上（含4门）者。

第四十五条 凡达到留级条件的学生，由学生所在教学系于每学期第5周汇总情况并提出留级意见，经教务处审核，院长办公会批准，由招生就业处对学生学籍进行移动并报教育厅备案后，编入下一年级相同或相近的专业进行学习，并按所编入班级学生的收费标准缴纳学费和其他费用。

第四十六条 学生在校期间留级以一次为限，毕业年级不再留级。

第九章 退 学

第四十七条 学生有下列情况之一，应予退学：

（一）学业成绩未达到学院要求或者在规定的年限内（含休学）未完成学业者；

（二）休学期满，申请复学经复查不合格的或未申请复学的；

（三）经学院指定医院诊断，患有疾病或者意外伤残无法继续在校学习者；

（四）未请假离校连续两周以上，未参加学院规定的教学活动者；

（五）超过学院规定期限未注册而又无正当事由者；

（六）入学报到后，被取消入学资格者；

（七）本人要求退学，经劝说无效者；

（八）严重违反校纪、校规的以及违法犯罪者；

（九）其他原因必须退学者。

第四十八条 对学生的退学处理，由所在系提出意见并附相关材料，由院长办公会研究决定，由学院出具退学决定书并送达本人，同时报省教育厅备案。

第四十九条 学生自愿退学的，由本人提出退学申请，报招生就业处审核，主管院长批准。

第五十条 经确诊患有精神病等不符合体检标准的疾病（包括意外伤残）者，由家长或抚养人负责领回。

第五十一条 退学的学生，按学院规定自退学决定书送达本人之日起一周内办理退学手续，离开学校。档案、户口退回其原户籍所在地。

第五十二条 学生对退学处理有异议的，可向学院学生申诉工作委员会申诉。

第五十三条 取消学籍或退学的学生，均不得复学。

第十章 证书审核办理

第五十四条 坚持毕业生资格审查，满足以下条件，方可办理毕业证书：

（一）具有我院学籍的学生，按学院审定的教学计划修完全部课程，考试成绩合格；完成毕业作业和实践性教学环节规定的项目，符合毕业要求达到专业培养目标，思想品德鉴定合格。

（二）必须进行学历证书图像信息采集，采集产生的实物照片将用于学历证书，数字照片将用于学历证书电子注册与网络查询，进入国家人才数据库与学历数据库。因未按时参加信息采集（对实习、上岗等其他组织允许原因造成不能按时返校参加毕业数码采集工作的毕业生，应在离校前将符合要求的照片及相关费用交所在系部，在数码信息采集时进行翻拍），未能在规定时间内参加将会造成学历证书延迟发放甚至延期毕业，导致电子注册信息不全而无法办理毕业证者，责任自负。

（三）学生在学院规定年限内，修完教学计划规定的课程，成绩或毕业实践环节不合格者，不予按期毕业，准予结业，发给结业证书。结业后两年内可以参加补考、重修或补做毕业设计、论文答辩，经考核成绩合格，可换发毕业证书。毕业时间按发证时间填写（按该生达到毕业要求的最后一次的时间为准）。办理毕业手续于当年 9 月开始，次年 7 月换发毕业证书。

（四）学生毕业前，教学系必须按毕业要求对学生的德智体各方面进行全面鉴定，毕业鉴定不合格者不能毕业，按照结业处理。

第五十五条 毕（结）业证审查时按照严格程序进行，各有关部门按照职责

权限分别审核,职责和要求如下:

(一)教学系职责

1. 整理学生学籍,按其所执行的教学计划对学生的思想品德、学业、身体素质进行认真严格的审查。审查合格者组织学生填写《毕业生登记表》(一式二份)。

2.《毕业生登记表》的填写必须认真、准确,不得涂改,经系部审核签字加盖印章后,以系部为单位派专人携带《毕业生登记表》,于5月上旬到教务处、学生处办理相关手续。

3. 按照专业班级为单位整理《毕业生登记表》《合格毕业生成绩册》《不合格学生名册》并于4月下旬到招生就业处办理审核手续。

(二)教务处职责

1. 审查毕业生专业教学计划执行情况。

2. 复审毕业生各科成绩,课程实验、毕业设计、毕业实习、毕业作业的完成情况。

3. 审查《毕业生登记表》,打印《毕业生成绩册》《不合格学生名册》。

(三)学生处职责

审查毕业学生奖励及处分情况并签字盖章。

(四)计财处职责

按学年度学生数审核毕业生的培养费及其他应收费用情况并签字盖章。

(五)招生就业处工作

1. 审查毕业生入学资格。

2. 复核学生鉴定、学生成绩及学生处分情况。

3. 按时编制毕业生数据,筛选学历证书图像信息,报教育厅进行毕业生学历电子注册。依据注册的毕业生名册打印《毕(结)业生花名册》,填写毕业证书并编号。

4. 审查合格的《毕业生登记表》、毕业证书上加盖学院印章和院长印章。

5. 做好毕业生数据统计,整理毕业生档案及《毕业生花名册》,公布毕业生名单。

6. 发放毕(结)业证书及毕业生档案,资料归档。

第五十六条 毕业证书审核、办理及领取以系部为单位统一进行,不接受学生个人办理。

第五十七条 成人学历教育办证工作,参照普通高职生要求和程序办理。

第五十八条 毕(结)业证须在规定的时间内办理,逾期延至下年度进行办理。

第五十九条 学生有下列情形之一者不予毕业,发给结业证书:

(一)在校期间严重违反校纪校规,受过学院处分,并未撤销者;

(二)学生在规定的学业期内,修完教学计划规定的教学内容,有一门以上理论考试或技能考核不合格,经毕业总补考仍未合格者;

(三)未完成毕业设计(论文)或毕业设计(论文)不合格者;

(四)未完成顶岗实习者,视毕业实践成绩不合格,不予毕业。

第六十条 结业生可有条件的换发毕业证,规定如下:

(一)因未修满规定学业(分)而结业者,结业后两年内参加重新学习,成绩合格后换发毕业证书;

(二)因受留校察看处分而结业者,察看期满且符合其他毕业条件者,可由本人申请,经学生处审核,报分管校长批准,换发毕业证书;

(三)自结业之日起至换发毕业证书,时间不超两年,否则,视为自动放弃换证资格;

(四)结业生换发毕业证书,毕业时间按换发毕业证书日期填写。

第六十一条 毕(结)业证书丢失或损坏者,学院不能补发,经本人申请,学院核实后出具相应的毕业生证明书。

第十一章 附 则

第六十二条 保留入学资格、保留学籍、休学的学生,在保留入学资格、保留学籍和休学期间,不得留校学习,不得参加考试;擅自参加考试者,其成绩无效。

第六十三条 其他类型的学生注册管理工作可参照本规定执行。

第六十四条 本办法由招生就业处负责解释。

第六十五条 本办法自印发之日起执行。

课程考核与成绩管理办法

第一章 总 则

第一条 为切实落实“校企合作，工学结合”的育人宗旨，强化工学结合教学过程管理，规范课程考核与成绩管理，提高广大教师教学质量意识和责任意识，确立“两体三层一主线”课程体系在高职教学内容改革中的核心地位，特制定本办法。

第二条 管理和考核原则

（一）体现“理实一体”的原则。充分体现理论联系实际、工学结合、全真情境、模拟化的工作环境，体现车间化、工作化、岗位化的特点，贯穿工作过程为导向，体现理论知识与实践知识的整合融化。

（二）体现“工学结合”人才培养模式的原则。解决好传统课程体系中专业基础课、专业理论课和实践环节条块分割的问题，整合课程结构，优化课程内容，使课程考核内容符合“工学结合”的人才培养模式。

（三）体现“高技能”人才培养目标的原则。课程体系教学与考核要突出实践环节，突出技能考核，突出动手能力的考核。对现行教材中的内容，凡属内容陈旧、理论过时、实操要求不够，“工学结合”衔接不到位的内容都应删繁就简，通过优化整合进行改造，使之符合技能型人才培养的需要。

（四）体现“能力本位”的原则。课程体系教学考核要体现能力本位，以能力生成为核心，着重于“阶进式”分段实训技能掌握的考核，加强实训、实习过程行为态度、认知能力的提高进行考核。各教学单位要制定实验、实习、实操技能鉴定考核细则，改善技能训练考核形式，真正实现课程体系教学考核围绕职业核心能力为中心和以职业岗位能力为本位的要求。

（五）体现学院专业办学特色和优势的原则。工学结合课程体系教学考核要充分体现服务区域经济发展，体现省情区情，本着“立足省情办学校、立足行业办专业、立足专业为产业”的原则，着力培养学生的创新意识，再造、创造能力，体现专业优势，突出教学特色，反映学生发展潜力和特长，牵引学生的可持续发展为目的。

（六）体现“校企合作”，综合考核的原则。凡属企业实习、见习、实验和顶岗锻炼的课程项目的考核，都要做到学校和企业共同考核，综合评定，对学生的实训、实验、实操过程，要由企业指导师傅通过理论测试、能力鉴定、现场实操测试、综合评议等形式确定学生的成绩，切实发挥考核为了促进学生能力发展的目的。

第二章　课程考核的管理

第三条　课程考核实行分级管理

课程考核根据课程性质及要求，分为考试和考查两大类，实行院、系（部）两级分类管理。

（一）考试课程由教学系部在人才培养方案（教学进度计划）中注明。考试课程的考核由系部组织，教务处统一管理。

（二）考试课程外的其他课程均为考查课程，考查课程的考核由课程所属教学单位管理。

（三）对职业核心能力课程如外语应用、信息处理、职业礼仪、人文素养等，纳入职业核心能力课程体系统一考核范畴进行考核。

第四条　补考、重修课程考核管理

（一）不及格课程由教务处统一安排补考（实验和实践教学环节由系（部）安排补考）。

（二）对核心课程出现学生学习成绩大面积不合格的情况，应安排课程重修。课程重修分跟班重修和组班重修两种。跟班重修由教学单位落实任课教师和跟班听课计划，课程所属教学单位根据正常考试日程安排重修考试，由学生所属教学单位通知学生，考核结束后，阅卷教师须在规定期限内将成绩和考核材料报课程所属教学单位教学秘书。组班重修由教务处统一安排辅导和考核，考核采用教考分离。重修考核严格执行课程考核标准。

因学生顶岗实习和就业岗位特殊情况需要单独考试、考察的，教学单位应事先将考核计划报教务处审批。

第五条 实践教学的考核管理

（一）实验、实训教学的考核管理由实验、实训教学单位负责，开出教学单位应对考核要求、方式作出事先计划安排，不得由教学责任人随意进行。

（二）实习和课程设计的考核管理由项目所在教学单位负责。教学单位应根据专业特点制定相应的考核办法，其成绩管理由项目所属教学秘书负责审核和管理。

（三）毕业设计（论文）的考核管理由教学单位负责。

第三章 考核实施要求

第六条 考试课程的考核安排

学院管理的考试，由教务处负责安排实施。

（一）凡在每学期前 10 周结束的课程，其考试应安排在课程结束后 1 周内进行；在 10 周后结束的课程，在期末考试周内统一安排考试。

（二）每考试前 1 周，教学单位将考试主考和监考教师名单报教务处备案。

（三）每考试前 3 周内，教学单位上报本单位所有班级课程考试计划（考试人数作为试卷印刷装订的依据）。

（四）教务处根据教学单位上报的课程考试计划，结合实际情况于第 13 ~ 14 周制订出考试课程的考试安排表，下发给教学单位认真核对，在规定时间内将存在问题及时反馈给教务处。第 15 周发放正式的考试安排表，各教学单位严格遵照执行。

第七条 考查课程的考核安排

考查课程如采用书面考核的，其要求同考试课程；如不采用书面考核的，按下列要求执行。

（一）教学单位根据所开设课程的特点，组织有关人员论证后，制订适当的考核形式及成绩评定方法。考核形式要求切合实际，能真正评价学生对该门课程的掌握程度；成绩评定方法要求有较强的可操作性。考核形式及其成绩评定方法，经教学单位主要负责人审批签字后生效。

（二）小论文、课程学习总结、读书报告、课程大作业、创意作品、毕业设计、实验报告等考核形式所用纸张，应统一使用纸（8K、16K），以便存档，考核或论文用纸由教学单位给学生提供统一格式的考核用纸。

（三）口试、演讲、辩论、实践技能操作等形式的考核，应有考核方案，并专门设计的评分指标和考核记录表，作为成绩评定时的佐证材料。

（四）不论采用何种形式进行课程考核，成绩评定后都要跟考试课程一样进行考核结果分析并整理归档。任课教师应进行认真的试卷分析或其他考核形式的分析总结：包括命题情况、考核成绩统计、存在问题及产生的原因、今后该课程教学中应采取的改进措施、缺考和缓考学生名单等。

第八条　试卷印刷

考试课、职业核心能力考查课试卷，由教务处在考核前统一完成印刷，并按考场分装密封。其他考查课程试卷均由教学单位负责印制。

第九条　课程期末考试

期末考试前，教学单位要对学生进行考前教育，向学生宣读学院有关考试纪律的规定，教育学生遵守考场纪律，熟知考纪要求，树立以勤奋学习为荣，以考试作弊为耻的良好风气。

第十条　工学结合课程考试、阅卷、评分参照课程标准执行。

第四章　考核记分与成绩录入

第十一条　考试课程的成绩一般用百分制记分。期末考试和平时成绩计算比例由各教学单位根据课程性质上报教务处审核后确定。考查课程计分比例由所在教学单位决定，报教务处备案后执行。

第十二条　平时成绩必须在期末考试之前评定。平时作业缺少 1/3 以上者，不得参加考试，该门课程总成绩以不及格计。

第十三条　实验、实操成绩主要依据实验考核和实验报告及平时实验中的记载进行综合评定。实验、实习、实训成绩不及格，该门课程总成绩以不及格计。

如学生某门课程的平时、期末考试都不及格，则该门课程总评成绩不及格。

第十四条　考查课程的成绩可用百分制计分：90 分（含 90 分）以上为优，80 分（含 80 分）以上为良，70 分（含 70 分）以上为中，60 分（含 60 分）以上为及格，60 分以下为不及格。

第十五条　单列实验课程的成绩独立记分。

第十六条　学生考核平均成绩统计结果应体现正态分布状况。

第十七条　跟班重修学生成绩评定方法与所跟读班级学生相同；组班重修

学生平时成绩占 20%，考试成绩占 80%。

第十八条 学生成绩评定之后，任课教师负责在考试结束后一周内完成网上成绩录入并签字上交。

第十九条 录入成绩必须仔细核对，确保准确无误，总评成绩采用百分制记分的，可以保留一位小数。成绩录入结束后，成绩报表打印 3 份并签名后送交课程所属教学单位教学秘书，由课程所属教学单位教学秘书将 3 份成绩单留存 1 份、班主任留存 1 份、任课教师留存 1 份，并由班主任负责通知学生。

第二十条 教学单位在考务系统提交成绩前，须进行认真校对，确保其准确性。成绩确定后，任何人无权更改，若确因录入错误需要更改的，需经学生所在系主任、教学单位教务负责人、教务处批准，任何人不经上述程序不得修改学生成绩。同时要对有关责任者给予批评，错误情节严重的，按照教学事故相关规定给予相应处理。

第二十一条 学期结束考试后，任课教师应向课程所属教学单位提交所任教课程教学总结和试卷分析、记分册、授课日志、实习报告、实习日志等材料，并按要求装订试卷交教学单位教学秘书统一保管以上材料。

第五章　课程考核的命题规则

第二十二条 制定课程考核标准基本规范

（一）课程考核是检查教学质量最重要的环节。各门课程应根据课程标准的教学基本要求拟定课程考核标准，经教学单位或校外专家审定后，建立试题库，考试临行前由教学单位从试题库随机抽取试卷组织考试。各教学单位应按照覆盖面大、教考分离的原则加强试题库建设。教学计划中的所有课程都要根据课程标准和考核要求组织考试或考查。

（二）考核规范应包括：

1. 考核对象。

2. 命题范围，即所考课程的知识、能力及技能的基本要求。

3. 考试题型、题量及配分。

4. 考试用时、满分和合格标准。

5. 考核形式和答题要求。

6. 评价办法以及计分比例要求等。

第二十三条 课程考核的命题形式

根据课程的性质不同,可采用不同的命题形式。

(一)由教务处管理的考试课程的考核一般采用书面形式,可采用开卷、闭卷考试,一般不采用半开半闭。

闭卷是指学生在考试过程中不得参考任何资料(含电子词典等)而独立完成的考试;开卷是指学生在考试过程中可以参考各种资料并独立完成的考试;半开半闭是指考试试题中部分内容开卷完成、部分内容闭卷完成的考试。

(二)由教学单位管理的考查课程的考核,提倡形式多样,诸如课程学习总结、专题心得体会、案例分析、社会实践调研报告、小论文、读书报告、口答、演讲、辩论、课程大作业、操作考核、技能测试、创意作品、专题方案等多要素考核,以试卷形式考核的试卷送交时间与考试课程相同。

第二十四条 课程考核命题要求

(一)命题要注意科学性,保证试题适当的难度、信度、区分度,增强考核的客观性和准确性。试题的命题导向要符合当前高职教育改革的方向,要重视综合性、应用性题目,重点考核学生分析问题和解决问题的能力。

(二)命题应以本专业人才培养目标和本课程的课程标准为依据,试题所涉及的知识点应准确、全面,从整体上控制知识性内容和应用能力培养的分数比例。

(三)题型应根据课程特点进行恰当选择,一般应不少于5种。要多角度考查学生对基本概念、基础知识的掌握应用情况,不得以名词解释等死记硬背题型考查学生,简答题、论述题等题型应严格控制分数比例。做到题型多样、结构合理。

(四)试卷题量应与考试限定时间相应。试题表述要简练、明了、准确、清晰。所有书面考试的原稿必须打印。

(五)要认真落实任课教师、教研室主任、系领导三级试卷审核制度,对试卷命题的题型、题量、比例、结构、卷面进行严格审核,发现问题及时修改,保证试卷不出纰漏。对因题量不足、试题偏易等不负责任造成事故的,按照《酒泉职业技术学院教学事故认定和处理办法》严肃处理。

第二十五条 推行教考分离

(一)实施范围

1. 教学计划规定开设的岗位基础学习领域、岗位核心学习领域的考试课程

（含实训课），均要逐步实施考教分离。

2. 专业大类（群）下相近专业的岗位基础学习领域课程（专业平台课程）先行实施。

（二）组织要求

1. 统一《学期授课进度计划表》。多名教师、多个专业班级同时开设的课程，由系（部）安排本专业的教研室主任组织任课教师编制统一《学期授课进度计划表》。

2. 统一教学内容与教学要求。在执行同一课程标准、《学期授课进度计划表》的基础上，统一教学要求。

（三）实施过程

1. 命题与建库

命题要求：①命题必须依据课程标准进行，从本课程的实际出发，处理好一般知识、基本理论和能力几方面的关系，注重分析问题、解决问题能力的考核和培养。在考查学生基本知识的基础上，专业基础课要注重学生实践能力的考核。②试卷的题型：单选题，多选题，判断题。③难易度比例：较容易、中等和较难试题的比例一般以 5∶4∶1 为宜，试卷中按课程标准掌握、熟悉、了解的内容比例为 50%、40%、10%。④试题审核：试题要经过课程组负责人（教研室主任）逐题审核，反复修改、调整、筛选；注意试题及答案的科学、合理，用词准确；同时，预计难度、答题的时间。

建库要求：①建设进度：根据各专业实际情况，每个系（部）每年建立 1～2 门课程试题库。②题量要求：不少于 1 000 道题，其中单选题 60%，多选题 10%，判断题 30%。③题库更新：各题库每年要根据课程标准变化及时进行更新、完善和补充。

2. 考试组织

（1）实行考教分离课程的考试由教务处负责组织和安排。各系（部）安排专人在考试系统录入学生信息和试题，并在规定的时间内组织学生考试。

（2）监考教师必须严格执行学院有关考试的规定，任课教师不得参与监考。监考教师要认真填报考场情况记录表。

（3）考试结束后，由教务处负责打印学生成绩单，提交各系（部），任何人不得更改学生成绩。考教分离成绩占总评成绩不低于 50%。

（4）各系（部）要组织做好本部门考教分离课程的试卷分析及考试情况的总

结工作,上报教务处和督导室审核、通报。

(四)成绩使用

1. 考教分离课程的成绩作为教师教学质量考核的重要指标之一,逐步与岗位津贴挂钩。

2. 考教分离课程的成绩作为学生学业考核的重要指标之一,逐步与学生的评优、奖助学金评审及毕业挂钩。

第六章　考核资料的管理

第二十六条　试卷保密工作

院、系两级教务管理部门要重视试卷的保密工作,所有参与命题的教师均不得在复习辅导过程中故意泄密。与试卷相关的所有环节如有泄密,按《酒泉职业技术学院院系二级教学管理办法》有关规定处理。

第二十七条　考核资料的归档

各门课程的考核要求、考核标准、试卷库和试题库、学生答卷、学生成绩等资料,分院、系两级归档,妥善保管,作为各级检查评比的依据。

第七章　学生课程重修、留级、退学管理办法

第二十八条　课程重修范围

凡我院学生有下列情况之一者必须重修:

(一)课程经补考后仍不合格者;

(二)缓考不及格者;

(三)课程考核违纪或作弊,课程成绩按零分处理者;

(四)在课程考核中无故缺考者;

(五)无故缺课学时累计达到该课程一学期总学时的1/3(含1/3)以上者;

(六)无故缺交作业(或实验报告)累计达该课程规定作业量的1/3(含1/3)以上者;

(七)独立开设的实验实训课。

第二十九条　课程重修形式

(一)组班重修:同一课程重修人数超过25人以上,由开课系(部)组织,教

务处协调开设课程重修班，一般安排在双休日或课余时间上课，学时数不低于原课程学时的 50%。

（二）导读重修：因同一课程重修人数较少，或受学年限制等原因而不能参加组班重修者，编入低一年级的相同专业课程班级进行重修，可采取学生自学、教师辅导、答疑的方式进行重修。

第三十条　课程重修手续的办理

（一）每学期的第 2 周为学生办理课程重修报名及缴费时间。重修的学生可根据本学期开设的课程情况，到学生所在系（部）办理报名和缴费手续，取得重修资格。过期不予办理。

（二）报名结束后，学生所在系（部）教学秘书和辅导员对学生申请重修的课程信息进行汇总，报教务处审核批准后，为重修学生办理重修证。学生凭重修证参加听课、辅导、考试等。

（三）重修学生所在系（部）于每学期的第 5 周将已经办理重修报名手续的学生名单汇总后报送到开课系（部）。

（四）开课系（部）在汇总各系（部）重修学生名单后，于第 5 周会同教务处对重修学生的教学做出安排，并将重修课程表反馈给学生所在系（部），由学生所在系（部）通知学生本人。

第三十一条　重修课程的考核

（一）重修班一般在每学期第 6 周开始上课，上课 10 周，第 15 周进行考核。

（二）对重修课程的考试集中安排考场。

（三）凡参加重修的学生，必须携带身份证、学生证和重修证参加考试，证件不全或未办理重修手续者不得参加重修考试。

第三十二条　重修课程成绩的记载

（一）组班重修者，教师在登记成绩时，应根据平时成绩和考试成绩计算出综合成绩。导读重修者，教师在登记成绩时将考试成绩作为综合成绩。

（二）重修课程成绩合格者，在学生成绩单中记录重修的成绩。

（三）凡办理重修手续无故不参加该门课程考核者，以缺考处理，成绩以零分计。

（四）一门课程重修累计不得超过 2 次。

第三十三条　承担重修教学的教师职责

（一）认真执行重修课教学任务，严格要求学生，加强重修课程的教学过程考核。

（二）按要求制订重修课程教学辅导授课计划及教案，根据教材，以精讲为主，加强辅导。

（三）按要求布置作业，认真批改作业，讲解作业中存在的问题。

（四）按考试规定做好命题、阅卷、成绩登记、试卷归档等工作。

第三十四条 重修课程的收费及管理

（一）学生重修课程，必须向学院缴纳课程重修费。

重修课程的收费标准以学生专业所缴学费为基数，按以下方式收取。

重修课程收费标准=专业收费标准÷专业总课时数×重修课时数

（二）实践环节课程除缴纳课程重修费外，实践教学环节所需的其他费用由学生自理。

（三）毕业清考和修业期满后的补考按课程重修标准收费。

（四）课程重修费专款专用，主要用于重修教学、考试、命题、阅卷及相关教学管理等支出。

第三十五条 留级范围

凡我院学生有下列情况之一者必须留级：

（一）一学期内考试、考查课程不及格门数累计 6 门以上（含 6 门）者；

（二）一学期内经补考后不及格课程门数累计仍 3 门以上（含 3 门）者；

（三）一学年内经正常补考后不及格课程门数累计仍 4 门以上（含 4 门）者。

第三十六条 留级管理

（一）凡达到留级条件的学生，由学生所在系（部）于每学期第 5 周汇总情况并提出留级意见，经教务处审核，院长办公会批准，由招生就业处对学生学籍进行移动并报教育厅备案后，编入下一年级相同或相近的专业进行学习，并按所编入班级学生的收费标准缴纳学费和其他费用。

（二）学生在校期间留级以 1 次为限。毕业年级不再留级。

（三）留级学生，留级前考试成绩达到 75 分或考查"良好"以上水平的课程（体育、政治、教学实习等除外），由个人写出书面申请，经系（部）审核，教务处备案，该课程成绩有效。其余各门课程的成绩无效，必须重修、重考，其课程成绩按重修、重考后的考核成绩审定登记。

第三十七条 留级试读

（一）留级试读范围

凡在每学年第一学期期末课程考核中达到留级条件的学生,个人确有悔过表现,经本人申请,系(部)同意,报教务处批准后,可以随所在班级试读。试读时间一个学期。

(二)留级试读管理

试读学生在试读期间纳入学生所在系(部)、班级的正常管理,享有和行使试读班级学生正常的权利和义务。

试读学生在试读期间表现较好,期末课程考核各门课程成绩均达到及格以上,学生可以向学院申请免除留级。申请免除留级学生必须提出免除留级申请报告,经系(部)同意,报教务处审核批准。

免除留级学生上学期考核不及格的课程,按照本办法中关于课程重修的有关条款处理。

第三十八条 退学范围

凡我院学生有下列情况之一者,由学院审批予以退学:

(一)学期考核,学生全部课程无故缺考者;

(二)学期考核成绩所有课程不及格者;

(三)各学期补考后,累计6门以上(含6门)考试课程不及格者。

第三十九条 退学处理

(一)对学生的退学处理,由院长办公会研究决定。

(二)对退学的学生,由学院出具退学决定书并送达本人。

(三)退学的学生,按学院规定自退学决定书送达本人之日起1周内办理退学手续,离开学院。

第八章 考试管理制度

第四十条 考试是教学过程中的一个重要环节,也是衡量教学质量的一个重要手段。加强考试管理,对改进教学、激励学生学习,建设良好的校风和学风有着重要的意义。

第四十一条 考试的目的,是让学生全面、系统地复习、巩固加强所学的知识,检查学生对所学的知识和技能的理解程度和运用能力,以便进一步改进教学,提高教学质量。

第四十二条 任课教师要全面地、系统地、认真地指导学生进行复习备考,但不得给学生划范围、圈重点，对学生提出的有揣摩试题性质的提问拒绝回答，严禁泄露考题，不得在考试中给学生以任何暗示，违者按教学事故查究处理。

第四十三条 考试以笔试为主，闭卷为主，也可采用口、笔结合，开、闭卷结合的方法。笔试时间一般为120分钟，口试时间为30分钟。个别科目也可采用开卷考试，但开卷的目的要明确，并经主管教学的副主任同意，报学院教务处备案。每个学期的考试，要严格按照人才培养方案执行，学期考试一般在期末由学院统一组织集中进行。因课程设计、教学实习、教学任务结束早等原因需提前考试者，由任课教师提出申请，学生和任课教师所在系（部）领导同意后，经学院教务处批准方可考试。提前考试必须保证学生有一定的复习时间，不能课程授课任务完成后立即考试。

第四十四条 凡学院职业核心能力课程、公共选修课的正补考及学生毕业总补考统一由学院教务处组织实施，专业课的正补考由系（部）组织实施。

第四十五条 试题上方必须注明使用学年、学期和使用班级。试题经教研室主任审核、主管教学的副主任批准后，在考试前两天到教务处印制试卷，试题必须打印在考试纸上。严禁用以前用过的考卷或复习资料进行考试。

第四十六条 印制试卷时组织考试部门须填写《试卷印制审批单》，经系（部）主任审批，提前3天交教务处工作人员。

第四十七条 教务处要明确保密职责，严格控制接触试卷的人员，除负责保管、印制试卷的专人外，其他人员一律不准接触试卷。

第四十八条 工作人员必须严格保密，不得将有关内容告知其他任何人，不得将有关资料带出复印室。下班前或室内无人时，必须将试卷底稿及相关的印刷品、散张、废纸等全部入柜上锁保存，不得将任何有关资料留在柜外。

第四十九条 试卷应在规定时间内印制完成，填写《复印资料登记表》，双方确认签字。并按有关规定保管。

第五十条 印制好的试卷应及时加印封存。

第五十一条 试卷印制完成并交付后，工作人员应立即将多余的散张、试印损坏的废纸等物全部销毁。

第五十二条 设立具备防盗、防火、防潮、防鼠功能的专用保密室，加装防盗门、窗，采取严密的保卫措施，备有带密码、暗锁的保险柜。

第五十三条 保密人员应牢固树立保密观念，坚持原则，忠于职守，严守纪律，工作认真负责。

第五十四条　试卷存放期间，必须由专人昼夜值守，任何情况下，试卷现场值班人员不得少于两人，试卷保密室门和防盗门钥匙要分别管理。开启卷库启用试卷，必须有两人同时开门取卷，严格履行保密人员的职责，制止违反保密规定的行为，禁止无关人员进入保密室。

第五十五条　保密室在接收、发放试卷时必须严格履行交接手续，试卷出入保密室时必须记录。

第五十六条　试卷启用前，任何组织或个人，不得以任何理由启封。

第五十七条　试卷保密室实行分工具体、职责明确的岗位职责和交接班制度。

第五十八条　保密人员的职责：试卷保密；试卷保管；试卷的发放与接收。

第五十九条　保密室要有严格的责任制、交接手续和值班日志等。

第六十条　保密室除值班人员和主管领导外，任何人不得入内，更不能会客、留宿。

第六十一条　值班人员未经主管领导批准不得擅自调换，严禁两人交替值班和锁门外出。

第六十二条　值班人员必须保持试卷保密室卫生、干净、整洁。

第六十三条　试卷启用前一律在试卷保密室保存。

第六十四条　试卷保密室使用前，须自查后报学院保卫部门检查批准并报院领导值班室备案；使用期间接受学院保卫部门和院值班领导的监督检查。

第六十五条　试卷保密室必须设在第 2 层以上（含第 2 层）楼房，房间必须是钢混（或砖混）结构的套间，具有防盗、防潮、防鼠功能，配有铁门、铁窗、铁柜。

第六十六条　试卷保密室要配有报警器、灭火器，并保证这些设备在试卷保密室使用期间一直处于正常工作状态。

第六十七条　禁止无关人员进入试卷保密室。

第六十八条　试卷保管人员必须严格履行职责，积极防范，确保试卷保管万无一失。

第六十九条　移交试卷必须认真清点并履行移交签收手续。

第七十条　试卷在启用前，严禁任何组织或个人以任何理由开启试卷袋密封包装。

第七十一条　发现差错或紧急情况，应及时报告分管领导，迅速处理。

第七十二条　试卷必须存放于指定的档案柜，做到防潮、防火、防盗、防鼠，确保绝对安全。

第七十三条 试卷保管人员必须严守纪律，保守秘密。

第七十四条 移交试卷必须认真清点并履行移交签收手续。

第七十五条 试卷在启用前，严禁任何组织或个人以任何理由开启试卷袋密封包装。

第七十六条 发现差错或紧急情况，应及时报告分管领导，迅速处理。

第七十七条 违反本规定，造成泄密，追究负责人和有关人员的责任，并按学院有关规定处理。

第九章 考试日程及考场

第七十八条 教务处根据每学期教学任务统筹安排考试日程，于考试前3天印发给各教学单位，并向学生和教师公布。

第七十九条 每次考试只公布考场所在楼层和临时考场号，各楼层教室对应临时考场在考试前15分钟详见各楼层的教室前门考场号。

第八十条 考试前各系(部)要认真统计学生缺课、缺作业、缺实验实训的情况，学生旷课累计超过该门课程的1/3学时者，缺做作业、实验实训达1/3以上者，不允许参加考试，缺做作业和实验实训在考试前补齐后，可以参加考试。

第八十一条 学生必须按规定的时间、考场参加考试，并按照《考场规则》认真参加考试。

第八十二条 学生因病不能参加考试，应由本人提出申请，经所在系(部)批准后，将证明材料交教务处办理缓考。不办理缓考手续和无故旷考者，该门课成绩以零分计，系(部)责令学生写出检查和作出处理意见报教务处，学院视情节轻重和认识态度，决定是否给予纪律处分。

第八十三条 加强监考是维护考试秩序的关键，各系(部)要按考场落实监考人员，要选派责任心强，认真负责的教师、干部担任监考工作。

考试期间，各系(部)主管领导必须参加巡考，以便及时处理一些突发性事件。

第八十四条 各系(部)组织监考教师和全体学生认真学习《考场规则》和《监考规则》，严格执行，大力宣传。

各系(部)负责安排落实监考教师，监考教师必须根据《监考规则》和《考试规则》按时、认真监考。

第八十五条 考试结束后，监考教师要清点试卷，检查试卷与考试人数是否一致，并填写好考场记录表交给巡考人员。

第八十六条 考试期间，教务处、各系部要及时通报学生违纪和作弊、监考教师失职及有关考试其他情况。

第十章 考场规则

第八十七条 考生在规定考试时间提前 20 分钟凭考试证（或准考证、身份证、学生证）进入考场，并将考试证（准考证、身份证、学生证）放在考桌左上角，以便监考人员核对。无考试证（准考证、身份证、学生证）者，不得参加考试。

第八十八条 考生进入考场，只准携带必需的文具（如钢笔、圆珠笔、铅笔、角尺、橡皮），若将书籍、笔记、纸张、书包等带入考场，一律集中放在讲台前。

第八十九条 考生必须严格遵守考试时间，考试开始一小时内考生不得离开考场。迟到 20 分钟以上的考生不得进入考场，并以旷考论处。对迟到的考生不再延长考试时间，必须按正常的考试时间交卷。

第九十条 考生在开考后须先在试卷指定的位置上，准确清楚地填写班级、姓名、学号，答卷一律用蓝色、黑色的钢笔或圆珠笔书写，否则答卷无效。字迹要工整、清楚。铅笔只能用于打草稿、作图、涂答题卡（除非特别指定使用）。试题答案写在草稿纸上无效。

第九十一条 开考后，考场内必须保持安静，不准喧哗，不准自由走动，必要时可举手示意，但不得要求监考人员对题意作任何解释或提示。

第九十二条 凡经监考教师口头警告后，仍有下列情况之一者，取消该课程考试资格，没收试卷并令其退出考场，试卷以零分计，并以考试违纪处理，视其情节给予警告、严重警告和记过处分。

（一）考试时发现桌内有书籍或与考试有关复习资料，未造成作弊事实者。

（二）将手机等多种通信器材带入考场准备作弊，未造成作弊事实者。

（三）考试结束后不听监考教师指挥交卷者。

（四）给违纪学生提供方便者，以共同违纪论处，与违纪者同样处理。

第九十三条 凡有下列情况之一者，取消参加该课程考试资格，没收试卷并令其退出考场，试卷以零分计，并以考试作弊处理，视其情节给予记过以上（包括记过）处分。

（一）课桌面上有文字记录者。

（二）考试时交头接耳、抄袭夹带、传条对答案、互换试卷、偷看别人试卷、替考、撕卷者。

（三）将试卷带出考场者。

（四）考试时发现桌内有书籍或与考试有关复习资料，造成作弊事实者。

（五）给作弊学生提供方便者，以共同作弊论处，与作弊者同样处理。

（六）替考双方。

第九十四条 旷考、违纪和作弊课程的成绩登记必须注明“旷考”或“作弊”字样。

第九十五条 答卷完毕，交卷离场后不得在考场附近逗留、谈话，不得向监考人员提问。考试终场时间一到，考生应立即停止答卷，坐在原位，等待监考人员按顺序收齐全部试卷后才能离开考场。

第十一章　监考规则

第九十六条 考试过程中，考生不得与监考教师争执，如与监考教师有不同意见，可在考试结束后向教务处反映，若有在考场上与监考教师争吵、辱骂甚至殴打监考教师者，视其情节轻重给予严肃处理。

第九十七条 每个考场设主考、监考各1名。主考由任课教师或该门课程的相关教师担任，监考由各系根据学院考试安排选派教师担任。主考和监考共同负责本考场考试过程的管理。

第九十八条 主考、监考教师要提前15分钟进入考场，安排考生座位，宣布《考场规则》和注意事项，检查学生证件，清点考生数、缺考情况，并如实填写《考场纪律记录表》，考试结束后交系（部）考点办。

第九十九条 监考教师要认真做好考场的监督、检查工作，认真履行监考职责，不准迟到、早退，不能无故缺席，保证考试的顺利进行。凡因监考人员严重失职或袒护、包庇学生作弊者，学院将视其情节轻重作出严肃处理。

第一百条 监考人员必须监督学生遵守考场纪律，对违反考场规则者，应视情节轻重作出相应处理，并及时向巡考或教务处联系汇报。对发现考生有违纪或舞弊行为，但未构成事实者要及时提出口头警告，口头警告不听者和对于已构成作弊事实者要立即没收其考试试卷和作弊证据，令其退出考场，同时将违纪考生和作弊考生姓名、学号及违纪、作弊事实填在《考场纪律记录表》中，将违纪考生考卷和违纪、作弊或违纪证据一起交教务处。

第一百零一条 除本考场考生、监考人员及有关工作人员外，其他人员一律不得进入考场。主考教师除巡视考场时向学生解释有关试题外，不得向考生暗视有关题意、擅自取走有关试卷。

第一百零二条 监考教师做到监考“六不准”：

不提前或推后发收试卷、不擅离考场、不看书答题、不吸烟谈笑、不在考场内来回频繁走动、不遗失考生答卷。

第十二章 试卷的评定与分析

第一百零三条 评卷是一项严肃的工作，要严格按照命题时拟定的评分标准评卷，不应受评卷者的兴趣、爱好、情绪等因素的影响，力求公正、客观，要杜绝“人情分”“印象分”，防止过松、过严现象。

第一百零四条 考试成绩评定工作应于考试结束后 3 天内完成并一式三份上报学院教务处，教务处审核盖章后，教务处存档一份，两份转系（部）。不交成绩者，按教学事故有关规定处理。

第一百零五条 试卷评定后，任课教师要根据学生的答卷情况，进行定性和定量的质量分析，系（部）应运用数理统计的方法，对学生成绩是否正态分布进行检验和进一步对试卷的难度、信度及效度进行分析，以改进教学工作。

评定后的试卷要交到系（部）统一保管，以便检查教学质量时随时抽查。

第一百零六条 考生不遵守考场纪律，不服从考试工作人员的安排与要求，有下列行为之一的，应当认定为考试违纪：

（一）携带规定以外的物品进入考场或者未放在指定位置的；

（二）未在规定的座位参加考试的；

（三）考试开始信号发出前答题或者考试结束信号发出后继续答题的；

（四）在考试过程中旁窥、交头接耳、互打暗号或者手势的；

（五）在考场或者教育考试机构禁止的范围内，喧哗、吸烟或者实施其他影响考场秩序的行为的；

（六）未经考试工作人员同意在考试过程中擅自离开考场的；

（七）将试卷、答卷（含答题卡、答题纸等，下同）、草稿纸等考试用纸带出考场的；

（八）用规定以外的笔或者纸答题或者在试卷规定以外的地方书写姓名、考号或者以其他方式在答卷上标记信息的；

（九）其他违反考场规则但尚未构成作弊的行为。

第一百零七条 考生违背考试公平、公正原则，以不正当手段获得或者试图获得试题答案、考试成绩，有下列行为之一的，应当认定为考试作弊：

（一）携带与考试内容相关的文字材料或者存储有与考试内容相关资料的电子设备参加考试的；

（二）抄袭或者协助他人抄袭试题答案或者与考试内容相关的资料的；

（三）抢夺、窃取他人试卷、答卷或者强迫他人为自己抄袭提供方便的；

（四）在考试过程中使用通信设备的；

（五）由他人冒名代替参加考试的；

（六）故意销毁试卷、答卷或者考试材料的；

（七）在答卷上填写与本人身份不符的姓名、考号等信息的；

（八）传、接物品或者交换试卷、答卷、草稿纸的；

（九）其他作弊行为。

第一百零八条 教育考试机构、考试工作人员在考试过程中或者在考试结束后发现下列行为之一的，应当认定相关的考生实施了考试作弊行为：

（一）通过伪造证件、证明、档案及其他材料获得考试资格和考试成绩的；

（二）评卷过程中被发现同一科目同一考场有两份以上（含两份）答卷答案雷同的；

（三）考场纪律混乱、考试秩序失控，出现大面积考试作弊现象的；

（四）考试工作人员协助实施作弊行为，事后查实的；

（五）其他应认定为作弊的行为。

第一百零九条 考生及其他人员应当自觉维护考试工作场所的秩序，服从考试工作人员的管理，不得有下列扰乱考场及考试工作场所秩序的行为：

（一）故意扰乱考点、考场、评卷场所等考试工作场所秩序；

（二）拒绝、妨碍考试工作人员履行管理职责；

（三）威胁、侮辱、诽谤、诬陷考试工作人员或其他考生；

（四）其他扰乱考试管理秩序的行为。

第一百一十条 考生有第五条所列考试违纪行为之一的,取消该科目的考试成绩,取消学期补考机会,给予作弊考生记过以上处分。考生有第六条、第七条所列考试作弊行为之一的,取消该科目的考试成绩,卷面记录"作弊"标记,取消学期补考机会,给予作弊考生留校察看处分。

第一百一十一条 考生有第八条所列行为之一的,应当终止其继续参加本科目考试,其当次报名参加考试的各科成绩无效,不予参加学期补考并视其情节轻重,给予记过或留校察看处分;考生及其他人员的行为违反《治安管理处罚条例》的,由公安机关进行处理;构成犯罪的,由司法机关依法追究刑事责任。

第一百一十二条 考生以作弊行为获得的考试成绩并由此取得的相应学历证书及其他学业证书、资格资质证书,由证书颁发机关宣布证书无效,责令交回证书。

第一百一十三条 考试工作人员应认真履行工作职责,在考试管理、组织及评卷等工作过程中发生违规的行为,按《酒泉职业技术学院教学过程监控与质量评价管理办法》之第二十一章"教学事故认定和处理原则"、第二十二章"教学事故认定"处理。

第一百一十四条 考试工作人员在考试过程中发现考生实施本办法第五条、第六条、第七条所列考试违纪、作弊行为的,应当及时予以纠正并如实记录;对考生用于作弊的材料、工具等,应予暂扣。考生违规记录作为认定考生违规事实的依据,应当由主考员、监考员及考场巡视员签字确认。考试工作人员应当向违纪考生告知违规记录的内容,对暂扣的考生物品应填写收据。

第一百一十五条 学院发现本办法第八条所列行为的,应当由两名以上(含两名)工作人员进行事实调查,收集、保存相应的证据材料,并在调查事实和证据的基础上,对所涉及考生的违规行为进行认定。

第一百一十六条 教务处负责对考试违规进行认定,收集、保存相应的证据材料,经过学院审批,进行纪律处分或行政处分,并依据本办法,对违规学生的成绩进行处理。

第一百一十七条 考生或者考试工作人员对学院做出的违规处理决定不服的,可以在收到处理决定之日起十日内,向所在系(部)提出复核申请。

第一百一十八条 受理复核申请的学院职能部门应对处理决定所认定的违规事实和适用的依据等进行审查,并在受理后10日内,按照下列规定作出复核决定:

（一）处理决定认定事实清楚、证据确凿，适用依据正确，程序合法，内容适当的，决定维持。

（二）处理决定有下列情况之一的，决定撤销或者变更：

1. 违规事实认定不清、证据不足的；

2. 适用依据错误的。

第一百一十九条 考试费发放

（一）校本正考和补考

按照《酒泉职业技术学院教学工作量计算试行办法》计算工作量，纳入岗位津贴管理，不发放考务费。

（二）社会考试

1. 凡由主考单位发放考试费的考试，有关费用按照发放单位的标准执行。

2. 凡由学院承办的各类考试、考级、考证等，各项考务费由考试主办部门制单，报教务处、计财处审核，经院长审批后发放。其他各类考试由各部门制单初审后直接报计财处审核，经院长审批后发放。

第一百二十条 考点主（副）任职责

（一）考点正副主任负责组织考点的全面工作，掌握和执行考试工作的各项规定，组织安排考点及监考、保卫后勤、宣传教育等工作，保障考试工作的顺利进行。

（二）考前组织好考点监考人员、工作人员和考生培训，学习有关考务工作的规定，明确职责和工作任务，提出要求，宣布纪律，安排和检查考场布置工作。

（三）组织试卷的保管、分发和装订回收，负责日常事务的处理，采取有效措施杜绝失密、泄密等事件的发生，如发现问题，应坚持原则及时处理。

（四）检查监考、工作人员的工作情况，负责试卷装订检查（如倒装、不规范、装订顺序、规定装入卷的表格等）。

（五）负责剩余试卷的回收和考场记录单的收集。

（六）做好考试日志的记载并清理考场。

（七）处理本考点发生的各种问题，撤换纵容或协助学生舞弊和违反纪律的工作人员，张榜公布违纪考生，详细记录违纪考生情况，以供备查。

（八）考试结束，搞好总结、评比工作，整理清点全部答卷，在规定的时间内派人或机要人员送交省校及规定地点；完卷的运送、保管、交接均应按保密规定执行。

（九）整理、保存考试资料，清扫试卷保密室。

第一百二十一条 考场巡视员职责

（一）以高度的责任感和熟练的业务技能做好考场的监督、检查工作，严格维护考场纪律、制止违规行为，确保考试公正、顺利地进行。

（二）认真学习有关考试的文件和规章制度，熟悉监考业务，指导监考工作。

（三）在履行巡考职责时必须佩戴规定标志，严格遵守考试作息制度，不迟到、不早退，不擅离职守，手机可以开机但是必须处于振动状态，便于与考点办公室联系。

（四）考试期间应在所负责考场的范围内流动巡视，果断处理好考场内的偶发事件。如遇特殊情况或不能处理的情况，及时与考点主任联系。

（五）抽查所负责考场的监考情况，抽查考生的准考证和有效身份证件等统一规定的证件是否齐全，证件上的照片与本人是否相符，准考证上的考场号等是否与本考场相符。

（六）有权制止除佩戴规定标志以外的任何人进入考场，有权制止未经主管部门允许的任何人在考场内照相、录像。

（七）熟悉监考员的“七防”“十不准”，督促监考工作：

1. 七防：防代考；防夹带；防偷看和抄袭；防传递；防换卷；防带走试卷（答卷）；防漏收答卷。

2. 十不准：不准迟到、早退；不准解释题意；不准抄题做题；不准看书看报；不准抽烟；不准打瞌睡；不准在考场内谈笑；不准随意翻看考生试卷和答卷；不准将试题传出考场外；不准擅离考场。

（八）不得协助或支持监考、考生违规，不得扰乱考场秩序，动用考场的试卷资料，不得指使他人进行以上违规行为。违规者将按照有关规定给予处分，触犯刑律的，移送司法机关处理。

（九）考试结束后，填好《酒泉职业技术学院巡视登记表》，对考试工作认真总结并作出客观评价，及时交考点办公室。

第一百二十二条 其他考务人员职责

（一）按规定布置考场，负责各考场课桌椅的调配工作。

（二）清扫考场。考试期间每个考场必须保持整洁，课桌和地面上不得有任何纸张，考完一次，清理一次。

（三）封闭考场。考试结束后，及时清理、封闭。开考前 15 分钟按时开门。

（四）按规定张贴考生座次表，考场编号和违纪考生通报。

（五）负责考试域的巡逻，制止考生考区内喧哗、逗留和交谈。

（六）维护考点的治安秩序，确保考区（点）安全。

第十三章　附　则

第一百二十三条　本办法自 2015 年 9 月 1 日起执行。

第一百二十四条　本办法由教务处负责解释。

学生考试违规处理办法

第一章 总 则

第一条 为规范学院考试违规行为的认定与处理，维护学院考试的公平、公正，保障考生和考试工作人员的合法权益，根据《中华人民共和国教育法》和《国家教育考试违规处理办法》及相关法律、行政法规，结合本院实际，制定本办法。

第二条 本办法所指考试，包括学院组织的各类课程考试，以及统一组织参加的英语等级、计算机等级考试等各级各类考试。

第三条 对参加学院考试的考生以及考试工作人员、其他相关人员，违反考试管理规定和考场纪律，影响考试公平、公正行为的认定与处理，适用本办法。

第四条 学院教务处负责全日制在校生课程考试及英语等级、计算机等级考试等各级各类考试的组织、管理与监督工作，并依据本办法，负责对考试违规行为的认定与相关处理工作。

第二章 违规行为的认定与处理

第五条 考生不遵守考场纪律，不服从考试工作人员的安排与要求，有下列行为之一的，应当认定为考试违纪：

（一）携带规定以外的物品进入考场或者未放在指定位置的；

（二）未在规定的座位参加考试的；

（三）考试开始信号发出前答题或者考试结束信号发出后继续答题的；

（四）在考试过程中旁窥、交头接耳、互打暗号或者手势的；

（五）在考场或者教育考试机构禁止的范围内，喧哗、吸烟或者实施其他影响考场秩序的行为的；

（六）未经考试工作人员同意在考试过程中擅自离开考场的；

（七）将试卷、答卷（含答题卡、答题纸等，下同）、草稿纸等考试用纸带出考场的；

（八）用规定以外的笔或者纸答题或者在试卷规定以外的地方书写姓名、考号或者以其他方式在答卷上标记信息的；

（九）其他违反考场规则但尚未构成作弊的行为。

第六条 考生违背考试公平、公正原则，以不正当手段获得或者试图获得试题答案、考试成绩，有下列行为之一的，应当认定为考试作弊：

（一）携带与考试内容相关的文字材料或者存储有与考试内容相关资料的电子设备参加考试的；

（二）抄袭或者协助他人抄袭试题答案或者与考试内容相关的资料的；

（三）抢夺、窃取他人试卷、答卷或者强迫他人为自己抄袭提供方便的；

（四）在考试过程中使用通信设备的；

（五）由他人冒名代替参加考试的；

（六）故意销毁试卷、答卷或者考试材料的；

（七）在答卷上填写与本人身份不符的姓名、考号等信息的；

（八）传、接物品或者交换试卷、答卷、草稿纸的；

（九）其他作弊行为。

第七条 教育考试机构、考试工作人员在考试过程中或者在考试结束后发现下列行为之一的，应当认定相关的考生实施了考试作弊行为：

（一）通过伪造证件、证明、档案及其他材料获得考试资格和考试成绩的；

（二）评卷过程中被发现同一科目同一考场有两份以上（含两份）答卷答案雷同的；

（三）考场纪律混乱、考试秩序失控，出现大面积考试作弊现象的；

（四）考试工作人员协助实施作弊行为，事后查实的；

（五）其他应认定为作弊的行为。

第八条 考生及其他人员应当自觉维护考试工作场所的秩序，服从考试工作人员的管理，不得有下列扰乱考场及考试工作场所秩序的行为：

（一）故意扰乱考点、考场、评卷场所等考试工作场所秩序；

（二）拒绝、妨碍考试工作人员履行管理职责；

（三）威胁、侮辱、诽谤、诬陷考试工作人员或其他考生；

（四）其他扰乱考试管理秩序的行为。

第九条 考生有第五条所列考试违纪行为之一的，取消该科目的考试成绩，取消学期补考机会，给予作弊考生记过以上处分。考生有第六条、第七条所列考试作弊行为之一的，取消该科目的考试成绩，卷面记录“作弊”标记，取消学期补考机会，给予作弊考生留校察看处分。

第十条 考生有第八条所列行为之一的，应当终止其继续参加本科目考试，其当次报名参加考试的各科成绩无效，不予参加学期补考并视其情节轻重，给予记过或留校察看处分；考生及其他人员的行为违反《治安管理处罚条例》的，由公安机关进行处理；构成犯罪的，由司法机关依法追究刑事责任。

第十一条 考生以作弊行为获得的考试成绩并由此取得的相应学历证书及其他学业证书、资格资质证书，由证书颁发机关宣布证书无效，责令交回证书。

第十二条 考试工作人员应认真履行工作职责，在考试管理、组织及评卷等工作过程中发生违规的行为，按《酒泉职业技术学院教学事故认定及处理办法》处理。

第三章 违规行为认定与处理程序

第十三条 考试工作人员在考试过程中发现考生实施本办法第五条、第六条、第七条所列考试违纪、作弊行为的，应当及时予以纠正并如实记录；对考生用于作弊的材料、工具等，应予暂扣。考生违规记录作为认定考生违规事实的依据，应当由主考员、监考员及考场巡视员签字确认。考试工作人员应当向违纪考生告知违规记录的内容，对暂扣的考生物品应填写收据。

第十四条 学院发现本办法第八条所列行为的，应当由两名以上（含两名）工作人员进行事实调查，收集、保存相应的证据材料，并在调查事实和证据的基础上，对所涉及考生的违规行为进行认定。

第十五条 教务处负责对考试违规进行认定，收集、保存相应的证据材料，经过学院审批，进行纪律处分或行政处分，并依据本办法，对违规学生的成绩进行处理。

第十六条 考生或者考试工作人员对学院做出的违规处理决定不服的，可以在收到处理决定之日起 10 日内，向所在系（部）提出复核申请。

第十七条 受理复核申请的学院职能部门应对处理决定所认定的违规事实

和适用的依据等进行审查,并在受理后十日内,按照下列规定作出复核决定:

(一)处理决定认定事实清楚、证据确凿,适用依据正确,程序合法,内容适当的,决定维持;

(二)处理决定有下列情况之一的,决定撤销或者变更:

1. 违规事实认定不清、证据不足的。

2. 适用依据错误的。

3. 违反本办法规定的处理程序的。做出决定的教育考试机构对因错误的处理决定给考生造成的损失,应当予以补救。

第四章　附　则

第十八条　本办法适用于学院全日制学生及相关考试工作人员。

第十九条　本办法自发布之日起施行。学院原有关考试违规行为认定与处理办法与本办法相抵触或者部分抵触的,以本办法为准执行。

第二十条　本规定由教务处负责解释。

实践教学管理办法

第一章 总 则

第一条 实践教学是指人才培养方案规定的独立开设实验(训)课程、课程实验、课程设计(实习)、毕业设计(论文)、顶岗实习、公益劳动、科研活动、社会实践等,是培养学生的观察力、创造力、动手能力和严肃认真的工作态度及主动积极的探索精神的重要措施。

第二条 课程标准是指导实践教学工作的纲领性文件,教学工作必须严格按照课程标准进行。

第三条 实践教学人员在教学过程中起主导作用,应以高度的责任感认真对待教学工作,精心设计教学过程,启发和调动学生学习的积极性和创造性,加强学生的操作技能训练。

第四条 管理干部都要认真学习教育科学理论和管理理论,借鉴国内外的实践教学管理经验,熟悉业务,勇于探索和改革,努力提高实践教学管理水平。

第二章 实践教学计划管理

第五条 实践教学必须在人才培养方案、课程标准、教材或指导书、教学进度计划表等教学文件规定的指导下进行,杜绝教学的随意性。

第六条 独立开设的实验(训)课程,应在人才培养方案中明确规定总学时数。非单独开设的实验(训)课,应在人才培养方案中明确规定实践教学学时数。人才培养方案制订后,必须严格执行,任何人不得随意改动。

第七条 独立开设的实验(训)课程,其课程标准是以纲要形式编定的关于教学内容安排的指导性文件,是组织和检查教学活动的依据,也是编写实验

（训）指导书（或教材）和考核学生成绩的依据。课程标准要对教学目的、任务、要求，实验（训）项目（包括选做项目），学时分配，教学方式，考试和评分要求等做出明确规定。非独立开设的实验（训）课，其教学要求附于课程标准之中。

第八条　实验（训）课程标准须经教研室集体讨论编写，经专业建设指导委员会审核通过后，报主管院长批准。经主管院长批准的实验（训）课程标准为法定文件，任何部门、个人未经批准不得擅自变动。

第九条　实验（训）教材或实验（训）指导书应根据实验（训）课程标准选用或编写，要对每项实验（训）的名称、内容、学时、设施、方法、操作规程、注意事项、结果、数据处理等做出明确规定。选用、自编或改编的实验（训）教材，需经教研室讨论报主管教学主任批准后方可使用。

第十条　每学期结束时，教务处组织下达下学期实践教学任务（指独立开设课程）。

第十一条　编制课表（含实验（训））一经下达，任何部门、任何人未经批准，不得随意改动。教务处、督导室将按课表检查进度计划执行情况和实践教学质量。如有特殊原因要求调课，须由指导老师提出申请，经所在系（部）同意后办理调课手续，否则按擅自调课处理。

第三章　实践教学过程管理

第十二条　实践教学要严格按照实验（训）课程标准的规定进行，不得随意减少学时，不得任意变更实验（训）项目。

第十三条　指导老师要按照实验（训）课程标准认真备课，写出指导实验（训）讲稿（教案），对实验（训）的目的、要求、原理、步骤、装置做到心中有数，对实验（训）难度较大或新开的实验（训）要进行预做。

第十四条　上课前，指导老师和管理人员要做好一切准备工作，包括检查仪器、设备运转是否正常，检查安全设施，备齐实验（训）所用材料和工具。

第十五条　学生第一次上课，由指导老师负责宣讲学生实验（训）守则及实验（训）室有关规章制度。对破坏规章制度、违反操作规程或不听指导的学生，指导老师有权停止其实验（训）。

第十六条　实验（训）课结束后，指导老师要认真检查、整理仪器设备，如有损坏，丢失，要立即组织有关人员调查，了解仪器设备丢失、损坏的原因，根据有关规定提出处理意见,并及时报管理人员。

第十七条 指导老师要认真批阅实验(训)报告,对不合格者要根据具体情况要求学生重新实验(训),或重写实验(训)报告。

第四章 实践教学质量监控

第十八条 实践教学检查主要是对教学过程的各个阶段和各个环节的组织实施情况、实践教学管理规章制度的执行情况、实验(训)课堂教学和学生的学习过程、学习质量进行检查。

第十九条 学院各级管理人员,包括院领导、教务处、系(部)教学管理人员、教研室人员等都要经常深入实践教学一线,通过听课、检查、抽测学生操作能力、检查学生实验(训)报告完成情况、广泛听取意见等方式,了解和检查各门实验(训)课的教学质量,及时解决实践教学中出现的问题。

第二十条 教务处负责制定实践教学检查细则;督导室完成对实践教学进行经常性的检查,督导室要广泛听取教师和学生意见、建议,及时做出检查总结,肯定成绩,找出实践教学和管理中普遍存在的问题,并提出改进措施。

第五章 实验(训)成绩考核

第二十一条 实验(训)考核,是检验实验(训)效果、激励和督促学生认真参加实习实训的重要手段。

第二十二条 实验(训)课结束后,指导老师根据学生出勤、纪律、实验(训)完成情况、实验(训)报告(总结)等方面,综合评定成绩。成绩分为优秀、良好、及格、不及格四个等级。

(一)优秀(90 分以上)。认真完成实验(训)课程标准的要求。实验(训)过程中积极主动,虚心好学,严格要求自己,服从内外实验(训)指导教师的领导和安排;遵守实验(训)的规章制度;专业技能水平或专业考核成绩突出。

(二)良好(80 ~ 89 分)。完成实验(训)课程标准的要求,实验(训)态度认真,遵守实验(训)规章制度。专业技能水平或专业考核成绩较好。

(三)中等(60 ~ 79 分)。达到实验(训)课程标准的要求,实验(训)态度较一般,专业技能水平或专业考核成绩一般。

（四）不及格（60 分以下）。凡有下列情况之一者以不及格论处：

1. 未达到实验（训）课程标准规定的基本要求。

2. 实验（训）缺席累积达三分之一及以上。

3. 严重违反实验（训）纪律。

第二十三条 单独开设的实验（训）课程，成绩不合格者，下学期重修补考。非单独设实验（训）课的课程，其实验（训）课成绩考核成绩按 30% 比例计入学生此门课程总成绩。

第六章 实践教学研究

第二十四条 教研室主任应积极组织教师开展实践教学法研究，不断改革实践教学方法和手段。研究活动要有研究内容、时间、参加人员、合理化建议等专用记录。

第二十五条 有条件的实验（训）室，可在常规实验（训）项目的基础上，增设综合型、设计型项目；不断更新实验（训）项目，多开选做实验（训）项目，并尝试进行数据处理分析方面的训练。

第二十六条 加强实验（训）室规范化管理，提高管理水平，探索建立实验实训开放体系。

第二十七条 要鼓励专业技术人员，研制或改进实验（训）装置。

第七章 指导老师职责

第二十八条 实践教学指导教师系指从事学院课程实验（实训）、课程设计、毕业实习（设计、论文）、公益劳动、科研活动、社会实践等教学工作的人员。

第二十九条 指导老师必须为专业技术人员，具有本专业或本门课程的基础理论和基本技能。

第三十条 指导老师要认真遵守学院有关实践教学管理的各项规章制度，以高度的责任心，立足岗位，服务学生，保证实践教学质量。

第三十一条 指导老师应不断加强学习，参加校内外培训和进修，不断提高理论水平，努力掌握操作技能及仪器维修保养基本知识。

第三十二条 指导教师为整个实践教学过程的责任人，负责实践教学与管理的全面工作(包括课前准备、场地联系等),具体由系(部)安排。

第三十三条 指导教师要根据人才培养方案和课程标准,制定相应实践教学进度计划,明确实践教学目的和要求,认真开展实践教学工作。

第三十四条 指导学生写实践教学日记和实习报告;实习结束后,批阅实验(训)报告、评定成绩,完成教学工作总结。

第三十五条 校外实践教学应办理入厂手续,安排学生食宿和组织好入厂教育(包括安全保密教育)。

第八章 顶岗实习

第三十六条 顶岗实习是指职业院校按照专业培养目标要求和教学计划安排,组织在校学生到企(事)业等用人单位实际工作岗位进行的实习。

第三十七条 学生顶岗实习是贯彻工学结合人才培养模式改革的关键性教学环节,也是人才培养方案中综合性最强的实践性教学环节,对培养学生良好的职业素质,提高学生的综合岗位能力具有重要的意义。

第三十八条 顶岗实习应当按照育人为本、学以致用、专业对口、理论与实践相结合的原则实施,原则上应选择具有独立法人资格、依法经营、管理规范、规模较大、技术先进、有较高社会信誉或具有较高资质等级,提供岗位与学生所学专业对口或相近的实习单位组织学生顶岗实习。

第三十九条 不得安排一年级学生到企(事)单位进行顶岗实习;不得安排学生从事高空、井下、放射性、高毒、易燃易爆和国家规定的第四级体力劳动强度以及其他具有安全隐患的场所实习劳动;不得安排学生到酒吧、夜总会、歌厅、洗浴中心等营业性娱乐场所实习。

第四十条 学院各专业应安排半年以上的顶岗实习。学生完成顶岗实习并考核合格后方能毕业。

第四十一条 顶岗实习采取学校推荐双向选择和个人自主联系实习单位相结合。学生因个人原因要求自行选择实习单位的,必须由学生本人和家长共同提出申请、提供实习单位同意接收该学生顶岗实习的公函及实习协议,经学校批准后方可进行实习。对自行选择实习单位的学生,各系(部)应定期进行实习过程检查。

第四十二条 顶岗实习前,学校、实习单位、学生应签订三方协议,明确三方的责任、权利、义务，实习期间的待遇及工作时间、劳动保险、劳动安全卫生条件等。实习协议应符合相关法律规定。

第四十三条 各系(部)应成立顶岗实习管理领导小组。领导小组有系领导、企业领导、教研室主任、学校指导老师、企业指导老师等共同组成，负责对顶岗实习工作的领导、组织、安排、协调、检查、考核评价等有关事宜。

第四十四条 顶岗实习目标与过程管理并重，各系应根据各专业顶岗实习特点并结合企业要求，制订相应的教学组织管理文件，如：实习准备工作、实习指导书的编写、实习动员、实习安全教育、指导教师的责任、学生实习质量要求等。

第四十五条 学生在企业顶岗实习期间既是企业的准员工(或实习员工)，也是学院的学生，接受企业与学院的双重管理。

第四十六条 学生顶岗实习纪律

1. 认真学习顶岗实习的有关管理规定，端正实习态度，明确实习目的，保证实习效果。

2. 自主联系落实实习单位的学生须填写《学生自主联系顶岗实习申请表》，并负责将顶岗实习计划书送至实习单位。

3. 主动与院内指导教师联系，汇报实习情况，保持通信方式的畅通。

4. 强化职业道德意识，爱岗敬业，遵纪守法，做诚实守信的实习生和文明守法的员工；发生重大问题，要及时向实习单位和学院指导教师报告。

5. 服从领导，听从分配，自觉遵守实习单位的各项规章制度，不做有损企业形象和学院声誉的事情。

6. 认真履行岗位职责，培养独立工作能力，努力提高自己的专业技能，按时保质保量完成各项实习任务。

7. 做好实习现场工作记录，填写实习周记，完成顶岗实习报告。

8. 严格遵守操作规程，牢记“安全第一”。

9. 严格遵守实习单位的考勤要求，特殊情况需请假时应征得实习单位的批准，并及时向学院指导教师报告。

10. 实习期内如需变更实习岗位，须征得顶岗实习领导小组同意；擅自离开实习岗位，发生的一切不良后果由学生本人负责，实习成绩按不及格处理。

11. 对严重违反实习纪律，造成恶劣影响、被实习单位终止实习，实习成绩按不及格处理。

12. 无故不按时提交实习报告或其他规定的实习材料者，实习成绩按不及格处理。

第四十七条 教务处职责

单独或会同各系(部)检查校外实训基地顶岗实习实施情况和实习效果;对各系顶岗实习教学检查评估,提出整改意见或建议。

第四十八条 系(部)级职责

1. 在学生顶岗实习前,要对学生进行培训和教育,强化学生职业技能训练,帮助学生明确实习目的、任务、方法和考核办法。要对学生进行就业形势、创新精神、吃苦耐劳、学以致用的教育以及法制观念、安全知识、防范技能、校纪校规、实习单位规章制度等为主要内容的安全教育,杜绝各种意外事故的发生。

2. 根据专业培养目标,组织制定实习标准,考核标准及实施细则。

3. 组织制定系(部)顶岗实习管理办法及实施细则;检查本系(部)各专业学生顶岗实习过程管理情况,检查学生顶岗实习的质量,总结、交流实习教学经验;解决教师及学生实习过程中出现的问题。

4. 处理学生顶岗实习期间发生的重大事件并汇报学院主管领导。

5. 整理保管实习教学材料并按规定上报有关材料。

第四十九条 企业职责

1. 具体落实顶岗实习任务,负责学生顶岗实习期间的日常管理,安全教育。

2. 协助学院安排学生顶岗实习指导教师。

3. 负责后勤保障工作,落实劳保用品、交通等问题。

第五十条 学院指导教师职责

1. 做好学生顶岗实习前的准备工作,了解实习现场情况、学生情况和实习的总体安排。

2. 关心实习生的思想、工作、生活与身体健康,做好学生思想教育和管理工作。汇报处理实习中出现的具体问题。

3. 指导学生顶岗实习,做到事前有计划、有组织、有动员、目的明确;事中有检查、有指导、有监督;事后有考核、有总结,并形成书面材料上交教研室。

4. 监督实习学生严格遵守实习守则和实习单位的规章制度,并经常对实习学生进行职业道德教育。

5. 在实习单位配合下,客观、公正地对每位学生完成实习任务情况进行全面考核,做出书面鉴定意见,评定学生成绩。

6. 指导学生认真填写《顶岗实习日志》,督促指导学生完成顶岗实习报告。

7. 总结和分析顶岗实习工作，提出教学改革意见和建议。

第五十一条 企业指导教师职责

1. 企业指导教师具体负责学生顶岗实习期间的组织管理、任务分工。

2. 落实顶岗实习任务，做好学生的业务指导和安全教育工作。

3. 负责学生顶岗实习期间的考勤、业务考核、实习鉴定等工作。

第五十二条 学生顶岗实习成绩有顶岗实习领导小组评定，实行企业为主、学院为辅的双主体考核制度。考核成绩分两部分：企业实习指导教师对学生进行业务考核，占总成绩的70%；学院指导教师对学生的工作报告进行评价，占总成绩的30%。考核成绩使用等级制，分优秀、良好、中、及格和不及格五个等级，学生考核合格以上者准予毕业，成绩考核不及格者必须重修。

第五十三条 学生顶岗实习在同一单位不同部门或岗位进行的，企业指导教师要对学生在每一部门或岗位的实习情况进行考核，填写顶岗实习考核表，并签字确认，加盖单位公章。各岗成绩平均值为该生实习企业考核成绩。学生每更换一个部门或岗位，应填写一张考核表。凡参加顶岗实习时间不足学院规定时间90%者，实习成绩按不及格处理。

第五十四条 各系（部）应当组织做好学生顶岗实习材料的整理归档工作。

顶岗实习教学文件和资料包括：

1. 顶岗实习协议；

2. 顶岗实习计划；

3. 学生顶岗实习报告；

4. 学生顶岗实习成绩；

5. 顶岗实习周志；

6. 顶岗实习巡回检查记录；

7. 实习考核表、实习经历证书等。

第五十五条 顶岗实习期间学生人身伤害事故的赔偿，根据国家最新政策执行。

第九章 附 则

第五十六条 本办法由教务处负责解释。

第五十七条 本办法自2015年9月1日起施行。

顶岗实习安全管理制度

为确保学生在顶岗实习阶段能够健康成长，做好各项安全防范措施，特制定学生顶岗实习安全管理制度。

一、顶岗实习安全管理工作要求

1. 学生实习期间的安全问题应该是各系部、相关部门及指导教师首要关注的问题，一定要在思想上高度重视、措施上严密防范，实施中坚决落实，尽最大可能保护学生的人身和财物安全。

2. 在学生离校之前，应认真做好职业指导课的教育教学工作，解决学生在实习过程中将要遇到的一些疑问和认识，以预防为主。

3. 在选择校外实习基地的过程中，应慎重考虑校外实习基地的合作可行性，选择信誉较好、管理规范的企业作为校外实习基地，能够防范不安全事故的发生。

4. 抓好从学校到实习单位落实的衔接工作。学生到企业实习应由企业解决住宿，企业和实习指导教师应对学生的住宿环境做出相应的评估，存在安全隐患的，要先解决后入住。入住后如发现存在安全隐患，应立即向指导教师反映，指导教师应迅速反应，采取相应的措施予以解决。

5. 上岗前学校特别是实习单位一定要安排专门的安全教育培训，严禁没有接受安全教育和培训的学生上岗，严禁安排学生到高危岗位实习。

6. 指导教师要切实注意学生的思想动态，及时向实习管理部门汇报情况；对用人企业有不安全因素的工作类型，实习指导教师要主动与学校沟通，由学校与企业协商解决。

7. 强化交通安全教育以及业余时间的人身安全教育和自我保护意识教育。

8. 学校或实习单位在学生实习前，要为每位学生购买相应的保险。

二、学生安全要求

1. 遵守国家法律法规，不得参与一切违法犯罪活动。

2. 遵守实习单位的各种规章制度及安全生产管理制度。

3. 学生应服从各用人单位的岗前培训，接受安全教育，学习安全法规，并在专人指导下学习并掌握有关的安全操作和技能，不得擅自操作企业里与自己岗位无关的设备。

4. 在工作期间，学生要严格按照操作规程进行操作，正确使用工作时所需操作的设备或工具，了解各种设备、工具的性能、维护方法等，避免损坏各种仪表仪器，保管好各类器材、设备。

5. 对用人企业不安全因素的工作性质，学生要主动与学校沟通，再与用人单位协商彻底解决安全隐患。

6. 学生应高度重视上下班的交通安全，要遵守交通安全法规。

课程设计与毕业设计（论文）管理办法

第一章　总　则

第一条　课程设计与毕业设计（论文）是高职学院人才培养方案的一个重要组成部分，是培养学生开拓精神、创新能力、科学作风、实践能力的重要实践环节。

第二条　通过课程设计与毕业设计（论文）工作，进一步检验学生基本知识、基础理论、基本技能（三基）的掌握情况和理论知识的运用情况，培养学生运用所学专业知识，进行研究和解决本专业实际问题的初步能力。

第二章　选　题

第三条　选题是对课程设计与毕业设计（论文）的工作内容进行确定的环节。

1. 课程设计与毕业设计（论文）的选题要按照所学课程或专业培养目标确定，尽可能与科研、生产和实践结合，选择有一定理论水平与实用价值、体现能力训练的题目。

2. 课程设计与毕业设计（论文）的题目原则上要坚持每人 1 题。指导教师可将大而难的题目分解成若干个子题目，由多名学生共同来完成课题。

3. 严禁将往届课程设计与毕业设计（论文）借给学生参考，防止抄袭现象。

4. 课程设计由指导老师确定题目，且下达任务书。毕业设计（论文）按照"双向选择"的原则确定题目，并经教研室主任审定后，统一向学生公布，并下达任务书。

第四条　下列课题不宜安排学生做课程设计与毕业设计（论文）：

1. 偏离本专业所学基本知识。

2. 范围过专或过窄，达不到全面训练。

3. 毕业设计期间难以完成或不能取得阶段结果。

第三章　基本要求

第五条　要求学生能够在设计中应用基本知识、基本理论和基本技能独立分析问题和解决问题，并表现出一定的创新能力。

第六条　学生能独立应用图书馆、互联网检索文献资料并恰当运用。

第七条　学生能进行本专业范围内的仿真、实验（训）、计算、测试、计算机的应用等综合训练。

第八条　设计理论依据充分，数据准确，公式推导正确。能理论联系实际，运用科学方法，对工程技术实际问题具有一定的分析能力、设计能力。设计观点要论之有据，条理清晰，语言流畅，结构严谨。

第九条　课程设计工作量为2～3周，毕业设计（论文）工作量为3～6周（均从查阅文献、实习调研开始计算）。

第十条　课程设计与毕业设计（论文）的表格、插图要规范准确，符合国家标准。

第十一条　课程设计与毕业设计（论文）应使用A4纸打印（特殊要求者除外），正文前须附内容提要或设计摘要，正文末须列出“参考资料”。格式要求：标题一律用3号宋体字加粗（居中），副标题和正文用4号宋体字，文中小标题用4号宋体字加粗；一般页面设置上下2.54厘米，左右3.17厘米，行距为单倍行距；一律左侧装订，并加贴封面和封底；毕业论文（设计）封面之后须附“毕业论文（设计）成绩评定表”。全部资料装袋，并在资料袋上列出清单。

第四章　组织管理

第十二条　课程设计由系（部）安排指导老师完成，系（部）主要负责检查与监督。

第十三条　毕业设计（论文）由主管教学院长领导、组织，各系（部）安排落实。教务处主要履行检查、监督、审核职责。

第十四条 由学院聘请教学经验丰富、教风严谨、责任心强的教师组成毕业实践环节指导委员会，指导系（部）做好毕业设计（论文）的各阶段工作；各系（部）组成毕业实践环节指导小组，具体组织本系毕业实践环节各项工作。

第十五条 学院教务处负责学院与各系（部）的协调工作，为课程设计与毕业设计（论文）工作的顺利进行提供保证。

第十六条 教务处根据评分标准，审核学生课程设计与毕业设计（论文）成绩。

第十七条 系（部）要做好课程设计与毕业设计（论文）的整理及存档工作。

第五章 指导教师职责

第十八条 课程设计和毕业设计（论文）指导老师由系（部）具体安排，教务处负责指导教师资格的审核。

第十九条 指导教师应由具有一定教学经验、研究能力、教学严谨、责任心强的对口专业教师担任。

第二十条 指导教师原则上应有具有中级以上（含中级）专业技术职务的专业教师或具有高级技术职务的外聘教师担任；指导教师指导的课程设计或毕业设计（论文），人数一般不超过 10 人。

第二十一条 指导教师职责

1. 指导学生正确选题，介绍参考书目，进行文献检索指导，指导学生拟定论文（设计）提纲、进度计划。

2. 指导学生课程设计与毕业设计（论文）写作，检查学生论文（设计）进展情况，随时进行具体指导。

3. 定期检查学生的工作进度和质量，适时提出修改意见，解答学生疑难问题，做好指导记录。

4. 审查学生课程设计与毕业设计（论文）的原始性，写出评语，提出评分建议。

5. 指导学生做好论文答辩准备工作。

第六章 答 辩

第二十二条 学生在完成课程设计或毕业设计（论文）任务后，须参加答辩

(口头答辩)。答辩工作由各系(部)组织实施。

第二十三条 答辩组应由讲师以上的专业教师组成,成员不得少于3人,指导教师不得答辩自己指导的学生,但可以是答辩小组成员。

第二十四条 课程设计答辩在课程设计结束后进行;毕业设计(论文)答辩工作按照人才培养方案规定时间执行。

第二十五条 答辩程序

1. 答辩小组事先审阅参加答辩学生的设计(论文),并在研究范围内,提出2~3个简单质疑问题以便调和紧张气氛,同时初步辨别论文的原始性。

2. 答辩开始时,首先由学生概括介绍设计(论文)的要求、主要论点、依据、结论(不超过10分钟),然后回答答辩小组提出的答辩问题(可给答辩学员20~30分钟的准备时间)。

3. 答辩结束后,答辩小组现场对学生答辩情况做出评价。

第二十六条 答辩以公开方式进行,其他学生可参加旁听。

第二十七条 对成绩较差及有异议的,答辩小组可酌情组织二次答辩。

第二十八条 答辩结束后,答辩小组应为每位学生写出不少于60字的评语,并给出成绩。

第七章 成绩评定

第二十九条 课程设计与毕业设计(论文)成绩的评定,必须坚持标准,严格把关。

第三十条 课程设计与毕业设计(论文)成绩的构成:指导教师成绩占40%,答辩成绩占60%。

第三十一条 评定内容:

1. 论文质量。论点是否鲜明、正确,论据是否充足、有效,论文是否应用了所学的专业知识,是否做到了理论联系实际,是否具有思想性、逻辑性、规范性。

2. 答辩情况。答辩态度是否端正,回答问题是否认真、准确、到位,语言是否清楚、流畅,能否综合运用所学知识,是否具有较强的应变能力。

第三十二条 课程设计与毕业设计(论文)成绩评定依据:

1. 完成任务情况。

2. 运用知识分析问题解决问题的能力。

3. 学生做出的实际成果。

4. 实验(训)、计算和计算机应用能力。

5. 书写格式标准化,表格、插图规范准确。

6. 科学作风。

7. 创新精神。

8. 答辩中回答提问情况。

9. 准备课程设计与毕业设计(论文)期间的表现(包括出勤、纪律、协作精神等)。

第三十三条 成绩评定标准:分为优秀、良好、及格、不及格四个等级。课程设计成绩不及格必须重修,毕业设计(论文)成绩不及格者不予毕业。

1. 优秀(90分以上)。论文观点明确、新颖,材料翔实、充分,结构完整、严谨,论证深入、有力,语言流畅,格式规范,字数合乎要求;设计态度端正,方案正确,具有一定的独创见解,设计说明结论正确,论据充足,文理通顺。在答辩过程中有较为出色的表现。

2. 良好(80~89分)。论文观点明确,材料翔实充分,结构完整,论证有力,语言流畅,格式规范。从总体上看,文章具有一定的新意,字数合乎要求;设计态度端正,方案合理,具有一定见解;图纸、设计、说明结论正确,文理较通顺,较顺利地完成答辩。

3. 及格(60~79分)。论文观点明确,材料较为翔实,结构基本完整,语言较通顺,格式规范,字数合乎要求,毕业设计态度较端正,答辩中能比较正确地回答问题。

4. 不及格(59分以下)。有下列情形之一者直接判为不及格:

①观点不明确或明显错谬。

②内容空泛或材料虚假,结构不完整,缺少层次和逻辑性,语言不够通顺。

③病句和错别字较多,格式不够规范。

④毕业设计不合理,方案错误。

⑤有剽窃,抄袭及其他弄虚作假行为者。

不及格者允许补做一次,但应重新交纳指导费。

第三十四条 成绩上报管理。答辩结束后,答辩小组根据指导老师成绩,答辩成绩核算学生课程设计或毕业设计(论文)成绩,经系(部)(或毕业实践环节指导小组)审核后,报学院教务处备案。

第三十五条 学生成绩比例。优秀不超过20%,良好不超过35%。对于没有完成课程设计与毕业设计(论文)任务或有弄虚作假、抄袭行为者,应给予“不及格”成绩。

第八章 过程监控

第三十六条 课程设计与毕业设计(论文)进行过程中,各系(部)要做好前、中、后三个阶段的检查。

1. 前期。检查指导教师是否按照要求开展课程设计与毕业设计(论文)工作,课题进行的条件是否具备,安排是否合理。

2. 中期。着重检查学风、工作进度、教师指导情况以及毕业设计(论文)工作中存在的疑难问题并采取有效措施解决问题。

3. 后期。检查答辩准备工作。答辩前,根据任务书要求,检查学生完成工作任务情况,确定学生是否具备答辩资格。不具备答辩资格的,不予答辩。

第三十七条 教务处组织不定期抽查、复查,抽样质量分析。对检查的结果要认真总结并形成文字材料。

第九章 资料归档

第三十八条 课程设计与毕业设计(论文)资料由各系(部)负责整理归档存查。存档的资料有:正本1份(含图纸、图表、影视资料),指导教师评语1份,实习报告1份,及毕业实习手册1份。

优秀课程设计与毕业设计(论文)由学院教务处汇编成册,统一保存。

第十章 毕业设计(论文)评优

第三十九条 为激励学生在毕业设计(论文)过程中积极实践、勤奋钻研、勇于创新,不断提高课程设计与毕业设计(论文)质量,对优秀毕业设计(论文)进行表彰奖励。

第四十条 优秀毕业设计(论文)每年评选一次。时间为每年6月初,应届毕业生均可参加。

第四十一条 评选程序

1. 在评定成绩为“优秀”的毕业设计（论文）中，指导教师向系（部）提出要求评优的书面申请（填写优秀毕业设计推荐表），并提供学生毕业设计（论文）正本1份（含图纸、图表、影视资料）。

2. 各系（部）毕业实践环节指导小组根据推荐材料及毕业设计（论文）质量，遴选出拟申报毕业设计（论文），填写《院级优秀毕业设计（论文）推荐排序表》，上报教务处审核。

3. 由毕业实践环节指导委员会对参选毕业设计（论文）进行最终评审，并报送主管院领导批准。

第四十二条 评选要求

1. 送评数量原则上不超过本专业毕业学生数的1.5%。

2. 在评选院级优秀课程设计与毕业设计（论文）的过程中，要坚持科学、公正、公开的原则，认真评选出体现专业培养水平的好作品，杜绝简单摊派完成任务式的评选现象。

3. 参评的毕业设计（论文）要求真题真做，有较好的应用价值和现实意义。

4. 参评的毕业设计（论文）课题新颖、观点正确、思路清晰、阐述严谨、数据、资料翔实、内容饱满、表达清楚、格式规范。

5. 参评的毕业设计（论文）在毕业答辩时，回答正确、清楚、流畅，成绩在优秀以上。

第四十三条 表彰奖励办法

1. 评选工作本着宁缺毋滥的原则进行。

2. 评选毕业设计（论文）设优秀奖。对获奖的毕业论文，学院颁发优秀毕业设计（论文）证书；同时授予指导教师“优秀指导老师”称号，并发文通报表彰（若同一教师指导的论文多篇获奖，不重复颁奖）。

第十一章 附 则

第四十四条 本规定由教务处负责解释。

第四十五条 本规定自2015年9月1日起施行。

学生行为养成综合评价实施办法

第一章　总　则

第一条　为全面贯彻党的教育方针，依照《高等学校学生行为准则》，构建全员、全过程、全方位育人的人才培养机制，进一步深化学生职业核心能力的培养，特制定本办法。

第二条　学生行为养成综合评价是根据学生在德、智、体、美等各方面应具备的道德要求、行为规范及学生在学习、生活和社会活动中的实际表现逐项进行量化考核，给每个学生以定量的评价。

第三条　本办法实施后，学生必须同时修完人才培养方案规定的各类课程和本办法规定的各类评价，成绩合格方可毕业。

第四条　学生行为养成综合评价每学期根据本实施办法进行一次。各系应在积极做好学生学期总结及评优评奖工作动员的基础上，依据《酒泉职业技术学院学生行为养成综合测评办法》认真开展学生综合评价工作。

第五条　学生行为养成综合评价结果作为评定"奖学金""助学金""三好学生""优秀学生干部""优秀团员""优秀团干部"的依据，同时作为推荐优秀团员为入党积极分子、推荐就业岗位的重要依据。

第六条　本办法适用于我院所有在籍在册全日制普通高职学生。

第二章　组织机构

第七条　学生行为养成综合评价工作在学院党委、行政统一领导下进行。

第八条　学生处负责全院学生行为养成评价审定工作。各教学系党总支、行政负责领导本系学生行为养成评价工作。各班成立以辅导员（班主任）为组长的学生行为养成评价小组，负责本班同学的考核评价工作。

第三章 评价依据及要求

第九条 本办法是学院培养学生职业核心能力的进一步深化，是对高职人才培养方案的重要补充和完善。本办法所涉及的评价内容，主要是指高职人才培养目标中除专业课程之外的内容，涵盖行为养成教育与国防教育、专项训练（入学教育、毕业教育、主题教育、诚信教育）、品德修养与日常行为、社会实践与志愿服务、技能培训及专业拓展、社团活动与社会工作、个人风纪操行量化考核等七个方面。

第十条 学生行为养成评价每学期测评一次，70分以下为不合格，70～80分为合格，80～90分为良好，90以上为优秀。不合格学生必须在第二学期完成35小时以上的志愿服务（社会实践）活动，否则当期测评成绩定为不合格，不予毕业。

第四章 评价办法

第十一条 学生行为养成测评成绩=（智育综合成绩×30%+思想行为测评成绩×30%+社团活动与社会实践×20%+公寓日常行为分×20%）-处罚分。

一、智育综合成绩=一学期考试科目平均分（以教务处评定的成绩为准）+学术成果奖励分。

学术成果奖励分

类别	国家				省				市				院				系			
等级	1	2	3	优秀	1	2	3	优秀	1	2	3	优秀	1	2	3	优秀	1	2	3	优秀
论文	30	28	25	20	20	18	15	12	12	10	8	6	6	5	4	3	3	2	1	0.5
科研	30	28	25	20	20	18	15	12	12	10	8	6	6	5	4	3	3	2	1	0.5
学术竞赛	30	28	25	20	20	18	15	12	12	10	8	6	6	5	4	3	3	2	1	0.5
职业技能证	15				8															

二、学生的思想行为测评，以《高等学校学生行为准则》为主要依据，每学期测评一次，采取师生民主评议的形式进行，测评工作由系部组织审定。

思想行为测评分=基本要求分+专项训练分+奖励分

1. 基本要求分占 50%，专项训练分占 35%，奖励分占 15%。

2. 基本要求分=学生自评×15%+学生互评×15%+系部测评分（班级民主测评占 60%，学生管理办公室 40%）×70%。班级测评工作由班级成员组成的测评小组负责，测评小组人数不少于本班人数的 30%，其中包括班长和团支部书记。系评分成绩由班主任或辅导员提供评分。

三、社团活动与社会工作分的认定，由学院团委审核确定。

四、公寓日常行为分依据学生在公寓的日常行为、遵守纪律情况、安全教育情况以及宿舍卫生等进行量化考核，满分为 100 分。

五、处罚分从学生每学期测评成绩总分中减除，由各教学系负责，学生处进行核查并确定。

第五章 测评标准

第十二条 学生思想行为测评分

1. 基本要求分见附件。

2. 专项训练分主要以各类主题教育、入学教育、行为养成教育等考试成绩为主（一年级以入学教育成绩为主，且入学教育成绩不低于 90 分，低于 90 分重新进行补考，直到成绩合格。二年级以主题教育成绩为主，由各教学系评定，三年级以实习、实训成绩为主，由各教学系评定），满分为 100 分。

3. 奖励分标准

（1）先进个人加分标准

类　别	省	市	院	系
优秀团员	20	15	10	
优秀学生干部	20	15	10	5
社会实践、志愿者活动先进个人	18	13	7	3
典型先进事迹	18	13	7	3

（2）其他院级荣誉称号加分标准

类　别	分　值
先进个人	优秀寝室长加 7 分，军训优秀个人加 3 分。
先进集体成员	红旗支部的团支部委员加 7 分，先进班级班委加 5 分。

以获得荣誉证书时间为节点,同一学期同一事件取得多种荣誉奖励的取最高分,不同事件奖励分可累加。社会实践、志愿者活动先进集体的主要成员减半加分。

(3)学生社团干部加分标准

社会工作认真称职,经相关部门考核合格者可酌情加分,考核不合格者不加分。兼职者,取其高分。

类　别	分　值
院级团学组织负责人	15 分
系团学组织负责人	10 分
院团学组织中心下属机构负责人,系团学组织正副部长,社团负责人,班长、团支书、公寓楼长	6 分
院系团学组织干事,班委、团支委委员、楼层长	4 分
寝室长	2 分

第十三条　社团活动与社会工作分

社团活动与社会工作分在综合测评中占 15%,满分 100 分。

社团活动与社会工作分=学生参与社团基本要求分 25 分+社团活动测评分 50 分+志愿活动工作分 25 分

一、学生参与社团基本要求分为 25 分,学生在校期间参加一个学生社团即可得分。

二、社团活动测评分:社团活动测评分=社团指导教师测评分 15 分+社团活动测评工作组评测 25 分+奖励加分(不超过 10 分)。

1. 社团活动测评分基本要求

(1)社团指导教师测评分 15 分

社团教师指导根据社团拟定的社团考核制度、社团日常活动、社团大型活动及培训等考核的记录对学生进行考核。

(2)社团活动测评工作组 25 分

各社团主要干部成员(其中包括院系各社团社长、理事会成员、协会会长、协会负责人、俱乐部部长、沙龙发起人等)组成的评测小组负责会员评测工作,测评小组人数不少于社团人数的 10%。测评根据不同社团拟定的社团考核制度、社团日常活动、社团大型活动及培训等考核的记录对学生会员进行民主评议量化考核。

(3)奖励加分(不超过10分)

①奖励加分标准

类　别	省	市	院	系
优秀社员	10	8	7	
优秀社团干部	10	8	7	
专项活动先进个人	10	8	7	
优秀社团集体奖	10	8	7	

②以获得荣誉证书时间为节点,同一学期同一事件取得多种荣誉奖励的取最高分,不同事件奖励分可累加。优秀社团集体奖学生均减半加分。

三、志愿活动工作分(25分)

志愿活动工作分=志愿者当然分+志愿服务活动分+奖励分

1.志愿者当然分。凡加入“志愿云”系统的普通志愿者为3分,注册志愿者为5分。

2.志愿服务活动分。以一学期志愿服务时长为评价量化标准,1~10小时为5分;11~20小时为7分;21~30小时为9分;31~40小时为12分,40小时以上为15分。志愿服务时长以“志愿云”系统显示为最终评价结果。

3.奖励加分(不超过5分)

①奖励加分标准

类　别	省	市	院	系
优秀志愿者	5	4	3	2
优秀志愿服务项目	5	4	3	2
优秀志愿服务团队	5	4	3	2

②以获得荣誉证书时间为节点,同一学期同一事件取得多种荣誉奖励的取最高分,不同事件奖励分可累加。优秀社志愿服务团队和优秀志愿服务项目参与志愿者均减半加分。

第十四条　公寓日常行为分

一、考核办法

1.每个学生每学期量化基分为100分,其中遵规守纪60分,内务卫生40

分。考核成绩计算办法:考核成绩=遵规守纪分+内务卫生分+加分项。

2. 内务卫生考核以每周卫生检查结果为依据,遵规守纪分根据学生个人在公寓的表现情况记分。

3. 同一项内容同时受到具备两项以上扣分情节以最高标准扣分。

二、减分项

类　别	分　值
夜不归宿	2.5 分
使用大功率电器	2.5 分
宿舍内抽烟	1 分
不经同意留宿他人	1 分
发生失火事件当事人	2~8 分
宿舍内喝酒	3~5 分
有意损坏公物	1~5 分
晚归	1 分
不参加公寓义务劳动	1 分
打架斗殴	2~8 分
不服从管理、辱骂、顶撞管理人员及学生干部	1~5 分
宿舍卫生不达标/次/人	0.5 分
赌博、传播淫秽黄色影像制品	6 分

三、加分项

类　别	分　值
获得学院"学期模范文明宿舍"成员	3 分
获得学院"年度模范文明宿舍"成员	5 分
积极参加公寓义务劳动	1 分
参加公寓活动获得一、二、三、优秀奖	分别获 5、4、3、1 分

第十五条 处罚分标准

内　容	分　值
受纪律处分	警告减 3 分,严重警告减 5 分,记过减 7 分,留校察看减 10 分
受通报批评	减 2 分
旷课	减 1 分/节
迟到或早退	减 0.5 分/次
在校园内有不文明行为且不服从管理	减 1 分/次

附　件

学生思想行为测评表（基本分）

系别：　　　　　　班级：　　　　　　姓名：　　　　　　学号：

序号	测评要求	考核方面	满分	自评	互评	系部评分	合计
1	志存高远 坚定信念	努力学习马列主义、毛泽东思想、邓小平理论和“三个代表”重要思想，面向世界，了解国情，确立在中国共产党领导下走社会主义道路、实现中华民族伟大复兴的共同理想和坚定信念，努力成为有理想、有道德、有文化、有纪律的社会主义新人。	10				
2	热爱祖国 服务人民	弘扬民族精神，维护国家利益和民族团结。不参与违反“四项基本原则”、影响国家统一和社会稳定的活动。培养同人民群众的深厚感情，正确处理国家、集体和个人三者利益关系，增强社会责任感，甘愿为祖国为人民奉献。	10				
3	勤奋学习 自强不息	追求真理，崇尚科学；刻苦钻研，严谨求实；积极实践，勇于创新；珍惜时间，学业有成。	15				
4	遵纪守法 弘扬正气	遵守宪法、法律法规，遵守校纪校规；正确行使权利，依法履行义务；敬廉崇洁，公道正派；敢于并善于同各种违法违纪行为作斗争。	15				
5	诚实守信 严于律己	履约践诺，知行统一；遵从学术规范，恪守学术道德，不作弊，不剽窃；自尊自爱，自省自律；文明使用互联网；自觉抵制黄、赌、毒等不良诱惑。	15				

续表

序号	测评要求	考核方面	满分	自评	互评	系部评分	合计
6	明礼修身 团结友爱	弘扬传统美德，遵守社会公德，男女交往文明；关心集体，爱护公物，热心公益；尊敬师长，友爱同学，团结合作；仪表整洁，待人礼貌；豁达宽容，积极向上。	15				
7	勤俭节约 艰苦奋斗	热爱劳动，珍惜他人和社会劳动成果；生活俭朴，杜绝浪费；不追求超越自身和家庭实际经济能力的物质享受。	10				
8	强健体魄 热爱生活	积极参加文体活动，提高身体素质，保持心理健康；磨砺意志，不怕挫折，加强适应能力；增强安全意识，预防意外事故；关爱自然，爱护环境，珍惜资源。	10				
合计							

先进集体、优秀学生评选办法

为大力弘扬社会主义核心价值观，引导和激励大学生立志成才、刻苦学习、创新创业、奉献社会、报效祖国，展示当代大学生风采，激励全院学生学先进，创优绩，树立远大理想，形成人人争当先进、人人争为学院发展作贡献的良好氛围，使评选先进工作规范化、制度化，特制定本办法。

第一章　奖项设置

第一条　奖励项目分为“十佳大学生”“先进班集体”“三好学生”“优秀学生干部”“优秀毕业生”“文明宿舍”六类。

第二章　“先进班集体”“三好学生”“优秀学生干部”评选

第二条　评选时间为每学年评选一次，评选时间为 6 月上旬，9 月进行表彰。

第三条　评选比例：“三好学生”为全院学生的 5%；优秀学生干部按学生干部人数的 5% 评选（学生干部是指院系学生会、团委、学生分会、团总支、班干部、社团主要负责人、楼长、活动中心负责人、广播站负责人等）；先进班集体为全院班集体的 10%。

第四条　先进班集体评选条件

1. 班级精神文明建设成绩突出，集体观念强，能模范遵守学生日常行为规范和社会公德。在参加学校或社会各项有益活动中能起模范带头作用且成绩突出。

2. 学习风气浓厚，能自觉遵守课堂纪律和自习纪律，考试无违纪现象，学习成绩良好率达 60% 以上，及格率达 95% 以上。

3. 积极参加体育锻炼及全院组织的体育比赛，坚持上好“两操”，体育及格率达100%。

4. 自觉遵守校纪校规，班风班纪评比中名列前茅，本学年度总评成绩名列前茅，没有违纪处分的学生。

5. 班委会、团支部团结协作，联系同学，以身作则，大胆工作，获得集体荣誉多。

6. 团青比例必须在90%以上、党青比例居前。

第五条 “三好学生”评选条件

1. 热爱祖国，拥护党的领导，积极践行社会主义核心价值观，模范遵守《高等学校学生行为准则》以及学院有关规章制度。

2. 热爱所学专业，勤奋学习，成绩优秀。本年度学业成绩在班级排名前10名，专业课单科成绩均不低于70分且无补考科目；思想政治理论课成绩均不低于80分；综合测评名列本年级或本专业前20%以内；高等学校英语应用能力考试达到B级以上（少数民族学生除外）。

3. 积极参加社会实践、科技创新及其他公益活动，有较强的运用知识分析解决问题的能力和开拓创新精神，在某一方面有突出成绩。

4. 积极参加集体活动和社会公益活动，热心为同学、班级、学院和社会服务，有优良的道德品质和良好的文明行为，模范遵守和执行《高等学生行为准则》和学院有关规章制度。

5. 积极参加体育锻炼和文娱活动，有健康的身体、良好的卫生习惯及心理素质，达到《国家体育锻炼标准》。

第六条 优秀学生干部评选条件

除符合三好学生评选条件外，还必须具备以下条件：

1. 热心承担学生工作，切实起到骨干带头作用，积极组织开展各项活动，热心为同学服务，有很强的工作能力和突出的工作成绩，在同学中有较高的威信。

2. 担任各级学生干部（含院、系、班干部及各学生社团主要负责人）一年以上。

第七条 评选程序及评选办法

1. 各教学班由班主任负责，学生会干部由院团委负责。严格按照评选条件及评选比例，经班级民主评议，提出本班“三好学生”及“优秀学生干部”人选。学生会提出学生会的“优秀学生干部”人选，学院团委、学生处审核。

2. 系部按照评选条件、评选比例和学年度班风班纪考核结果，组织班主任评选“先进班集体”。

3. 评选出的“三好学生”“优秀学生干部”“先进班集体”由班主任负责填写《评优审批表》(学生会优秀学生干部由院团委负责填写)，按规定时间报系部初审、公示后报学生处初审、公示)。逾期不报的，不予受理。

4. 经学生处审查后，提交院长办公会审定，行文表彰。

第八条 表彰和奖励

被评选为院级“先进班集体”“三好学生”“优秀学生干部”“优秀毕业生”的班级和个人在全院毕业典礼或开学典礼时进行表彰，颁发荣誉证书和奖状，并记入本人档案。

第三章 十佳大学生评选

第九条 “十佳大学生”每学年评选一次，评选时间为 10 ~ 12 月。

第十条 “十佳大学生”各系在年度评优的基础上，推荐符合条件人选 3 ~ 5 人，作为“十佳大学生”候选人。

第十一条 我院正式注册的高职生具备下列基本条件及获奖条件之一者，均可申请。评选条件如下：

(一)基本条件

1. 热爱祖国，拥护党的领导，遵守国家法律，遵守高等学校学生行为准则和学院的各项规章制度，有良好的道德品质。

2. 积极进取，刻苦学习，具有良好的学风，学习成绩优异。

3. 积极参加学院的各项活动，关心集体，自觉培养综合素质和能力，有良好的行为习惯，遵守社会公德和社会公共秩序，受到群众公认和好评。

4. 身体健康，积极参加体育锻炼，达到大学生体育合格标准。

(二)获奖条件

具备下列条件之一者，可申请参加评选：

1. 对学校做出突出或特殊贡献，为学院赢得荣誉或积极的社会影响。

2. 在各项省级竞赛中表现突出、成绩优异者。

3. 在社会主义精神文明建设中做出突出成绩者。

4. 在社会活动中有创新或在校级活动中做出特别突出成绩者。

第十二条 评选程序及评选办法

（一）采用系部推荐和学生自荐两种方式

1. 系部推荐。各系部在充分酝酿、协商、评议的基础上，推荐本系2~3名参评候选人。由学生本人填写《酒泉职业技术学院“十佳大学生”推荐表》，经系部学生工作领导小组写出推荐意见后，附个人参评事迹及参评成果证明材料，上报学生处。

2. 学生自荐。由学生本人提出申请，并由系部组织10名以上同学复议后，填写《酒泉职业技术学院“十佳大学生”自荐表》，附个人事迹及参评成果证明材料，报送院学生会。

（二）评选程序

1. 初评。院学生会组织有各系学生代表参加的初评小组，对自荐的同学进行初评，产生候选人10名，会同各系部推荐的20~25名候选人（共30~35名）进入复评。

2. 复评。由学生处、教务处、团委等学院部门领导、教师代表和代表组成复评小组，通过翻阅资料、听取陈述、现场答辩和评议等环节，最终投票选出20名候选人参加终评。

3. 终评。由院领导、资深教授、优秀教师和学生代表组成评定小组，在听取正式候选人的个人陈述和公开答辩后，经评议、投票等环节进行最终评定。

第十三条 表彰奖励

根据评定结果，授予10名学生为“酒泉职业技术学院十佳大学生”荣誉称号，颁发荣誉证书并享受国家励志奖学金5 000元；入围候选人中的另10名学生获得“酒泉职业技术学院‘十佳大学生’提名奖”，享受国家一等助学金，并颁发荣誉证书。

每学年由学院统一召开表彰大进行表彰和奖励。

第四章 优秀毕业生评选

第十四条 优秀毕业生每学年评选一次，评选时间为4月上旬，6月进行表彰。

第十五条 优秀毕业生评选范围不超过当年毕业生总数的5%。

第十六条 评选条件

1. 热爱祖国，拥护党的领导，文明礼貌，模范遵守《高等学校学生行为准则》及学院的规章制度，热爱班集体，积极参加学院、系部、班级组织的各项活动，具有良好的道德修养，在校期间未受过任何纪律处分。

2. 关心同学，热心为班级同学服务，能积极、主动配合班主任做好班级管理工作，圆满完成实习实训任务。

3. 学习勤奋、自主，学习方法正确，目的明确，积极性高，态度认真，在校期间课程成绩无不及格，在班级中有良好影响，能起带头作用。

4. 各学期综合测评成绩优良，排在全班的前25%。

5. 在校期间，获得国家“奖学金”或励志奖学金、院级以上“三好学生”“优秀学生干部”“优秀共青团员”“十佳大学生”等荣誉称号不少于1次。

6. 个人诚信情况良好。

第十七条 评选程序及评选办法

1. 各教学班由班主任负责，严格按照评选比例及评选标准，经班级民主评议，提出本班“优秀毕业生”人选。

2. 评选出的“优秀毕业生”由班主任负责填写登记表，按规定时间报系部初审、公示后报学生处审核。逾期不报的，不予受理。

3. 经学生处审查后，提交院长办公会审定，行文表彰。

第五章 文明宿舍评选

第十八条 文明宿舍每学年3～6月、10～12月评选，择机进行表彰。

第十九条 文明宿舍评选比例为学生宿舍数的3%。

第二十条 评选条件

1. 精神文明建设好。宿舍全体同学积极向上，关心同学，关心学校，文明礼貌，不播放、不收听、不张贴不健康内容。

2. 内务整理、卫生好。严格按照宿舍规范化管理要求，搞好宿舍卫生和内务整理。

3. 遵纪守法好。宿舍全体同学自觉遵守国家法律、法规和学校各项规章制度，无违法违纪行为。

4. 公物爱护好。宿舍全体同学自觉爱护公物，节约水电，无损坏公物，违章接电、用电和浪费水电现象。

5. 团队精神好。宿舍全体同学互相帮助、互相学习、互相关心、互相督促、共同进步，自觉维护宿舍、班级和学校荣誉。

第二十一条 评选程序与评选办法

1. 各系成立系部评选工作小组，每周四对所属学生宿舍进行检查并进行初评，按照参评宿舍的20%将初评结果报学生公寓自律委员会。

2. 学院公寓自律委员会依据各系初评情况，于第2周对各系初评宿舍进行复评，并将结果进行汇总。

3. 学生处组织公寓管理员对自律委员复评情况再次进行评审，并将结果交公寓自律委员会。

4. 公寓自律委员会根据三方评选结果，按照3∶5∶2比例进行核算，于活动结束后将评选结果报学生处复核。

5. 文明宿舍评选领导小组对其评审结果进行审定并公示（3个工作日），无异议进行表彰奖励。

第二十二条 表彰奖励

1. 奖项设置：共设"文明宿舍"10个，"内务卫生先进宿舍"20个。

2. 所有获奖宿舍将予以表彰奖励，并按照相关规定给予相关教学系考核加分并作为评选优秀班集体的重要依据。

3. 获得学期"文明宿舍"称号的宿舍由学院颁发荣誉奖牌，宿舍成员将在评优树模，评定奖、助学金等方面给予优先考虑（无任何违纪现象）。

4. 连续两学期获得"文明宿舍"称号的宿舍成员将直接进入国家助学金评选。

国家奖助学金评审办法

为激励学生勤奋学习、努力进取，在德、智、体、美等方面得到全面发展，根据《财政部教育部关于印发〈普通本科高校、高等职业学校国家奖学金管理暂行办法〉的通知》（财教〔2007〕90 号）、《财政部教育部关于印发〈普通本科高校、高等职业学校国家励志奖学金管理暂行办法〉的通知》（财教〔2007〕91 号）、《财政部教育部关于印发〈普通本科高校、高等职业学校国家助学金管理暂行办法〉的通知》（财教〔2007〕92 号）和《甘肃省普通本科高校、高等职业学校国家助学金实施细则》（甘财教〔2007〕126 号）、《甘肃省普通本科高校高等职业学校和中等职业学校国家励志奖学金实施细则》（甘政发〔2007〕127 号）、《甘肃省普通本科高校高等职业学校国家奖学金实施细则》（甘政发〔2007〕128 号）文件精神，结合学院实际，特制定本办法。

第一章　奖项设置

第一条　国家奖助学金奖项设置为国家奖学金、国家励志奖学金和国家助学金三项。

第二章　国家奖学金

第二条　国家奖学金评审范围

国家奖学金评审范围：学院在籍在册普通高职二年级以上（含二年级）品学兼优的学生具备申请资格。

五年制专科（中专大专连读）学生只有入学第五年具备申请资格。

第三条　奖励标准：按照当年度国家标准执行。

第四条 国家奖学金获奖条件

1. 热爱祖国，拥护中国共产党的领导。

2. 遵守宪法、法律和社会公德，模范遵守《大学生守则》和学院规章制度，无任何违纪记录。

3. 诚实守信，道德品质优良，班级操行评价优秀，在校期间无任何不良信用记录。

4. 学习刻苦，成绩优异，上一学年学习成绩排名在班级或本专业中位于前10%且单科成绩75分以上，无补考。

5. 积极参加社会实践，积极参加院系组织的各项活动，社会工作、创新能力、综合素质等方面特别突出，综合素质测评成绩排名位于前10%。

6. 上一学年担任校内外义工工作时间不低于20小时。参加社会公益活动不低于3次。

7. 本次申请前获得的各类奖助学金使用情况良好，无违规使用现象且有回报感恩观念及实际行动。

8. 学习成绩排名或综合考评成绩排名超出前10%，但均位于前30%，必须在道德风尚、学科竞赛、创新发明、社会实践、社会工作、体育竞赛、文艺比赛等某一方面表现特别优秀，有突出表现。具体标准如下：

(1) 在社会主义精神文明建设中表现突出，具有见义勇为、助人为乐、奉献爱心、服务社会、自立自强的实际行动，在本院、本地区产生重大影响，在全国产生较大影响，有助于树立良好的社会风尚。

(2) 在学科竞赛方面取得显著成绩，在全国性专业学科竞赛、课外学术科技竞赛等竞赛中获一等奖（或金奖）及以上奖励。

(3) 在创新发明方面取得显著成绩，科研成果获省、部级以上奖励或获得国家专利（须通过专家鉴定）。

(4) 在体育竞赛中取得显著成绩，为国家争得荣誉。非体育专业学生参加省级以上体育比赛获得个人项目前三名，集体项目前两名，集体项目应为主力队员。

(5) 在重要文艺比赛中取得显著成绩，参加全国性比赛获得前三名，参加省级比赛获得第一名，为学院赢得荣誉。集体项目应为主要演员。

(6) 获“全国三好学生”“全国优秀学生干部”“全国社会实践先进个人”“全国十大杰出青年”“中国青年五四奖章”等全国性荣誉称号。

第五条 名额分配

国家奖学金的名额根据省教育厅、财政厅下达名额确定，在分配奖学金名额时，按照学院各教学系学生人数、教学水平、管理水平以及专业特色鲜明等因素综合考虑确定各教学系国家奖学金名额。

第六条 评审程序

1. 分配名额

国家奖学金每学年评审一次，实行差额评审，学生处依据主管部门下达的国家奖学金名额及资金预算，以各系在校学生数为标准，按照学院专业发展实际，将本院国家奖学金名额分配各教学系。

2. 广泛宣传

每学年秋季学期开学后启动国家奖学金申请办理工作前，各教学系要按照学院整体工作安排，组织召开国家奖学金申请工作动员会，大力宣传国家奖学金政策，确保学生都能熟悉并了解国家奖学金政策主要内容，保证符合基本条件学生，及时了解国家奖学金申请办理流程和工作时限。

3. 组织申请

各教学系根据国家奖学金获奖条件，组织符合条件的学生参加申请，于每年9月初向各教学系提交申请材料。各教学系要严格做好审核把关工作，在初步审查确认后，通知本系学生上报的材料。

学生上报材料主要包括：《国家奖学金申请审批表》、成绩单、获奖证书原件及复印件、其他方面表现突出的证明材料等。

4. 系部评审

各教学系在收齐国家奖学金申报材料后，成立教学系分管领导为组长，班主任、辅导员、学生代表等为成员的评审小组，通过民主评议等方式等额确定本院系拟推荐学生名单。教学系拟推荐学生名单确定后，在本系进行不少于5个工作日的公示，如无异议，按程序报学院学生处。

5. 学院审查

学生处归集本院国家奖学金推荐学生材料，按照有关文件规定审查教学系评审程序是否规范，推荐学生资格条件是否符合要求。审查无异议后，组织公开答辩，并在全院范围内进行不少于5个工作日的公示，如无异议，将评审情况及结果报院长办公会审核。审核通过后，学生处负责完成评审报告，按照文件要求报省教育厅。

6. 复审与终审

经省教育厅复审、教育部终审后，学生处组织实施。

第七条 提交材料

各系于9月下旬向学生处提交国家奖学金推荐人选资料，上报的资料主要包括：

1.《国家奖学金申请审批表》《国家奖学金获奖学生推荐名单》。

2. 系部评审小组组成人员名单、评审小组评审意见。

3. 候选人上一学年度各科学习成绩单。

4. 候选人所在班级或本专业学习成绩排名表。

5. 候选人所在班级或本专业综合素质测评排名表。

6. 推荐候选人获奖证书原件及复印件、其他方面表现突出的证明处材料。

7. 候选人典型事迹材料。

8. 推荐候选人参加社会实践、公益劳动证明材料。

第八条 发放与管理

1. 学院召开国家奖学金颁奖大会，宣布获奖学生名单，将国家奖学金一次性发给获奖学生，颁发国家统一印制的奖励证书，向获奖学生家庭发送喜报，并记入学生学籍档案。

2. 学院学生处负责获奖学生宣传工作，引导广大同学向获奖学生学习。

3. 各部门各教学系要切实加强管理，按照公平、公开、公正、择优的原则认真做好国家奖学金的评审和发放工作，确保国家奖学金用于奖励特别优秀的学生。

4. 在同一学年内，获得国家奖学金的家庭经济困难学生可以同时申请并获得甘肃省国家助学金，但不能同时获得国家励志奖学金。

第三章 国家励志奖学金

第九条 评审范围

国家励志奖学金的评审范围为：学院在籍在册普通高职二年级以上（含二年级）品学兼优家庭经济困难的学生。

第十条 奖励标准

励志奖学金按照当年度国家标准执行。

第十一条 评审条件

1. 热爱祖国,拥护中国共产党的领导。

2. 遵守宪法和法律和社会公德,模范遵守大学生守则和学校规章制度,无任何违纪记录。

3. 诚实守信,道德品质优良,爱护公物,热心公益,在校期间无任何不良信用记录。

4. 努力学习,刻苦钻研,学习成绩优良。上一学年学习成绩排名在班级前20%,且各科成绩70分以上,无补考。

5. 积极参加社会实践、集体活动、社会公益等各项活动,表现突出,综合素质测评成绩排名均位于本专业前20%之内。

6. 家庭经济困难,被认定为我校家庭经济困难学生。勤俭节约,艰苦奋斗,生活俭朴,不追求超越自身和家庭经济实际承受能力的物质享受。

7. 上一学年担任校内外义工工作时间不低于50小时。参加社会公益活动不低于4次。

8. 经学院认定的贫困生。

9. 本次申请前获得的各类奖助学金使用情况良好,无违规使用现象且有回报感恩观念及实际行动。

第十二条 名额分配

根据省教育厅财政厅下达国家励志奖学金及资金预算,以各系在校学生数为标准,按照教学水平、管理水平、家庭经济困难学生分布状况以及专业特色鲜明等因素,综合考虑确定各教学系国家励志奖学金分配名额。

第十三条 评审程序

1. 国家励志奖学金每学年评审一次,实行等额评审,各教学系按照所分配名额1∶2的比例评选推荐候选人,并在系部范围内组织候选人公开答辩。

2. 广泛宣传,确保学生都能熟悉并了解国家奖助学金政策主要内容。组织符合条件学生参加申请,于每年9月初向各教学系递交国家励志奖学金申请书,各班级民主评议、教学系初步审查确认后,收集整理该生学籍、学习成绩、思想政治表现等方面证明材料。

3. 各教学系成立教学系分管领导为组长,班主任、辅导员、学生代表等为成员的评审小组,召开评审会议,民主确定本系国家励志奖学金候选人,经本系不少于5个工作日公示无异议者,按所分配的名额报学生处审查资格。

4. 学生处归集本院国家励志奖学金推荐学生材料,按照有关文件规定审查教学系评审程序是否规范,推荐学生资格条件是否符合要求复核国家励志奖学金候选人资格,召开奖助学金评审委员会评审,并在全院范围内进行不少于5个工作日的公示,如无异议,将评审情况及结果报院长办公会审定。

5. 学院召开院长办公会议确定具体人选。审核通过后,由学生处负责上报获奖学生名单、评审报告及相关材料。经省教育厅批准,组织实施。

第十四条　提交材料

各系于9月下旬向学生处提交:

1.《国家励志奖学金评审报告》。

2. 系部答辩安排及答辩结果统计情况。

3.《国家励志奖学金申请审批表》。

4.《国家励志奖学金获奖学生推荐名单》。

5. 上一学年度各科学习成绩单。

6. 班级成绩排名表、综合素质测评排名。

7. 候选人所在班级或本专业综合素质测评排名表。

8. 上一学年获奖证书原件及复印件、先进事迹材料。

9. 参加社会实践、公益劳动证明材料。

10. 班级出具申请前获得的各类奖助学金使用情况说明。

第十五条　发放与管理

1. 学院召开国家励志奖学金颁奖大会,宣布获奖学生名单,将国家励志奖学金一次性发给获奖学生,向获奖学生家庭寄送喜报,并记入学生学籍档案。

2. 学院学生处负责获奖学生宣传工作,引导广大同学向获奖学生学习。

3. 各部门各教学系要切实加强管理,按照公平、公开、公正、择优的原则认真做好国家励志奖学金的评审和发放工作,确保国家励志奖学金用于奖励家庭经济困难学习勤奋、品行端正的优秀学生。

4. 在教育厅行政部门组织的竞赛活动中,代表学院参加省级以上竞赛获得优异成绩、为学院取得荣誉者,可优先考虑获奖资格。

5. 在同一学年内,获得国家励志奖学金的家庭经济困难学生可以同时申请并获得甘肃省国家助学金,但不能同时获得国家奖学金。

第四章　国家助学金

第十六条　评审范围

国家助学金的评审范围为:学院在籍在册普通高职家庭经济困难学生。

第十七条　资助标准

学院根据甘肃省国家助学金及有关政策将困难学生划分为特殊困难、经济困难、一般困难3个等次,发放金额按学院当年度发放标准执行。

第十八条　助学金基本申请条件

1. 热爱祖国,拥护中国共产党的领导。

2. 遵守宪法、法律和社会公德,模范遵守大学生守则和学校规章制度,无任何违纪记录。

3. 诚实守信,道德品质优良,爱护公物,热心公益,在校期间无任何不良信用记录。

4. 勤奋学习、积极上进。学习成绩在班级排名在前60%以内。

5. 积极参加学校或院系、班级组织的各项活动。综合素质测评成绩排名均位于本专业前60%之内,无违纪违规行为。

6. 家庭经济困难,生活俭朴,自强自立,被认定为我院家庭经济困难学生。

7. 上一学年担任校内外义工工作时间不低于40小时,参加社会公益活动不低于3次。

8. 本次申请前获得的各类奖助学金使用情况良好,无违规使用现象且有回报感恩观念及实际行动。

第十九条　名额分配原则

国家助学金的名额根据省教育厅财政厅下达名额确定,在分配助学金名额时,按照学院各教学系学生人数、教学水平、管理水平、家庭经济困难学生分布状况以及专业特色鲜明等因素综合考虑确定各教学系甘肃省国家助学金名额。

第二十条　评审程序

1. 甘肃省国家助学金每学年评审一次,实行等额评审,各教学系按照所分配名额评选推荐候选人。评选特殊困难、困难、一般困难3个等级的比例为1∶3∶6。

2. 家庭经济困难学生认定按照《酒泉职业技术学院家庭经济困难学生认定暂行办法》确认。学生在校期间,勤奋刻苦,锐意进取、家庭经济困难是确定学生补助等级的首要因素,家庭经济越困难表现越突出获得资助金额应越高。

3. 符合条件学生每年9月初向各教学系递交甘肃省国家助学金申请书,经班级民主评议,各教学系初步审查确认后,收集整理该生学籍、学习成绩、思想政治表现、家庭经济困难等方面的证明材料。

4. 各教学系召开含有学生代表、辅导员、班主任的扩大会议，民主确定本系甘肃省国家助学金资助对象，经本系不少于5个工作日公示无异议，报学院学生处审查资格。

5. 学生处归集助学金推荐学生材料，按照有关文件规定审查教学系评审程序是否规范，推荐学生资格条件是否符合要求，并召开资助工作评审委员会，经不少于5个工作日的公示后无异议，将评审情况及结果报院长办公会审定。

6. 学院召开院长办公会议确定具体人选。审核通过后，由学生处负责上报资助学生建议名单、评审报告及相关材料。经省教育厅批准后，组织实施。

第二十一条　提交材料

各系于9月下旬向学生处提交：

1.《国家助学金评审报告》。

2.《国家助奖学金申请审批表》。

3.《国家助学金初审学生名单》。

4. 上一学年度各科学生成绩单。

5. 班级排名、综合素质测评排名。

6. 贫困生认定表。

7. 提供参加校内外义工、社会公益活动的材料。

8. 班级出具申请前获得的各类奖助学金使用情况说明。

第二十二条　发放与管理

1. 各教学系召开甘肃省国家助学金发放专门会议，向全系通报资助学生情况，造表报学生处审核后，计财处按学期将学生助学金发放至学生银行卡中。

2. 各部门各教学系要切实加强管理，按照公平、公开、公正的原则认真做好甘肃省国家助学金的评审和发放工作，确保甘肃省国家助学金用于家庭经济困难且努力学习，遵守纪律的学生。

3. 在校期间长期从事学院学生社团工作、学生服务工作或者在学术研究方面取得显著成果的家庭经济困难学生，可优先考虑资助资格。

4. 代表学院参加省级以上竞赛获得优异成绩，为学院取得荣誉的家庭经济困难学生，可优先考虑资助资格。

5. 在同一学年内，获得甘肃省国家助学金的家庭经济困难学生可以同时申请并获得国家奖学金或者国家励志奖学金。

第五章 奖助学金的追回与监督

学院施行国家奖学金追回制度。凡已经获得国家奖学金、励志奖学、国家助学金的学生，在校期间出现重大政治问题、触犯国家法律、严重违反校纪校规、考试作弊、学术造假或者引发其他严重后果者，学院追回其荣誉及奖助学金。

第二十三条 追回对象

学院当年度国家奖学金、国家励志奖学金、国家助学金获得者。

第二十四条 追回范围

（一）全额追回，取消资格及获得荣誉。

（二）部分追回，取消已获得荣誉。

第二十五条 追回基本依据

（一）凡获得国家奖学金、国家励志奖学金、国家助学金者，当年度有下列违法违纪情况者，应全额追回国家奖学金、国家励志奖学金、国家助学金。

1. 出现重大政治问题者。

2. 触犯国家法律，受到公检法机关处理者。

3. 违反校纪校规，受到学院警告处分以上或被通报者。

4. 考试作弊者。

5. 学术造假者。

6. 利用非正当手段获得者。

7. 虚报学习成绩者。

8. 违反学院奖助学金评选规定，多人分享助学金者。

9. 其他影响学院教育教学秩序，造成严重后果者。

（二）凡获得国家励志奖学金、国家奖学金，当年度有下列违纪情况，应部分追回国家励志奖学金额，取消已获得荣誉，部分追回国家助学金。

1. 受到学院处分者，以其违反校纪校规之日起，停发所获得的国家励志奖学金或国家助学金，视其认识态度，决定是否取消其荣誉。

2. 弄虚作假，瞒报家庭经济困难情况，虚假开出农村或城市低保证明者，视其性质及程度，决定停发其部分国家助学金。

3. 校外租住房屋者，视其性质，决定停发其部分国家助学金。

4. 不恰当使用国家助学金，不将国家助学金用在学习生活上者，视其性质，决定停发其部分国家助学金。

5. 经同学检举，发现其生活铺张浪费，使用大功率电器、夜不归宿者，经查属实者，停发其国家助学金。

6. 有其他违纪情况者。

第二十六条 追回程序

(一)发现当年度奖助学金获得者有本办法第五章第三条所述情况者，由学生处查明具体情况提出处理意见，报请主管院领导批准后，学生处负责下达处理决定，同时上报省教育厅资助管理中心。

(二)发现当年度奖助学金获得者有本办法第五章第三条第二款所述情况者：

1. 由学生所在教学系负责查明具体情况。就违纪学生情况召开部门会议，依据本实施细则做出初步结论，提出追回或停发奖助学金初步处理意见，以书面形式(附教学系调查报告、认证材料、处理意见)报学生处。

2. 经学生处审查后，提交资助工作领导小组研究决定具体处理办法。资助办负责以文件形式下达处理决定，同时上报省教育厅资助管理中心。

(三)相关部门依据处理决定收取其荣誉及停发奖励金额，学生处负责督查。

第二十七条 追回奖助学金处理办法及程序

(一)追回奖助学金由学院计财处统筹管理，追回奖助学金由学生处统筹安排，在全院范围内重新评选发放。评选发放程序按《酒泉职业技术学院奖助学金发放办法》等有关规定执行。

(二)对负有责任的工作人员及班主任追究责任，视其情节予以处理。

(三)被追回荣誉及停发奖助学金者，取消其次学年度评优及资助资格。

(四)受处理学生按照违纪学生处理程序办理，学生申诉由学院申诉委员会受理。处理意见以文件形式印发并通知学生本人。

第二十八条 各部门要严格执行国家相关财经法规和《甘肃省普通本科高校、高等职业学校国家奖学金实施细则》，对国家奖助学金实行分账核算，专款专用，不得截留、挤占、挪用。

家庭经济困难学生认定办法(暂行)

第一条 为认真做好我院家庭经济困难学生认定工作,公平、公正、合理地分配资助资源,切实保证各项资助政策和措施真正落实到家庭经济困难学生身上,参照教育部、财政部(教财〔2007〕8 号)文件精神,结合我院实际,特制定本暂行办法。

第二条 凡我院在籍在册的全日制高职学生,适用本办法。

第三条 本人及家庭所能筹集到的资金难以支付其在校学习期间的学习和生活基本费用,本人实际生活费用低于全院学生平均水平,且符合下列条件之一者,可以申请家庭经济困难学生认定:

(一)来自国家级贫困县的农村地区;

(二)属于享受最低生活保障的城镇家庭;

(三)父母一方或双方失业;

(四)孤残学生、烈士子女或经济困难的单亲家庭;

(五)家庭中有两个及两个以上成员正接受非义务教育;

(六)家庭成员因残疾或疾病而丧失劳动能力;

(七)家庭成员因患重大疾病需支付大额医疗费用;

(八)家庭成员因遭遇自然灾害,造成人身及财产的重大损失;

(九)因父母离异导致家庭经济收入明显下降;

(十)其他导致家庭经济困难的情况。

第四条 经查实,有下列行为之一者,不能认定为家庭经济困难学生:

(一)拥有或使用高档通信工具者;

(二)购买、使用高档娱乐电器、高档时装或高档化妆品等者;

(三)节假日经常外出旅游者;

(四)抽烟、酗酒经教育不改者;

（五）在校外租房或经常出入营业性网吧、舞厅等娱乐场所者；

（六）有与其家庭经济困难状况不相符的其他高消费行为或不当消费行为者。

第五条 家庭经济困难学生的认定条件

（一）家庭经济困难学生分为特殊困难学生、困难学生和一般困难学生3类。

1. 特殊困难学生基本条件：家庭经济极其困难，基本上无生活来源，单亲家庭且家庭经济困难。

2. 困难学生基本条件：家庭经济特别困难，在校实际生活费用低于全院学生平均水平。

3. 一般困难学生基本条件：家庭经济比较困难，在校实际生活费用低于全院学生平均水平。

（二）家庭经济困难学生的认定条件应从严掌握，特殊困难学生的比例原则上不超过所有认定学生的20%。

（三）学生在校学习期间的实际生活费用是指学生家庭所能提供的经济支持，国家、社会和学校所提供的各类资助不包括在内。

（四）学生家庭成员是指除学生本人之外共同生活的直系亲属及兄弟姐妹。

第六条 家庭经济困难学生的资格审查

（一）家庭经济困难学生申请认定资格审查由系（部）学生认定工作小组负责，在班主任和学生代表的参与下进行。

（二）审查内容

1. 申请人所陈述的家庭经济状况是否符合认定条件。

2. 申请人所提供的证明材料是否真实、合法、有效。

3. 申请人日常生活消费的实际情况。

（三）审查方式

1. 审阅申请表及相关证明材料。

2. 在同班同宿舍学生中以个别谈话等方式了解申请人日常生活消费等情况。

3. 根据需要核查申请人在学生食堂的月消费情况。

4. 根据需要联系申请人家庭所在地相关机构和单位对申请人所提供的证明材料进行核实或对申请人进行家庭访问。

第七条 家庭经济困难学生的认定程序

（一）提出申请

符合认定条件的学生应提出书面申请并如实填写《酒泉职业技术学院家庭经济困难学生认定申请表》。

（二）提供证明

认定申请人在提出书面申请的同时，必须向所在系（部）提供村、乡、居委会、街道办事处、民政局、教育局等单位出具的本人家庭经济困难真实、合法、有效的证明材料和《酒泉职业技术学院学生及家庭情况调查表》。如证明材料不符合要求，则申请人应在提出申请后20个工作日之内提供符合要求的证明材料。提供虚假材料者，一经查出，取消家庭经济困难学生认定资格。

（三）班级民主评议

1. 班级民主评议由班主任主持，在不少于全班4/5学生参加的会议上进行。

2. 根据本人意愿，由申请认定的学生陈述本人家庭经济和日常消费的实际情况。

3. 由班主任或班主任委托的班级学生干部对申请认定学生所陈述的情况、相关证明材料的情况和入学以来受到各类奖励和资助情况加以说明。

4. 全班同学根据本办法第三条所规定的标准对申请认定学生家庭经济及本人日常消费情况进行评议，申请认定的学生回避。

5. 评议结束后，申请认定的学生返回会场，参会学生对申请认定学生是否认定及相应等次投票，票数在2/3以上者推荐认定。由班主任统计并宣布投票结果。

（四）提出建议认定名单

在系（部）学生认定工作小组的指导下，由班主任综合资格审查情况，班级民主评议后确定特殊困难学生、困难学生和一般困难学生认定名单。

第八条　信誉承诺

认定申请人必须对其所陈述的家庭经济状况、所提供证明材料的真实性做出书面承诺，保证其真实性。

第九条　异议与申诉

（一）班级评议后，对评议投票结果有异议者，须在3个工作日内以书面形式向班主任提出，并由班主任报系（部）学生认定工作小组，也可直接向院团委学生处提出申诉。

（二）系（部）学生认定工作小组接到异议后，应按照本办法第六条规定再次进行资格审查，根据审查核实的情况，确定是否符合家庭经济困难学生的认定标准，并向提出异议的学生反馈审查结果。

第十条 公示和认定

（一）系（部）对符合认定条件的学生分类汇总，由系（部）学生认定工作小组进行适当平衡，确定出特殊困难学生、困难学生和一般困难学生认定推荐名单和相应等次。

（二）家庭经济困难学生认定推荐名单及相应等次在系（部）范围内进行公示，公示期 3 天。

（三）对公示有异议者，应按照本办法规定做申诉处理。

（四）对公示无异议者，确定系（部）家庭经济困难学生认定名单，并报院团委学生处审核后备案。

第十一条 认定调整

（一）对已认定的家庭经济困难学生，可在每年 4 月份根据学生家庭经济状况的变化进行适度调整，认定调整包括提高等次、降低等次、撤销等次三种类别。

（二）学生认定调整主要采取班级民主评议（本人参加评议）和投票的方式，班级 2/3 及以上票数决定是否对已认定学生调整等次。

（三）对经民主评议需要进行等次升降或撤销等次的学生由系（部）学生认定工作小组审核确定并记录在案后，报学生处备案。

第十二条 其他

（一）在新生入学后当年 9 ~ 10 月进行家庭经济困难学生的认定工作。

（二）在家庭经济困难学生认定工作中，要求客观、公平、公正，谨防错定、漏定。要尊重申请认定学生，引导他们以健康、乐观的心态对待学习中的困难，以积极，开放的心态对待认定工作。

（三）在认定工作中严禁弄虚作假、徇私舞弊。如有违反，学院将根据相关规定，对当事人给予相应的纪律处分。

（四）确认认定的学生将优先安排勤工助学和申请国家助学贷款，并作为国家、社会、学院助学资助的重要依据。

第十三条 本办法由学生处负责解释。

勤工助学管理条例

第一章　总　则

第一条　为加强我院学生勤工助学活动的管理，维护正常教育教学秩序，培养学生动手能力、实践能力及社会适应能力，帮助家庭经济困难学生努力完成学业，根据《普通高等学校学生管理规定》《教育部、财政部关于印发高等学校勤工助学管理办法的通知》有关精神，结合我院实际情况，制定本条例。

第二条　学生勤工助学活动是指学生在学校的组织管理下利用课余时间，通过一定形式的劳动取得合法报酬，用于改善学习和生活条件的活动。勤工助学是学校学生资助工作的重要组成部分，是提高学生生存技能和综合素质、资助家庭经济困难学生的有效途径。学校提倡和支持学生在不影响学习的前提下，利用课余时间从事健康有益的勤工助学活动。

第三条　勤工助学活动必须坚持“立足校园、服务社会、提升能力”的宗旨，按照学有余力、自愿申请、信息公开、扶困优先、竞争上岗、遵纪守法的原则，在不影响正常教育教学秩序的前提下有组织地开展此项活动。

第四条　学生参加勤工助学活动，必须遵守国家相关法律法规和规章制度，不得做出有损学校、大学生形象和违反社会公德的行为，自尊自重，诚实劳动。学会运用法律武器，维护个人的合法权益。

第五条　参加勤工助学的学生有权了解用人单位（部门）的有关情况和工作性质，有权拒绝用人单位（部门）协议以外的要求，有权拒绝参加有损人格、违背公德、危害社会的勤工助学活动。学生勤工助学依法受到保护，用人单位或个人必须为学生提供人身安全保障，不得损害或变相损害学生的合法权益。

第六条　学校有责任和义务保障学生的安全和利益，对危害学生身心健康的工作，一律拒绝接受。学生不得参加高空作业、严重污染、辐射等极易对人体造成危险和伤害的行业或专业的劳动，不得参加传销活动，不得从事商业代理活动。

第七条 学生参加勤工助学活动应限于假期或课余活动，在正常学习期间，参加勤工助学活动的时间通常每周不得超过 8 小时，特殊情况下每周不得超过 10 小时。

第八条 学院根据国家有关规定，多方筹措经费，设立勤工助学专项基金，用于支持开展勤工助学活动，支付学生的报酬；加强对勤工助学学生的思想政治教育，帮助学生树立正确的劳动观；表彰和奖励在勤工助学活动中表现突出的学生。

第二章 勤工助学的组织和领导

第九条 学院设立学生助学管理工作领导小组，全面负责全院学生的勤工助学工作。学生助学管理工作领导小组下设办公室，具体负责学院勤工助学工作。

第十条 助学管理工作办公室作为学生勤工助学的日常服务及管理机构，其主要职能是：

1. 确定校内勤工助学岗位。协调院内各单位（部门），引导和组织学生积极参加勤工助学活动，指导和监督学生的勤工助学活动。

2. 开发校外勤工助学资源。积极收集校外勤工助学信息，开拓校外勤工助学渠道，增加校外勤工助学岗位，并纳入学校管理。

3. 接受学生参加勤工助学活动的申请，安排学生勤工助学岗位，为学生和用人单位提供及时有效的服务，并为参加勤工助学的学生做出工作鉴定。

4. 组织学生开展必要的勤工助学岗前培训，加强学生的公德、法制观念和进行自我保护意识的教育。

5. 按照实事求是、公平合理的原则，与学生及用人单位签订有关勤工助学协议，维护学院、用人单位（部门）和学生在勤工助学活动中的合法权益。

6. 负责勤工助学学生的考核和奖励工作。

7. 对因参加勤工助学活动而影响学业或违返校规校纪以及协议的学生，调整或取消其参加勤工助学活动的资格。

8. 在学院学生勤工助学领导小组的领导下，配合学校财务部门共同管理和使用学校勤工助学专项资金，制订校内勤工助学岗位的报酬标准，并负责酬金的发放和管理工作。

第十一条 为了保证勤工助学活动正常开展，保障学生合法权益，必须加强对勤工助学活动的组织和管理。凡自愿参加勤工助学活动的学生，应到所在院系登记。如果在勤工助学中与用人单位或个人发生纠纷或矛盾，学生所在院系应协调解决；涉及其他部门的矛盾，管理办公室应协助协调解决。

第十二条 各用工单位指定一位主管教师对上岗学生进行管理。其职责包括：对新上岗学生的培训、日常工作的指导监督、对在岗勤工助学学生的考勤（需填写《勤工助学》考勤表）、对学生工作情况进行评定等。

第十三条 用工单位如果中途撤销所设岗位或解聘使用的勤工助学学生，需在撤销或解聘后的 5 个工作日内到管理办公室进行登记。参加勤工助学的学生不得无故旷工，不能按时上班时应提前向用工单位（部门）主要负责人请假，如要辞职需提前 2 天到管理办公室说明情况。用工单位（部门）需在每月 7 号前向管理办公室上报《勤工助学》考勤表，并附详细考勤记录。

第十四条 学生勤工助学要遵守劳动纪律，注意安全，严守操作规程，遵循职业道德，艰苦奋斗。学院对于在勤工助学活动中表现突出的单位和个人予以表彰奖励；对于勤工助学活动中有违反校纪校规者，要视情节严重给予批评教育或校纪处分，并在一学年内取消勤工助学资格。

第十五条 用工单位要有专人负责学生的勤工助学活动，认真做好学生的考勤，及时向学生所在院系及助学管理办公室通报学生在勤工助学中的表现情况。对工作不负责任、玩忽职守者，应酌情扣发其工资报酬，直至取消勤工助学资格。

第十六条 勤工助学基金的使用应遵守国家财经法规和学院财务制度，用工单位在填写报账单时，应按用工的实践情况如实填写，如果发现虚报、假报、克扣及其他违纪行为，学院将根据有关规定严肃处理。

第三章 勤工助学岗位的设定

第十七条 学生勤工助学岗位设置要坚持公开、公正、公平原则，按需设置。

第十八条 设岗原则：按照每个家庭经济困难学生月平均上岗时间不低于

20 小时为标准设置校内勤工助学岗位;设置的岗位数量既要满足学生的工时要求,又要保证学生不因参加勤工助学而影响正常学习。学生参加勤工助学的时间原则上每周不超过 8 小时,每月不超过 40 小时。

第十九条 学院勤工助学岗位分为固定岗位和临时岗位,其中固定岗位是指连续一个学期以上的长期性岗位和寒暑假期间的连续性岗位;临时岗位是指不具有长期性,通过一次或几次勤工助学活动即可完成任务的工作岗位。

第二十条 学院勤工助学岗位设置由管理办公室负责,年度勤工助学岗位由管理办公室会同有关部门测算公示,确认后提交助学管理工作领导小组会议审定,岗位设置和工资标准报院长办公会议通过。

第二十一条 各部门所需勤工助学岗位必须于每年 12 月底前申报,申报内容应主要约定岗位职责、用工条件、工作时间、工作范围、性别要求、技能要求、薪酬预算等。

第二十二条 学院勤工助学岗位设置主要倾向于学生管理、实验培训、生活服务、教学科研等重要环节及有利于学生自我提高的学习实践领域,分别为助教、助研、助管岗位;文化娱乐活动管理岗位;生产实践岗位;行政及后勤管理岗位;勤工助学活动的组织岗位等。

第二十三条 各教学系及各部门在大学生创业园从事相关工作的学生列入勤工助学范畴,但人员使用、薪酬支付均由各教学系各部门自行承担。

第二十四条 学院各部门固定及临时岗位名额按照宏观调控原则,由管理办公室分配至各部门,各部门按名额选聘学生。

第四章 勤工助学经费的使用和管理

第二十五条 学院管理办公室经费主要是由学院按照有关政策按比例提取,学院希望助学金整体纳入勤工助学基金,由社会团体捐助的非专项基金也列入学院助学基金。

第二十六条 学院设立勤工助学基金专门用于支付学生参加校内勤工助学活动的劳动报酬。

第二十七条 勤工助学经费设专项管理,任何与勤工助学无关的活动不得挤占、挪用。对勤工助学活动的报酬,任何单位及个人不得克扣和拖欠。计财处在发放勤工助学薪金时应依据下列相关资料:《勤工助学工资发放表》、学院领导签字。对于虚设岗位或瞒报工时的部门将终止岗位的设置，将依据相关法规和学校规章制度追究当事人的责任。

第五章 学生申请勤工助学岗位的条件

第二十八条 凡在校注册的高职学生具备下列条件均可申请勤工助学岗位：

1. 学生本人家庭经济困难，生活俭朴。
2. 努力学习、奋发向上。
3. 品行端正，遵守国家法律和学校有关规章制度。
4. 身体健康情况良好，无重大病史。
5. 自主自愿，遵守岗位职责及劳动纪律。

符合上述条件，家庭经济困难而未获得其他资助的学生优先安排。已获得国家助学金，但家庭经济困难者也可继续申请勤工助学岗位。

第六章 勤工助学岗位的申请程序

第二十九条 申请参加各种勤工助学固定岗位的学生须认真填写《酒泉职业技术学院学生勤工助学申请表》（每位学生只能申请一个勤工助学岗位），交所在系审核签字后到用工单位（部门）应聘，用工单位（部门）确定后交管理办公室审核批准。

第三十条 用工部门录用学生的流程：助学管理办公室发布用工信息→各系部根据用工信息和用人指标，向用工部门推荐勤工助学学生→用工部门与推荐的学生实行双向选择（公开、公正）→用工单位办理录用手续后，将录用名单及时反馈管理办公室备案。

第三十一条 岗位确定后由各院系负责通知勤工助学学生在2日内到用工单位报到。学生在报到时须向用工单位提供本学期的课余时间说明。

第三十二条 学生如果需要申请岗位，可以在每学期开学后一周内向管理办公室提出。期间也可以依据需要进行个别调整。临时岗位的申请须提前1天提出。因突发事件造成经济困难的学生可随时提出申请。

第七章　勤工助学报酬核定及发放

第三十三条　勤工助学报酬由用工单位(部门)与管理办公室根据劳动强度和劳动量核定。固定岗位按月计酬(每月工作时间不超过40小时);临时岗位按小时计酬,用工单位根据劳酬标准制定岗位劳酬明细表,报管理办公室审核备案。

第三十四条　勤工助学工资发放流程:每月3号,由用工单位开出《勤工助学学生考勤表》,签字盖章后交管理办公室审核并制作《勤工助学款发放》,交学院审批,签发后由计财处会同银行直接将工资打入学生银行卡。

第三十五条　学院鼓励家庭经济困难学生利用课余时间从事勤工助学活动,鼓励各教学系各部门在经费相对宽裕情况下自主聘任学生进行勤工助学活动。

第三十六条　校外勤工助学活动应参照本办法执行,凡聘任我院学生进行校外勤工助学活动的单位,必须持该单位营业执照正本来我院协商,由管理办公室代表学院签署有关勤工助学协议,并组织实施。

第三十七条　本条例内容不涉及中专学校学生。

第三十八条　本办法由学院学生助学管理工作小组解释。

第三十九条　本办法自印发之日起实施。

生源地国家助学贷款管理办法

根据《甘肃省生源地国家助学贷款暂行办法》的通知，我院为认真贯彻执行生源地国家助学贷款工作，特制定本办法。

第一章　总　则

第一条　为加强学院生源地国家助学贷款管理，规范贷款业务操作程序，防范和控制信贷风险，根据《甘肃省生源地国家助学贷款暂行办法》和农村信用社信贷管理的有关规定，并结合学院实际情况，制定本办法。

第二条　本办法所称生源地国家助学贷款，是指由农村信用社对考入甘肃省省属及市属全日制普通高校的甘肃籍贫困家庭学生的家长或法定监护人发放的、由财政给予贴息并对农村信用社给予风险补偿的贷款。

第三条　本办法所称贷款人，是指办理生源地国家助学贷款业务的甘肃省农村信用社联合社辖属各县（区、市）农村信用联社、农村合作银行及其辖内法人营业网点。

第四条　本办法所称借款人，是指向农村信用社申请办理生源地国家助学贷款的、考入甘肃省省属及市属全日制普通高校的甘肃籍贫困家庭学生的家长或法定监护人。

第五条　本办法所称受益人，是指享受生源地国家助学贷款资助的贫困家庭学生。

第六条　生源地国家助学贷款由受益人家庭户口所在地的农村信用社按就近原则办理。

第七条　生源地国家助学贷款实行一次性申请、一次性核定、一次性签订借款合同，分学年（每年秋季开学前并且每学年先发放一次）填写借款凭证发放贷款的办法。

第二章　贷款对象及条件

第八条　凡参加全国高等院校招生统一考试，并被酒泉职业技术学院录取的甘肃籍贫困家庭学生的家长或法定监护人，均可向户口所在地的贷款人申请办理生源地国家助学贷款。

第九条　贷款人应具备以下基本条件：

（一）具有中华人民共和国国籍，且持有中华人民共和国居民身份证；

（二）具有完全民事行为能力；

（三）诚实守信，遵纪守法，无违法违纪记录；

（四）家庭经济困难，所能获得的收入不足以支付受益人在校期间完成学业所需的基本费用（学费和住宿费）。

第三章　贷款的申请、审批和发放

第十条　受益人向所在高校提出申请，填写《甘肃省生源地国家助学贷款审核表》（见附件），同时提交以下材料，作为《甘肃省生源地国家助学贷款审核表》的附件：

（一）学院录取通知书、学生证及其复印件；

（二）居民身份证（包括父母）及其复印件；

（三）对家庭经济困难情况的简要说明和所在乡镇民政部门出具的经济困难证明；

（四）借款人同意申请生源地国家助学贷款并承诺按期归还贷款本息的书面材料。

第十一条　学院审查受益人申请生源地国家助学贷款的主体资格。对申请生源地助学贷款的要进行严格的贷款主体资料审查，防止国家助学贷款和生源地助学贷款的重复申请。对申请办理生源地国家助学贷款的，学院审核同意后，在《甘肃省生源地国家助学贷款审核表》上签注意见，并提供学费、住宿费标准和高校指定的开户行及账号。

第十二条　借款人在申请贷款时应向贷款人提交以下材料：

（一）本人居民身份证复印件；

（二）家庭详细地址、联系方式；

（三）学院签注意见的《甘肃省生源地国家助学贷款申请书》及有关附件；

（四）学院提供的学费、住宿费标准和学院指定的开户行及账号；

（五）贷款人要求提供的其他资料。

第十三条 贷款人接到贷款申请后，要认真进行贷前审查，并在 10 个工作日内对贷款申请给予答复。对符合贷款条件的要在 15 个工作日（含答复时间）内发放贷款，并注明“甘肃省生源地国家助学贷款”字样，将贷款直接汇划到受益人所在学院指定的账户。学院收到贷款后应在 3 个工作日内通知受益人。

第四章 贷款的金额、期限和利率

第十四条 生源地国家助学贷款的最高限额为每人每学年 2 000 元。贷款实行一次性申请，一次性签订借款合同，分学年（每年秋季开学前）填写借款凭证并发放贷款的办法。借款人中途需停止贷款的，须向贷款人申请终止发放贷款。

第十五条 生源地国家助学贷款最长贷款期限为 10 年，具体贷款期限由贷款人根据借款人的还款计划确定，但须在受益人毕业后 2 年内开始还贷，6 年内还清。贷款还本付息可以采取灵活方式，可以一次或分次提前还贷。提前还贷的，贷款人要按照实际贷款期限计算利息，不得加收除应付利息之外的其他任何费用。

第十六条 生源地国家助学贷款的利率按照同期中国人民银行规定的期限档次利率执行，不得上浮。

第五章 贷款贴息

第十七条 受益人在校期间的贷款利息由同级财政全额补贴，毕业后全部由借款人自付。借款人自付利息的开始时间为受益人取得毕业证书之日的下月 1 日。受益人在校就读期间发生退学、开除和死亡等情况时，自办理有关手续之日的下月 1 日起由借款人自付利息。

第十八条 生源地国家助学贷款贴息资金由市级教育主管部门管理，设立专户，专款专用。

第十九条 贷款人于每季度结束后20个工作日内，将实际发放生源地国家助学贷款的借款人、受益人、贷款金额、利率、利息等情况进行统计，报甘肃省农村信用联社汇总，学院以传真方式确认后，将贴息材料报送市级教育主管部门。

第二十条 市级教育主管部门在收到甘肃省农村信用联社提供的贴息材料后10个工作日内，申请同级财政贴息资金，市级财政部门经照国家助学贷款财政专项资金管理的要求，在审核市级教育主管部门用款申请计划和贴息材料的基础上，及时、足额地支付贴息资金。

第二十一条 市级教育主管部门收到贴息资金后5个工作日内，将贴息资金及时拨付甘肃省农村信用联社。甘肃省农村信用联社收到贴息资金后，应按照利息实际发生情况，及时向各经办业务的贷款人拨付贴息资金。

第二十二条 市级教育主管部门和甘肃省农村信用联社要建立生源地国家助学贷款贴息资金台账，详细记载贴息资金拨付情况。

第六章　贷款的风险补偿

第二十三条 根据“风险分担”原则，按贷款当年实际发生额的一定比例，设立生源地国家助学贷款风险补偿基金，对贷款人给予补偿。具体比例比照甘肃省国家助学贷款确定的风险补偿基金比例执行。

第二十四条 生源地国家助学贷款风险补偿资金由学院和同级财政各承担50%。

第二十五条 贷款人于每年9月20日前，将一学年度实际发放的生源地国家助学贷款金额按学院进行统计，报甘肃省农村信用联社汇总，以传真方式确认后，由甘肃省农村信用联社于10月底前将年度风险补偿资金申请书、经学院确认的实际发放贷款汇总表提交市级教育主管部门。

第二十六条 市级教育主管部门根据贷款人提交的年度风险补偿资金申请，确定年度风险补偿资金总额，并将所承担的风险补偿资金划入市级教育主管部门指定账户。同时，经同级财政部门核实后，将财政应承担的风险补偿资金于11月底前拨付市级教育主管部门。市级教育主管部门应将风险补偿资金在当年12月底前及时、足额拨付甘肃省农村信用联社。甘肃省农村信用联社按照贷款实际发放情况，及时向各经办业务的贷款人拨付风险补偿资金。

第二十七条 省国家助学贷款管理中心、市级教育主管部门和甘肃省农村信用联社要建立生源地国家助学贷款风险补偿基金台账，详细记载风险补偿资金拨付情况。

第七章　贷款管理及有关优惠政策

第二十八条　贷款人应对生源地国家助学贷款单立台账、单设科目、单独统计、单独核算和考核。

第二十九条　要加强对生源地国家助学贷款的管理，按月统计汇总本校生源地国家助学贷款情况并报省国家助学贷款管理中心或市级教育主管部门。受益人取得毕业证书或在校就读期间发生退学、开除和死亡等情况时，学校要及时通知贷款人。

第三十条　借款人无力还款和因不可抗拒的因素无法偿还贷款的，应由受益人重新办理有关借据，承担偿还义务。

第三十一条　在基层经办人员规范操作，符合有关规定的前提下，对发生生源地国家助学贷款呆、坏账的，不应追究经办人员的责任。

第三十二条　已经获得生源地国家助学贷款的受益人，不得再申请国家助学贷款。已经获得国家助学贷款的学生，不得再申请生源地国家助学贷款。

第三十三条　生源地国家助学贷款发生的呆、坏账，按中国人民银行、财政部关于国家助学贷款呆坏账核销有关规定执行。生源地国家助学贷款利息收入免征营业税。

第八章　附　则

第三十四条　甘肃省国家助学贷款协调小组负责指导和协调甘肃省生源地国家助学贷款工作。

第三十五条　本办法出台前所办理的生源地助学贷款仍按原有关规定执行。

第三十六条　甘肃省农村信用联社应按本办法制定实施细则，并在日常工作中做好生源地国家助学贷款业务的宣传工作。

第三十七条　学院在寄送新生录取通知书时，应同时寄送国家助学贷款和生源地国家助学贷款业务宣传资料。对由于学校把关不严，发生生源地国家助学贷款和国家助学贷款重复贷款的,一经发现,应立即采取措施予以纠正,并由学校承担相应的责任。

第三十八条　本办法由中国人民银行兰州中心支行、甘肃省教育厅、甘肃省财政厅、中国银行业监督管理委员会甘肃省监管局负责解释。

第三十九条　本办法自下发之日起实行。

违纪学生处理规定

第一章 总 则

第一条 为维护学院正常的教学和生活秩序，营造良好的学习、生活环境，根据《中华人民共和国教育法》《中华人民共和国高等教育法》《高等学校校园秩序管理若干规定》《普通高等学校学生管理规定》（教育部〔2005〕第21号令）《高等学校学生行为准则》（教育部教学〔2005〕5号）以及其他有关规定，结合我院的实际情况，修定本办法。

第二条 本办法所称学生是指学院在籍的普通全日制高职生。其他类型学生的违纪处分参照本办法执行。

第三条 本办法中的违纪行为，是指违反法律、法规、规章或学院各项管理制度的行为。

第四条 学生在校内有违纪行为的，依照本条例给予纪律处分。学生在校外参加教学实习、实训、社会实践等社会活动中有违纪行为，按照《酒泉职业技术学院实习学生违纪处理规定》处理，未涉及的违规行为，参照本办法给予纪律处分。

第五条 对违纪学生实施纪律处分，遵循程序正当、证据充分、依据明确、定性准确的基本原则，坚持公平、公正、公开，惩戒与教育相结合原则。

第六条 学生对违纪处分可以按程序进行陈述、申辩、申诉。

第二章 处分种类及适用

第七条 学生违反校纪校规，根据错误性质，视情节轻重、认错态度、悔改表现，分别给予下列处分：

（一）警告；

（二）严重警告；

（三）记过；

（四）留校察看；

（五）开除学籍。

第八条 受处分者，同时受到下列处理：

（一）取消其当年（指学年度，下同）参加学院和系部各种奖励、各类奖助学金评定的资格；已经发放或已被评定尚未发放的，按照《酒泉职业技术学院奖助学金追回办法》处理。

（二）取消其当年评选三好学生、优秀学生干部、优秀毕业生、优秀团员或优秀党员资格，是学生干部者，免除其职务。

第九条 有下列情形之一的，从轻、减轻或免于处分，视其情节给予通报批评。

（一）情节特别轻微的；

（二）积极协助组织查处问题者；

（三）主动承认错误，有真诚悔改表现者；

（四）主动提供情况检举揭发他人违纪行为并经查证属实者；

（五）主动消除或者减轻违纪后果，并取得被侵害人谅解者；

（六）无法抗拒的原因或紧急避险造成违规违纪者。

第十条 有下列情形之一者，从重处分。

（一）违纪群体中组织者、策划者；

（二）违纪后拒不承认错误，态度恶劣者；

（三）对检举人、证人进行威胁、恫吓或打击报复者；

（四）曾受处分、再次违反校纪校规者；

（五）同时有两种以上违反校级校规行为（含两种）；

（六）伙同校外人员违反法律法规、校规校级者；

（七）违纪后恶意串通，提供虚假证据，妨碍调查取证者。

第三章 违纪行为与处分

第十一条 学生有以下情形之一的，给予开除学籍处分：

（一）违反宪法，反对四项基本原则，破坏安定团结，扰乱社会秩序的；

（二）触犯国家法律，构成刑事犯罪的；

（三）违反治安管理规定受到处罚，性质恶劣的；

（四）组织、成立、加入非法社会团体或组织，从事非法活动。

第十二条 侵犯、损害他人正当权益及人身安全，损害国家、集体利益者，视其情节，分别给予下列处分：

（一）依照治安管理规定，被处以警告或罚款的，给予记过或留校察看处分；

（二）蓄意进行人身攻击或诽谤、诬陷他人或组织者，给予严重警告以上处分；谩骂、侮辱、威胁、恐吓他人的，给予记过或留校察看处分；

（三）隐匿、毁弃或私拆他人信件者，给予严重警告处分，造成不良影响或损失者，除赔偿经济损失外，给予记过以上处分；

（四）在学院私藏、携带匕首、三棱刀、弹簧刀等管制刀具，给予严重警告处分；造成不良后果的，给予记过及以上处分；

（五）将易燃、易爆、有毒、放射性、腐蚀性物质或者传染病病原体等危险品擅自带入学院或者带出实验室、仓库等规定保管场所，造成严重公共安全隐患的，给予记过处分；情节严重的，给予留校察看处分；造成人身财产损失的，给予开除学籍处分；

（六）冒用学院或他人名义，侵害学院或他人利益，给学院或他人造成不良影响或损失者，除赔偿经济损失外，给予记过以上处分。

第十三条 扰乱公共场所正常秩序的，给予以下处分：

（一）策划、组织、指挥或参加未经批准的集会、静坐、游行、示威者，给予记过及以上处分；组织或参与扰乱社会秩序或破坏学院管理秩序，从事破坏安定团结活动，造成不良影响的，给予留校察看或开除学籍处分；

（二）违反课堂纪律、干扰教师正常上课的，给予严重警告及以上处分；未经批准，组织、带头或参与罢课、罢餐的，视情节轻重，给予记过及以上处分；

（三）组织开展未经批准的社会政治、学术活动或举办未经批准的沙龙、俱乐部等，给予记过及以上处分；

（四）张贴、投递、散发非法宣传品以及通过其他途径散布反动言论，混淆视听，编造散布虚假信息、制造混乱的，视情节轻重，给予记过以上处分；

（五）酗酒、故意围堵起哄、摔砸敲打各种物品、设施等扰乱校园正常秩序行为的，给予严重警告处分；情节严重的，给予记过及以上处分；

（六）违反作息制度，在公共场所高声喧闹，且不听劝阻，妨碍他人正常学习、工作、生活，扰乱校园正常秩序的，给予警告及以上处分；

（七）拒绝、妨碍国家工作人员或学院管理人员依法或依校规校纪执行公务者，给予警告以上处分；

（八）组织非法传销、非法传教或邪教、封建迷信、非法宗教活动的，给予严重警告及以上处分。参与非法传销、非法传教或参与邪教、封建迷信、非法宗教活动，不听劝阻的，给予记过及以上处分。

第十四条 有下列行为之一的，给予记过处分；情节严重的，给予留校察看处分；由此造成严重后果的，给予开除学籍处分：

（一）移动或者破坏消防设施或者各种安全、指示标志的；

（二）堵塞消防通道、无火情况下触发报警装置、谎报火情的；

（三）阻碍消防车辆、人员通行的；

（四）扰乱火灾现场秩序的；

（五）在重点防火单位或者场所擅自使用明火的；

（六）因个人原因引起火灾的；

（七）故意破坏消防设施设备的。

第十五条 盗窃、诈骗、哄抢、敲诈勒索、冒领国家、集体和他人财物者，除追回赃款、赃物或赔偿损失外，视情节轻重，分别给予以下处分：

（一）有盗窃行为，尚未造成经济损失者，或为盗窃作案提供信息或工具，放哨、窝藏及知情不报者，给予严重警告或以上处分；组织者、作案手段恶劣或屡教不改者（盗窃三次以上），给予开除学籍处分；

（二）参与分赃、销赃、冒领他人财物者，视同盗窃，参照本条第一款处理；

（三）抢夺和敲诈财物者，给予开除学籍处分，并移交公安机关处理；

（四）盗窃公章、保密文件、档案等物品者，给予留校察看以上处分；

（五）经公安部门确认盗窃者，虽未窃得财物，给予记过以上处分；

（六）捡拾他人有价证卡，非法占有遗失物或他人财物，擅自消费使用者，除退赔所有消费金额外，给予严重警告以上处分。

第十六条 对寻衅滋事、打架斗殴者，除赔偿经济损失、受害者医疗及其他必要费用外，视其情节、性质、后果等，分别给予以下处分：

（一）肇事者

1. 虽未动手打人，但造成不良后果者，给予警告处分。

2. 动手打人未伤他人者，给予严重警告至留校察看处分。

3. 致他人轻微伤者，给予留校察看或开除学籍处分。

4. 致他人轻伤以上者，给予开除学籍处分。

（二）策划者

唆使策划他人打架并造成后果者，给予记过或留校察看处分；后果严重者，给予开除学籍处分。

（三）打架者

1. 动手打人未伤他人者，给予警告处分。

2. 致他人轻微伤者，给予严重警告以上处分。

3. 致他人轻伤以上者，给予开除学籍处分。

（四）参与者

以“劝架”为名，偏袒一方，致使事态发展并产生后果者，给予严重警告或记过处分。

（五）伪证者

1. 故意为他人作伪证，致使调查造成困难者，给予严重警告以上处分。

2. 打架者犯此条款将加重处分。

（六）提供凶器者

1. 未造成后果者，给予记过处分。

2. 造成后果者，给予留校察看处分。

3. 造成严重后果者，给予开除学籍处分。

（七）打架事件终止后，又聚众滋事，均给予开除学籍处分；报复打人造成严重后果者，除追究相应法律责任外，给予开除学籍处分。

（八）一年内参与打架三次以上者，无论情节如何，给予留校察看或开除学籍处分。

（九）纠集校外人员打架闹事者，给予留校察看以上处分。

（十）凡打架后，以“私了”为名，索要财物者，给予留校察看或开除学籍处分。

第十七条　从事或参与有损大学生形象、有损社会公德行为者，给予以下处分：

（一）参与卖淫、嫖娼以及引诱、介绍、容留他人卖淫、嫖娼者，给予开除学籍处分；

（二）吸食、注射、藏匿毒品，教唆、引诱、欺骗他人吸食、注射毒品，或向他人提供毒品者，给予开除学籍处分；

（三）通过语言、文字、行为等方式对他人进行骚扰，造成严重影响的，给予警告或者严重警告处分；情节严重的，给予记过及以上处分；

（四）偷窥、偷拍、窃听、散布他人隐私者，给予记过及以上处分；调戏、猥亵他人，情节恶劣的，给予记过及以上处分；

（五）制作、复制、存储、传播、聚众观看封建迷信、淫秽色情、暴力凶杀及其他非法音像、影视、文字作品或利用其他通信工具传播不良信息者，给予记过以上处分；

（六）参与赌博或变相赌博者，视情节轻重，分别给予以下处分：

1. 参与者，给予严重警告以上处分。

2. 组织者，给予留校察看或开除学籍处分。

3. 提供赌博场所、赌资或赌具者，给予记过以上处分。

4. 对检举人进行打击报复者，给予留校察看或开除学籍处分。

5. 由赌博引起打架、斗殴或造成其他后果者，给予开除学籍处分。

（七）故意损坏校园绿化、环境卫生、公用设施者，除赔偿损失和处以罚款外，给予警告及以上处分；

（八）在建筑物、公用设备上乱涂画、乱张贴等故意破坏公共环境卫生的，给予警告或严重警告处分；情节严重的，给予记过或留校察看处分；

（九）因学习成绩评定、转系转专业、就业、评优评奖、处分等原因，对有关人员寻衅滋事者，给予警告以上处分；

（十）在校期间私自下河游泳者，给予记过以上处分，并承担因下河游泳引起不良后果的全部责任；

（十一）违反学院规定受到纪律处分，经教育不改者，给予留校察看处分。

第十八条　违反公民道德准则和大学生行为准则，存在不诚信行为，并造成恶劣影响的，给予以下处分：

（一）故意损坏馆藏图书，以旧换新或违反图书馆管理规定者，给予警告以上处分；

（二）伪造、变造、冒领、冒用、转让各种证件或证明文件者，给予以下处分：

1. 伪造学生证、图书证等各种证件者，伪造各类有价证券者，给予记过以上处分。

2. 变造、冒领、冒用各种证件并产生不良后果者，给予记过以上处分。

3. 转借各种证件或者其他仅限校内个人使用的证卡账号和密码（含网络用户的账号和密码）并产生不良后果者，给予警告以上处分。

4. 违反校医室有关医保规定，弄虚作假者，视其情节后果，给予警告以上处分。

5. 明知自身患有传染病却隐瞒病情、拒不接受治疗并造成不良后果者，给予记过以上处分。

6. 为达到个人目的有下列行为者，视其情节，给予记过以上处分：

（1）私自涂改、伪造证件、私刻公章的；

（2）涂改伪造成绩单或伪造教师签名；

（3）谎报丢失及冒名补办证件的；

（4）伪造各类获奖证书、证明、毕业证等有关证件、证明文件。

（三）弄虚作假，谎报家庭经济状况，瞒报学习成绩或综合测评，骗领学院奖助学金、困难学生补助、助学贷款及各类单项奖学金者；给予警告或严重警告处分。

（四）毕业、结业、退学学生应按时、文明离校，其在校时的违纪行为离校后被查出者仍按本办法处理，并将处理决定材料寄往工作单位或家庭所在地。

第十九条　对一学期内旷课累计达到一定学时者，分别给予下列处分：

（一）旷课 10 ~ 19 学时者，给予警告处分；

（二）旷课 20 ~ 29 学时者，给予严重警告处分；

（三）旷课 30 ~ 39 学时者，给予记过处分；

（四）旷课 40 ~ 49 学时者，给予留校察看处分；

（五）旷课 50 学时以上者，给予开除学籍处分。

每天按 8 学时计算，迟到或早退 10 分钟按旷课一学时计算。未经请假擅自离校的，累计计算旷课学时，自离校当日起计算旷课时间。请假逾期未归者，自逾期之日起计算旷课时间。计算擅自离校天数包括实习、社会实践、劳动、军训等时间。

第二十条　凡违反考试纪律者，除按照《酒泉职业技术学院考试规定》执行外，分别给予以下处分：

（一）凡作弊未遂者，给予警告处分；

（二）考试期间给他人提供答案、资料、方法、信号、提示等协同作弊者，给予严重警告处分。作弊情节严重者，给予留校察看处分；

（三）制作、复制、携带与考试要求不相符合的夹带、资料、工具、声讯电子产品者，给予留校察看以上处分；

（四）对有组织的策划、参与考试作弊者，给予开除学籍处分；

（五）盗窃、复制、购买考试试卷或者试题答案者，给予开除学籍的处分；

（六）冒名顶替，替代他人考试或参与考试作弊者，视其情节给予留校察看以上处分。造成严重后果，性质恶劣者直接开除学籍，并移交司法机关处理；

（七）弄虚作假，剽窃，抄袭他人学术成果、论文者，给予留校察看处分，情节严重、影响恶劣者给予开除学籍处分。

第二十一条 违反学生公寓管理规定的，给予以下处分：

（一）在学生公寓内留宿校外人员，给予警告处分；若在宿舍留宿异性或在异性宿舍留宿的，给予留校察看或开除学籍处分；

（二）擅自调换学生宿舍或床位，不听劝阻的，给予警告处分；将学生宿舍床位转借、转租他人的，给予记过处分；

（三）一学期内无故晚归累计达 2 ~4 次给予警告处分，5 ~7 次给予严重警告处分，7 次给予以上视其情节给予记过及以上处分；

（四）私自租房居住，给予记过及以上处分；未经请假夜不归寝的，一学期内累计达到 2 次以上给予严重警告处分；累计达到 3 次以上夜不归寝的，给予记过及以上处分；5 次以上视情节给予留校察看处分；情节特别严重的，给予开除学籍处分；

（五）在学生公寓违反消防管理规定，私拉网线的，给予警告处分；私自安装或违章使用电器、使用明火、私拉乱接电线的，使用大功率电器的、给予严重警告或记过处分；引起火灾的，给予记过及以上处分；

（六）在学生公寓内饲养宠物，给予严重警告或记过处分；将宠物带入学生公寓，给予警告处分；

（七）未经批准，在学生公寓内从事租赁、代售代销等经营性活动或收费性活动的，给予警告处分；情节严重的，给予严重警告处分；

（八）晚上熄灯后，进行影响他人休息的活动且不听劝阻以及其他违反学生公寓管理规定的，给予警告及以上处分。

第二十二条 扰乱网络管理秩序，视其情节，分别给予下列处分：

（一）私自提供网络服务，发展网络用户，为他人提供网络接口者，给予警告以上处分；

（二）私自安装、配置网络系统，盗用或滥用网络资源；盗用 IP 地址或邮件地址或盗用他人、组织的账号、密码，冒用他人或组织名义行事；影响网络正常使用和运行者，给予记过以上处分；

（三）利用计算机等技术手段窃取财物、服务或有价值数据者，或未经允许擅自使用学院或他人计算机、电话或其他设备造成公私财物损失者，按盗窃财物处理；

（四）故意篡改、删除、增加或破坏学院或他人计算机的数据和应用程序，造成损失者，按故意破坏公私财物处理；

（五）制作、故意传播计算机病毒或其他非法手段致使他人和单位计算机（网络）数据、资料以及各类信息受损者，给严重警告处分；造成网络及管理系统等毁坏者，除赔偿损失外，给予开除学籍处分。

第二十三条 学生组织违反学院有关管理规定的，对组织者或参与者给予以下处分：

（一）未经批准组织成立学生组织并开展活动、出版刊物，或以合法学生组织名义开展非法活动的，给予记过及以上处分；

（二）未经审批而擅自在校园内从事经营性活动，影响校园正常秩序的，给予警告或严重警告处分；

（三）已注册成立的学生团体成员和负责人，严重违反社团管理规定，未经审批而擅自举办募捐、接受赞助、收取活动经费或协会会费者，除依法向有关部门上缴非法所得外，给予警告或严重警告处分。

第二十四条 举（承）办大型活动，未按要求进行报批，或者虽经批准，不按要求采取必要的安全管理措施的，给予举（承）办活动的负责人严重警告处分；由此造成不良后果的，根据情节轻重，给予其记过至开除学籍处分。

第四章 实习学生违纪行为与处分

第二十五条 实习期间，无特殊原因，应当服从学院实习工作的安排，按时到实习单位报到，未按时报到者，按旷课处理。

第二十六条 学生在实习期间有不良言行、有不符合学生身份的行为或公共卫生差，造成不良影响者，给予纪律处分。

第二十七条 学生参加学院统一组织的实习活动，必须严格遵守实习纪律，对违反纪律的学生，可视情节轻重，经予批评教育或以下纪律处分：

（一）实习期间，无特殊原因，应当服从实习单位的安排，不得自行在外联系住宿；违反实习纪律的学生应接受指导教师、学院和实习单位的批评教育，情节严重的，学院责令其暂停实习，限期改正。

（二）实习期间（包括安排在寒暑假实习），因个人原因需离开实习岗位的，由学生或其家长（监护人）须提前一周向系部提出书面申请，经批准后并写好安全责任自负的承诺后方可离开。否则，擅自离开实习单位的可视其情节给予下列纪律处分。

1. 擅自离开实习单位后能够迅速回家，并及时主动到学院接受批评教育，能认识错误并能服从学院另行安排的，视其情节，学院给予警告以上处分。

2. 擅自离开实习单位能及时回家并告知学院者，在接到学院通知后仍拒绝到学院办理手续，给予记过以上处分。

3. 擅自脱离实习岗位时间达一天以上者，按旷课计（每天按8课时计），给予严重警告以上处分；因此而产生的其他事故（如交通、安全事故等），由学生本人承担责任；连续两周失去联系者，按自动退学处理。

第二十八条 实习期间，实习学生必须遵守劳动纪律，服从管理，否则给予以下纪律处分。

（一）因违规违纪被用人单位处分或辞退者，能主动回家到学院接受批评教育，并认识错误，做出书面检讨的，给予记过处分，否则，给予留校察看或开除学籍的处分；

（二）实习学生不服从实习单位管理，提出不合理要求、无理取闹并有过激行为者，给予警告处分；造成不良后果的，从重处分，直至开除学籍；

（三）实习学生在实习期间不遵守公民道德规范，不注意个人修养，不维护学院和实习单位的声誉，有诽谤、诋毁他人和学院的言论，给学院及实习单位声誉造成不良影响的，给予严重警告以上处分；造成严重后果的，学院将追究其相关责任；

（四）在实习期间有违反学院或实习单位相关规章制度者，视情节轻重，给予警告以上处分；因此给企业造成经济损失的，责任由实习学生承担；

（五）违反操作规程操作的，视情节轻重，给予记过以上处分；造成重大经济损失的，除按国家相关法律法规、实习单位的相关规章处理外，学院给予留校察看处分；

（六）学生实习期间实习学生因实习、学习、生活等方面问题与厂方发生矛盾纠纷或有异议的，应及时向班主任或学院实习带队教师反映情况，通过正常渠道和程序与单位相关部门积极协调解决。若因实习学生私自按非正常程序处理，导致产生的不良后果，由学生本人承担，学院将视情节轻重给予警告以上处分；

（七）实习期间未经批准随意更换实习单位者，给予警告以上处分。

第二十九条　实习期间，原则上不准请假。

（一）因病、因事必须请假时，病假须由医生开具的病休证明，并经带队老师、实习单位指导老师同意签字后，将病休证明带队教师存查；请事假必须有书面请假条，1 天以内（含 1 天）由带队老师与实习单位协调签署意见；3 天以内（含 3 天）在事先得到带队老师同意并由实习单位签署意见后，上报系部学生管理办公室审批；3 天以上 5 天以内由系主任批准，5 天以上由系主任签署意见、报学院分管学生管理的院领导审核后送教务处、学生处备案。事假一般不超过两周。

（二）假满必须到带队教师处销假，擅自离岗或假满未销假者，或未办理完请假手续离岗者，一律按旷工论处，旷工 1 天，按旷课 8 学时计算，旷课时数累计达到纪律处分的，按本规定第三章第十九条处理，依情节分别给予警告处分直至开除学籍处分。

（三）实习生不得委托其他同学代请假；不得借故和虚构理由请假；不得未请假（含未经批准）离开实习基地；不得无故或借故超假，未履行请假手续或续假手续超假者一律按旷课（实习）论处。

（四）学生在实习期间的考勤实行双重考勤：即班级实习小组组长与实习带队老师的考勤，管理人员将不定时的抽查考勤。学生实习考勤以学时为单位，每天按 8 学时计，上午 4 学时，下午 4 学时。学生迟到或早退 3 次，按旷课 1 学时；迟到或早退 30 分钟，按旷课处理。

（五）实习期间，病假时间超过 3 个月者，应办理休学手续。

（六）实习期间（包括学生寒暑假实习）双休日和法定节假日休息按实习基地规定执行。

（七）实习期间同学或班干部口头请假或销假或事后补假，一律无效，按旷课处理。

第三十条 公物包括实习单位的公共财产;损坏公物赔偿视其情节轻重给予以下处分:

(一)无意损坏,并能够主动承担责任,认错态度好,由学生个人照价赔偿,给予批评教育;

(二)无意损坏,但推卸责任,认错态度差,阻碍问题的及时处理,由学生个人照价赔偿,给予警告或记过处分;

(三)有意损坏,但经批评教育,认识到错误,由学生个人照价赔偿,给予记过处分;

(四)有意损坏,且不愿承担责任,认识不到自己的错误所在,并给调查工作带来一定难度,由学生个人照价赔偿,并给予留校察看处分;

(五)对责任不能够落实到个人的,由本小组或班级共同承担责任。

第三十一条 违反实习安全规定,给予以下处分:

(一)违反消防安全规定,违章用电、用火、用易燃品的行为,造成安全隐患或安全事故的,赔偿一切损失,给予记过以上处分;

(二)违反车间规章制度,在车间内吸烟,视情节给予记过以上处分;

(三)由于违规操作造成安全事故的,将由责任人负责一切后果,并给予严重警告以上处分;

(四)不遵守车间规章制度,造成安全事故,并涉及他人或仪器的,将由该生承担一切后果,按有关规定处理;

(五)不遵守实习纪律,在车间内从事与实习无关的事,造成不良影响的,给予警告以上处分。

第三十二条 对实习违纪学生的处分程序,先由带队教师形成书面材料,待实习单位签字盖章后,传真到系部核实后,按本规定第七章处分权限及处分程序给予纪律处分,因教学内容安排不当引起的学生违纪,由教务处取证审查。处分决定应送达学生本人,可以按规定申诉。

第五章 违反禁酒禁烟规定的处分

第三十三条 学生应当自觉遵守《高等学校学生行为准则》和学生管理制度,养成良好的道德品质和行为习惯,禁止在校期间、在实训基地实习及顶岗实习期间饮酒吸烟,一经发现严肃处理。

第三十四条 学生不得以任何名义在食堂饮酒,更不得将酒类饮品从校外带入校内、带进宿舍饮用或存放。也不得在校园内吸烟,学生有类似行为经批评教育不改者,给予警告直至开除学籍处分。

第三十五条 有以下情形的一律视为饮酒后行为,学院给予警告处分。

(一)在校内外饮酒被发现或被举报的;

(二)有明显的饮酒行为及其表现的(饮酒后发生呕吐、言行失态);

(三)有明显酒味的。

第三十六条 有下列情形之一的,视为酗酒行为。有酗酒行为,造成有损于大学生形象的给予记过(含记过)以上处分;有酗酒滋事行为,给予留校察看(含留校察看)以上处分。

(一)酒后行为失态的(大声喧哗、违反门卫及宿舍管理规定);

(二)饮酒后有不良言行以及酒后夜不归宿的;

(三)因饮酒引起身体不适或引发疾病,需要治疗的;

(四)饮酒后滋事的;

(五)其他饮酒过度违规违纪行为。

第三十七条 有下列情形之一的,视为酗酒闹事行为。因饮酒造成公私财物损失或他人人身伤害的,由当事人承担相应的损失赔偿,对触犯法律的,移交司法机关处理,学院直接给予开除学籍处分。

(一)酒后发生打架斗殴,造成人身伤害事件的;

(二)酒后造成公(私)财产损失的行为、造成严重后果或影响的;

(三)酒后扰乱正常教学和生活秩序的。

第三十八条 学院所有公共场所内一律禁止吸烟,学生不得在宿舍、教室、图书馆、实验实训室、体育场馆、活动中心、食堂餐厅、公园等公共场所吸烟,也不得在人员密集的马路、文化广场、集会场地吸烟,也不得在公共场所边走边吸。

(一)学生在公共场所吸烟一经发现,给予警告处分;

(二)因吸烟引起以下事故,给予记过以上处分:

1. 因吸烟引起火灾,未造成财产损失和人员伤害的给予记过处分。

2. 因吸烟引起火灾,造成财产损失但未造成人员伤亡的,由吸烟者赔偿财产损失,并给予留校察看处分。

3. 因吸烟引起火灾,造成财产损失和人员伤害,由吸烟者承担相应的赔偿,对触犯法律的行为,移交司法机关进行处理,并直接给予开除学籍处分。

第三十九条 发现学生酗酒吸烟，任何人都有义务劝阻，并向学生管理部门、教学系举报。

第四十条 学生在参加系部组织的毕业、结业等聚餐活动时，不得饮酒吸烟。在聚会中劝酒，致他人饮酒、酗酒、酗酒滋事的，劝酒者承担同等责任并给予记过以上处分；活动的组织者和参与活动的老师负有监督的义务，因监督不力而酿成事端的，追究组织者和当事人的责任。

第四十一条 教职员工不允许参加学生宴请活动，违反规定造成学生酒后滋事及其他不良后果的，对参与宴请的教职工要追究责任，严肃处理。

第四十二条 学生日常聚餐时，同学之间对饮酒吸烟行为有劝阻、制止的义务。如学生饮酒，同行一起聚餐未饮酒的同学负有连带责任，学院可以视情节轻重给相应的纪律处分，对带头饮酒者、怂恿饮酒者给予从严处理。聚会召集人承担同等责任并给予记过以上处分。

第四十三条 学生饮酒后，在校园里耍酒疯，大喊大叫，寻衅滋事，损毁公物。在确已喝醉，情绪激动，言行失控，对自身和他人的人身、财产及公共安全可能构成威胁时，按照《中华人民共和国治安管理处罚法》，学院保卫处有权采取保护性措施，将其隔离留置，直至酒醒。

第六章　处分权限及程序

第四十四条 处分违纪学生，必须按规定程序进行，要充分体现实事求是，做到教育为先、情节清楚、定性准确、处分适当。

第四十五条 处分材料主要包括：

（一）违纪学生对所犯错误事实的自述材料；

（二）违纪学生对所犯错误的认识检讨材料；

（三）个人或组织的旁证资料；

（四）对违纪经过的调查材料（包括谈话记录）；

（五）其他违纪事实有关的材料；

（六）《违纪学生处理意见表》；

（七）学院做出的处分决定；

（八）学生的申诉材料；

（九）对申诉的处理结果及答复材料。

第四十六条 处分违纪学生权限：

（一）给予学生警告、严重警告、记过处分的，由学生所在系部负责查证、审核，报学生处审批后行文。

（二）给予学生留校察看处分，由学生所在系部负责查证，提出初步处理意见，经学生处审核后行文。

（三）给予学生开除学籍处分，由学生所在系部提出初步处理意见，经学生处审核，报院长会议研究并作出决定后行文。

（四）学院相关部门在其管辖范围内发现学生违纪行为，应及时调查清楚学生违纪事件，按以下程序处理：

1. 学生违反宿舍管理规定的行为，由学生处负责调查、取证，研究决定处理意见。

2. 学生违反社团管理规定的行为，由团委负责调查、取证，提出处理建议，由学生处审查后行文。

3. 学生违反治安管理处罚法或者有其他违法犯罪行为的，由保卫处依据司法机关处理结果，并向学生处提出处理建议。

4. 学生违反考试管理规定的行为，由教务处负责查处，需给予警告以上处分的向学生处提出处理意见。

（五）对事实清楚的违纪行为，学生所在系部在收到材料或接到通知后 7 天内，做出处分决定或提出处理意见，逾期将由学生处直接处理。同时对有关部门进行通报批评。

（六）学生所在系部在处理学生违纪事件时量度不当或未按规定处理时，学生处有权提出异议，要求该系重新审议或直接做出处理决定。

（七）违纪事件涉及不同系部的学生时，由学生处协调处理。

（八）在特殊情况下，学生处有权对违纪者直接做出处分决定。

第四十七条 违纪处分管理

（一）受警告、严重警告、记过处分者从做出处分决定之日起计算，期限分别为 3 个月、3 ~6 个月、6 ~9 个月。受记过以下处分（含记过处分）的学生，由学生所在系（部）负责考察，在察看期间有悔改和进步表现者，考察期满时，由本人提交解除相关处分的书面申请，经班级鉴定，系部提出意见，报学生处批准可按期解除。有突出进步表现或贡献者，经本人申请，系部审核，学生处批准，可提前解除有关处分，具体处理程序按本规定第十一章执行。

（二）留校察看处分以一年为限，受留校察看处分的学生，由学生所在系负责考察，在察看期间有悔改和进步表现者，考察期满时，由本人提交解除留校察看书面申请，经班级鉴定，系部提出意见，报学生处批准可按期解除。有突出进步表现或贡献者，经本人申请，系部审核，学生处批准，可提前解除留校察看期（实际察看期不得少于6个月）。经教育不思悔改或在留校察看期间或再次违纪受到纪律处分者，给予开除学籍处分。

（三）受开除学籍处分的学生，在处分决定下达后10个工作日内办理离校手续，户口迁回原籍。逾期不办者，由学生所在系指定人员给予办理并记录在案，保卫部门配合处理。其善后问题，按学籍管理的有关规定办理，并由受处分学生所在系部做好思想教育工作。

第七章　取证与查实

第四十八条　发现学生违纪事件后，采取谁处分谁取证的原则，由查处部门指定人员组成调查小组（成员不少于2人），采取合法的方式查清事实，搜集证据，并作调查记录。与学生有利害关系或者直接涉及违纪事件的当事人应当回避。

1. 调查笔录应写明调查人员、被调查人的姓名、年龄、性别等基本情况。调查结束后交被调查人核对。笔录中如有错误或遗漏，允许被调查人员进行更正或补充，并由被调查人员在更正或补充处签名或盖章。调查笔录经核对无误后，由被调查人逐页签名或盖章并注明日期。

2. 被调查人拒绝签名或盖章的，调查人员在笔录上注明情况，并由两名以上调查人员签名或盖章，注明日期。调查部门保留调查笔录的原件。

3. 当事人陈述事实的书面材料，应写明当事人的姓名、年龄、性别、专业、学号、住址等基本情况，由当事人签名或盖章并注明日期。各系保留当事人书面陈述事实的原件。

第四十九条　处理学生违纪必须有证据证明，下列各项均为有效证据：

（一）与违纪事实有关联的物证、音像、影像资料等；

（二）违纪学生的陈述、检查书等；

（三）被侵害人签名的陈述、检举材料等；

（四）证人签名的证言；

（五）鉴定结论；

（六）学生所在系的综合材料或现场笔录；

（七）司法机关的裁决书、鉴定书、判决书和有关部门的仲裁、决定、复议等。

第八章　审查决定与送达

第五十条　在做出处分决定前，学生所在系部和有关职能部门应告知学生拟处分的事实、理由和依据，应当听取违纪学生申辩和陈述。处分决定作出后，学生对纪律处分决定有异议的，有权依照学院学生申诉规定进行申诉。

第五十一条　对拟被处分学生陈述和申辩提出的事实、理由和证据，学生处进行复核。拟被处分学生提出的事实、理由、证据成立的，可以采纳。

第五十二条　学生处针对每个被处分的学生分别制作处分决定书，处分决定书应载明下列事项：

（一）被处分学生的姓名、性别、年龄、专业、学号、班级等基本情况；

（二）认定的违反相关规定的事实；

（三）适用处分的理由和依据；

（四）作出的处分决定；

（五）被处分学生提出申诉的权利和期限。

第五十三条　学生违纪受处分行文日期即为生效日期。除涉及个人隐私或国家秘密等特殊情况外，可在全院范围内公布，由学生所在系部将处分决定书送达受处分学生本人，送达方式为：直接送达、留置送达、邮寄送达、公告送达。并将送达情况记录在案，联系学生家长协助学校做好学生的教育工作。直接送达处分决定书有困难的，还可采取以下方式送达：

（一）留置送达。系部将处分决定书直接送达给被处分学生时，如本人不在可采取其他送达方式；如被处分学生拒绝签收处分决定书时，送达人应当邀请有关人员到场，说明情况，在送达回证上记明拒收事由和日期，由送达人、见证人签名或者盖章；把处分决定书留在当事人的住所或者收发部门，即视为送达。

（二）邮寄送达。直接送达处分决定书确有困难时，可通过邮局用挂号方式邮寄给被处分学生。邮寄送达应附有送达回证。挂号信回执上注明的收件日期与送达回证上注明的收件日期不一致的，或者送达回证没有寄回的，以挂号信回执上的收件日期为送达日期。

（三）公告送达。被处分学生下落不明，或者通过其他方式无法送达的，可以公告送达。公告送达，可以在学院的公告栏张贴公告，也可以在报纸上刊登公告。自公告发出之日起，经过60日，即视为送达。公告送达，应在材料中记明原因和经过。

第九章　听　证

第五十四条　对开除学籍的处分，在处分决定作出前，若受处分学生提交听证书面申请，由学院决定召开听证会听取意见。听证委员会成员由纪委书记、主管院领导、职能部门负责人、教师代表、学生代表组成。

第五十五条　听证工作要求：

1. 拟对学生处以开除学籍处分时，学生所在系部应书面告知拟被处分学生有要求听证的权利。拟被处分学生要求听证的，应在收到书面通知5天内提出书面申请，在收到学生的申请后由学生处组织召开听证会。拟被处分学生超过期限未提出听证要求的，视为放弃听证权利。拟被处分学生明确提出放弃听证权利的，不得再次提出听证要求。

2. 在举行听证前，各系应将听证的时间、地点、主持人等有关事项书面通知拟被处分学生，由拟被处分学生在通知书送达回证上签字。除涉及个人隐私外，听证将公开举行。

3. 拟被处分学生应按时参加听证。未按时参加听证并且事先未说明理由的，视为放弃听证权利。

4. 听证由非本事件调查人员主持，并有专人记录；拟被处分学生认为主持人与本事件有直接利害关系的，有权申请回避。主持人是否回避，由学生处决定。

5. 听证参加人包括拟被处分学生及其代理人，以及本事件调查人员。拟被处分学生可以亲自参加听证，也可以委托1～2人代理。拟被处分学生委托代理人参加听证的，须在举行听证前提交授权委托书。

第五十六条　拟被处分学生在听证中的权利和义务

（一）有权对本人事件的有关情况进行陈述和申辩。

（二）有权对事件调查人员提出的证据进行质证并提出新的证据。

（三）如实陈述本人违法、违规或违纪事实和回答主持人的提问。

（四）遵守听证会场纪律，服从听证主持人的指挥。

第五十七条 听证程序

（一）听证记录人宣布听证纪律、拟被处分学生的权利和义务。听证主持人介绍主持人和记录人，询问核实听证参加人的身份，宣布听证开始；

（二）事件调查人员提出拟被处分学生违法、违规或违纪的事实、证据、处分依据以及处分建议；

（三）拟被处分学生就事件事实进行陈述和辩解，提出有关证据，对调查人员提出的证据进行质证；

（四）听取拟被处分学生的最后陈述；

（五）主持人宣布听证结束。听证笔录交拟被处分学生审核无误后签字或者盖章。听证主持人在听证中应当维护正常的听证秩序。

第五十八条 听证结束后，学生处应根据听证笔录，依据有关规定作出相应的决定。

第十章 申 诉

第五十九条 学生对处分决定有异议的，根据《中华人民共和国教育法》《普通高等学校学生管理规定》，可以向学院申诉委员会提出书面申诉。

第六十条 本条例适用于我院在册接受普通高等学历教育的全日制高职学生，其他类别的学生可参照执行。如申诉人为无民事行为能力人或限制民事行为能力人，可由其监护人代为申诉。申诉人可委托代理人参与申诉。

第六十一条 学生对学院作出的取消入学资格、退学处理或者违规、违纪处分有异议的，可以提出申诉。

第六十二条 学生应坚持严肃、认真、诚实的原则提出申诉；学院遵循合法、公正、公开、及时，便于学生申诉以及保护申诉人隐私的原则处理学生的申诉。

第一节 学生申诉处理委员会

第六十三条 学生申诉处理委员会是受理学生申诉的机构。申诉处理委员会设主任委员 1 人，其他成员由学生处、团委、教务处、纪检监察室、保卫处、各系学生副主任等部门负责人、教师代表及学生代表担任。申诉处理委员会下设办公室。办公室设在学生处负责委员会日常工作。

第六十四条 申诉处理委员会的职责包括：

（一）受理申诉人的申诉；

（二）组织有关人员调查取证，查阅文件和资料，对违纪事件进行复查；

（三）书面审理申诉人的申诉；

（四）召开复议会议，对学生申诉的问题进行处理；

（五）作出处理决定和提出处理建议。

第六十五条 学生申诉处理委员会委员如与当事案件有利害关系，应自行回避。申诉人要求申诉处理委员会委员回避的，由申诉处理委员会主任委员决定是否回避；申诉人要求申诉委员会主任委员回避的，由院长决定是否回避。

第二节 申诉的受理

第六十六条 学生申诉处理委员会受理申诉范围：

（一）对学生本人作出的违纪处分决定有异议的；

（二）对取消学生本人入学资格的决定不服的；

（三）对要求学生本人退学的决定不服的；

（四）学生认为原处分决定程序不符合规定的；

（五）认为原处分决定依据事实不清或与事实不符的；

（六）法律、法规规定可以提出申诉的其他处理决定。

第六十七条 学生提出申诉，应当自收到处理决定书之日起 5 个工作日内，向学生申诉处理委员会办公室递交书面申请并附上处理决定的文件副本，逾期不予受理。确因不可抗力或其他正当理由而耽误法定申诉期限的，申请期限自障碍消除之日起开始计算。

申诉申请书应当载明下列内容：

（一）申诉人的姓名、性别、年龄、班级、学号及其他基本情况；

（二）申诉的事项、理由、要求并附上相关的证据、证人材料；

（三）申诉人签名或者盖章，提出申诉的日期。

第六十八条 申诉处理委员会应当自接到申诉申请之日起 15 个工作日内提出复议意见，因特殊情况需要延长的应当通知申诉学生，延长期限最长不得超过 20 个工作日，延长以一次为限。但涉及退学处理、开除学籍处分的申诉不得延长。

第六十九条 申诉处理委员会应当自接到申诉申请书之日起 3 个工作日内对申诉材料进行审查，根据具体情况作出如下决定并送达申诉人：

（一）申诉请求符合本条例规定，予以受理；

（二）申诉材料不齐备，要求申诉人在 3 日内补正；

（三）有下列情况之一，不予受理，出具不予复议决定书：

1. 申诉人不符合本条例第二条规定的申诉人资格的。

2. 申诉事由不符合本条例第十条规定的申诉范围的。

3. 申诉材料不齐备且在限期内未补正的。

4. 超过规定期限的。

5. 自动撤回申诉或者接到申诉复查决定书后，就同一事实和理由再次提起申诉的。

6. 已撤回申诉，无正当理由重新申诉的。

第三节　申诉的复议程序

第七十条　申诉处理委员会处理事实清楚、证据充分、争议不大的简单申诉时，可以采取书面审查方式进行复议。申诉处理委员会认为有必要通过会议方式进行复议的，可以召开复议会议对申诉进行复议。

第七十一条　采取书面审查方式进行复议的，申诉处理委员会也应对相关当事人进行询问，开展必要的查证。书面审查意见应获得申诉处理委员会全体委员 2/3 以上同意，方为有效。

第七十二条　采取复议会议方式进行复议的，复议会议应有 2/3 以上委员到会方可举行。委员无法参加会议时，不得由其他人员代理。

第七十三条　申诉人应当出席复议会议。申诉人无故不出席复议会议的，按放弃复议申请处理，申诉复议程序终止。

第七十四条　申诉人和作出处理决定的部门代表可以依据复议程序在会议上发言。作出对申诉人所申诉的处理决定的部门的负责人，担任处理委员会委员并出席复议会议的，可以参与讨论，但不能参加表决。

第七十五条　复议会议应当遵循下列程序进行：

（一）主持人介绍申诉处理委员会成员；

（二）主持人询问申诉人临时委员中有无需要回避的人员；

（三）申诉人申诉；

（四）作出处理决定的部门代表陈述；

（五）申诉处理委员会进行合议；

（六）申诉处理委员会进行无记名投票表决，形成书面意见。

第七十六条 复议会议的意见必须经过1/2以上到会的委员同意方为有效。

第七十七条 受处分学生对学院的复查决定有异议的，在接到学院复查决定书之日起15个工作日内，可以向酒泉市教育局提出书面申诉，若仍有异议可向上一级教育行政部门提出申诉。

第七十八条 从处分决定或复查决定送达之日起，受处分学生在申诉期内未提出申诉的，学院申诉委员会不再受理其提出的申诉。

第七十九条 学生申诉期间，不停止处分决定的执行。

第十一章 处分解除

第八十条 申请解除处分的对象为曾受到过警告、严重警告、记过、留校察看处分的学生。

第八十一条 申请解除处分的基本条件：

（一）受处分后无新的违纪行为，学生本人能够深刻反省、接受教训、积极改正错误，在思想、学习和行为方面确有显著进步。其中：违纪受到记过以下处分者（含记过处分），具备下列条件之一可提前解除处分：

1. 学习成绩有明显进步，处分后综合测评成绩在班级排名（以一学年计）进步10%以上，进步名次的计算以受处分时的排名为基数，或处分前后综合测评成绩均保持在班级的前15%。

2. 在国家、省（部）、地（州）级各类比赛中获得奖励。

3. 有立功表现，获得系部（含系部）以上表彰奖励。

4. 在校园文化活动、社会实践活动、社会公益事业方面表现突出，由相关部门颁发证书。

5. 符合以上解除条件的，超过跟踪教育时间，表现良好，未出现违纪违规现象，可由所属教学系向学生处提出申请解除处分；学生处按相关规定按期解除，跟踪教育时间为学院正式下达处分文件之日起开始计算。

6. 申请提前解除记过以下处分者（含记过处分），学生的跟踪教育时间不得少于规定教育时间的一半，其中警告跟踪教育时间不得少于1.5个月，严重警告跟踪教育时间不得少3个月，记过处分跟踪教育时间不得少于4个半月，跟踪教育时间从学院下达处分文件之日算起。

（二）违纪受到留校察看处分者，应具备下列两个或两个以上条件且必须具备条件 1，方可解除原处分。

1. 学习成绩有明显进步，处分后学习成绩在班级排名（以一学年计）进步 20% 以上，进步名次的计算以受处分时的排名为基数，或处分前后成绩均保持在班级的前 15%。

2. 考取专升本。

3. 在国家、省（部）、地（州）级各类比赛中获得奖励。

4. 有立功表现，获得系部（含系部）以上表彰。

5. 在校园文化活动、社会实践活动、社会公益事业方面表现突出，并获得奖励者。

6. 不符合以上解除条件的，超过跟踪教育时间，表现良好，未出现违纪违规现象，可由所属教学系向院学生处提出申请解除处分；其中留校察看跟踪教育时间为 1 年，留校察看跟踪教育时间从学院下达处分文件之日算起。

7. 申请提前解除留校察看处分者，学生的跟踪教育时间不得少于 6 个月。

第八十二条　有下列情况之一者，维持原处分不变。

1. 受违纪处分后没有明显进步。

2. 本人未按期提出申请。

3. 学生所在学院未按期提出解除或降级处分建议。

4. 达不到上述解除或降级处分条件者。

第八十三条　解除处分应提交的材料

系部在上报对违纪学生解除或降级原处分的意见建议时，其违纪学生的跟踪教育材料必须完整。其中包括：

1. 违纪学生个人提出的书面申请。

2. 违纪学生的定期思想汇报。

3. 符合降级或解除处分条件的有关证明材料的原件及复印件。

第八十四条　解除处分的程序

1. 个人申请。受处分学生应同时具备解除处分的基本条件，由学生本人提出书面申请并填写《酒泉职业技术学院解除处分申请表》。

2. 班级评议。班主任组织班级学生听取申请解除处分学生陈述意见，组织民主评议，根据评议结果在《酒泉职业技术学院解除处分申请表》相应栏目中填写是否同意解除处分的意见。

3. 教学系审核。由系部根据解除或降级违纪处分的条件，结合平时对其跟踪教育的效果进行审查，并提出建议报学生处。

4. 学院审批。由学生处核查后提出初步处理意见，报学院研究批准。

5. 经学院研究批准，对解除或降级处分者，将由学院统一下发文件。

第八十五条 学生解除处分后，恢复参与各项评优评先、奖学金评定、助学金评定、家庭经济困难认定等资格。

第十二章 违纪预警

第八十六条 违纪预警是指在学生教育管理过程中，针对学生在思想、学习、生活等方面出现的不良情况，及时提示、告知学生本人及其家长可能产生的不良后果，并有针对性地采取相应的防范措施，通过学校、学生和家长之间的沟通与协作，帮助学生顺利完成学业的一种信息沟通和危机警示制度。

第八十七条 预警包括轻微违纪预警和处分预警。

第八十八条 轻微违纪预警是指因违反校规校纪等原因可能会被纪律处分而进行的预警。

有下列情形之一的，尚未达到处分标准的，应当进行轻微违纪预警：

（一）一学期内累计旷课达到6学时以上的；

（二）违反宿舍（公寓）管理规定，尚未达到处分标准的；

（三）经查证属实有其他违纪情形尚未达到处分标准的。

第八十九条 处分预警是指因违反校规校纪被给予纪律处分后所进行的预警。主要包括屡次违纪预警、留校察看预警等形式。

第九十条 预警以“学生违纪预警通告单”的形式执行。预警通知书一式四份，一份发违纪学生，一份发学生家长，一份系内存档，一份由学生处备案。

第九十一条 违纪预警的执行：

（一）轻微违纪预警由各系执行；

（二）处分预警由各系、学生处、相关部门按处分管理权限执行；

（三）学生管理部门认为有必要，可对其他违纪行为实行预警。

第九十二条 各系应当建立学生违纪预警管理档案，进行动态、跟踪管理教育。要做好被预警学生的思想教育工作，加强与学生家长的联系沟通，帮助学生及时认识错误和改正错误。

第九十三条 各系在上报学生违纪处分时，必须同时提供已发出的学生违纪预警通告单等相关材料。

第十三章 附 则

第九十四条 本办法中的给予某一级别“以上、以下处分”包含该级别处分。

第九十五条 因违纪受处理的学生，自受处理之日起一年内不得参加三好学生、优秀学生干部、优秀团员、优秀团干部等的评选；不得参加各类奖助学金的评定。已取得奖助学金的按规定追回，不得担任学生干部，不得发展入党。

第九十六条 本办法由学生处负责解释。

第九十七条 本办法自颁布之日起实行。

附件：

1. 酒泉职业技术学院学生违纪处分格式文本
2. 酒泉职业技术学院学生开除学籍预警通告单
3. 酒泉职业技术学院学生留校察看预警通告单
4. 酒泉职业技术学院学生轻微违纪预警通告单
5. 酒泉职业技术学院学生旷课违纪预警通告单1
6. 酒泉职业技术学院学生旷课违纪预警通告单2
7. 酒泉职业技术学院学生晚归预警通告单
8. 酒泉职业技术学院学生夜不归寝预警通告单
9. 酒泉职业技术学院学生违纪预警谈话记录
10. 酒泉职业技术学院学生违纪预警通知书
11. 酒泉职业技术学院违纪预警通知书送达回执

附件 1　酒泉职业技术学院学生违纪处分格式文本 1

酒泉职业技术学院学生违纪处分(申诉处理)决定书送达记录表

权利提示(请受送达人或代收人仔细阅读):

受处分学生享有申诉权。对本学生违纪处分决定书或违纪处分申诉处理决定书有异议的,有权在接到本决定书后按照教育部《普通高等学校学生管理规定》和酒泉职业技术学院的相关规定提出书面申诉。关于保障学生申诉权利的具体规定,可以查阅《酒泉职业技术学院学生手册》。

中华人民共和国教育部门户网站:http://www.moe.edu.cn/(点击“政策法规”栏)

送达的文件	发文字号	酒职院学字〔2014〕19 号
	发文日期	2014 年 5 月 29 日
	文件名称	《关于对王××等四名学生违纪处分的决定》

送达记录

送达方式	1.(√)直接送达。　2.(　)邮寄送达。 3.(　)委托送达。　4.(　)口头宣读送达。 (注:请选择其中之一划勾)

执行送达的单位	执行送达的时间	送达执行人签名
化学工程系	年　月　日	

受送达人:	受送达时间:　年　月　日
代收人:	受送达时间:　年　月　日
送达见证人(签名)	时间:　年　月　日
送达见证人(签名)	时间:　年　月　日

填写说明:

1. 每人 1 页,由送达执行人将此记录交回处分决定经办单位存档。
2. 各送达执行单位应将处分文件直接送达学生本人或其所指定的代收人签收;学生本人下落不明时,向其成年的家庭成员或家庭户籍所在地基层组织邮寄送达或委托送达。
3. 受送达人在外地或拒绝签收的,须即时邀请至少 1 名无利害关系的人员作为送达见证人,以口头宣读方式送达,并请送达见证人签名。
4. 采取直接送达之外的其他方式送达时,本记录表须同时附加单独打印的“权利提示”、挂号邮件回执、电子邮件回执打印件、电话记录,以及委托、邮寄或以其他方式完成送达的情况说明,并请 2 名无利害关系的人员为见证人在该项记录材料上签名见证。
5. 文件送达的生效时间,按《酒泉职业技术学院违纪学生处理条例》的有关规定执行。

酒泉职业技术学院学生违纪处分格式文本2

酒泉职业技术学院学生违纪处分听证会通知书

（此联送达当事学生或其代理人）

__________：

经研究决定，就你的违纪处分事项举行学生处分听证会。兹定于__________年______月______日________时在____________________召开听证会。请你做好准备，准时出席。

（职能部门盖章）

年　　月　　日

（书面通知请在骑缝处盖章）

酒泉职业技术学院
学生处分听证会通知书签收回执

（此联由送达人交回承办单位附卷备查）

本人已收到送达人__________发给的学生处分听证会通知书。

签收人（受通知人）：

年　　月　　日

酒泉职业技术学院学生违纪处分格式文本3

酒泉职业技术学院受理学生申诉决定书

编号:(　　)第　　号

(此联送达当事学生或其代理人)

__________:

你于　　年　　月　　日提交了申诉书。经我办按有关规定审查,决定受理你所提出的申诉。

酒泉职业技术学院学生申诉处理委员会办公室

(院长办公室代章)

年　　月　　日

(书面通知请在骑缝处盖章)

酒泉职业技术学院
受理学生申诉决定书签收回执

(此联附卷备查)

本人已收到送达人__________发给的受理学生申诉决定书。

签收人(受通知人):

年　　月　　日

酒泉职业技术学院学生违纪处分格式文本 4

酒泉职业技术学院解除学生处分审批表

<table>
<tr><td>姓　名</td><td></td><td>性　别</td><td></td><td>政治面貌</td><td></td><td>学号</td><td></td></tr>
<tr><td>系　部</td><td></td><td>年　级</td><td></td><td>专　业</td><td colspan="3"></td></tr>
<tr><td>受处分
时　间</td><td>年　月　日</td><td>处　分
种　类</td><td colspan="2"></td><td>处分文
件编号</td><td colspan="2"></td></tr>
<tr><td>学生
本人
申请</td><td colspan="7">(注:择要写对所受处分的认识、实际表现与申请解除处分的请求,如本栏不够可以在提交的书面申请中详细书写)

申请解除处分人签字:　　　　　　年　　月　　日</td></tr>
<tr><td>班委
鉴定</td><td colspan="7">
班长(或团支书)签字:　　　　　　年　　月　　日</td></tr>
<tr><td>班主任
意见</td><td colspan="7">
班主任签字:　　　　　　年　　月　　日</td></tr>
<tr><td>系
意见</td><td colspan="7">
系领导(签字):　　　　　　年　　月　　日(公章)</td></tr>
<tr><td>学生处
意见</td><td colspan="7">
学生处签字:　　　　　　年　　月　　日(公章)</td></tr>
<tr><td>学院
意见</td><td colspan="7">
院领导签字:　　　　　　年　　月　　日(公章)</td></tr>
</table>

备注:1. 请在交表时附上学生本人的解除处分的书面申请。

2. 本表一式四份;一份由职能部门留存;一份由系留存;两份存档备查。

3. 学生解除记过以下处分者,只要求填写相关职能部门意见。

附件 2

酒泉职业技术学院学生开除学籍预警通告单

________________同学(家长):

你(的孩子)因____________________等原因,曾先后被酒职院处(　　　)__________、__________、__________号文件,予以__________、__________、__________处分,根据《酒泉职业技术学院学生管理规定》第　　条第　　款之规定;《酒泉职业技术学院违纪学生处理规定》第　　条第　　款之规定:"屡次违反学院规定受到纪律处分,经教育不改的,给予开除学籍的处分。"如果你(的孩子)继续违反校规校纪,并达到处分标准,学院将依据上述规定给予开除学籍处分,希引以为戒,自觉遵守校规校纪。

签发人:　　　　　　　　　　被预警学生:

班主任联系电话:　　　　　　家长联系电话:

教学系(盖章)

年　　月　　日

附件 3

酒泉职业技术学院学生留校察看预警通告单

______________同学(家长):

20 ____/____学年,根据《酒泉职业技术学院学生违纪处分条例》第____条第____款,因________________________等原因,你(的孩子)曾被酒职院处(　　)________号文件,予以留校察看处分。你(的孩子)若在留校察看期间严重违反校规校纪,学校将给予开除学籍处分,希引以为戒,自觉遵守校规校纪。

签发人:　　　　　　　　　　　　被预警学生:
辅导员联系电话:　　　　　　　　家长联系电话:

教学系(盖章)

年　　月　　日

附件 4

酒泉职业技术学院学生轻微违纪预警通告单

______________同学：

20 ____/____学年，你因____________________等原因，违反了校规校纪，你若继续违纪并达到处分标准，我们将根据《酒泉职业技术学院学生违纪处分规定》的相关规定，给予相应处分，并通知你的家人。希引以为戒，自觉遵守校规校纪。

请你在接到通告单后持本通告单于20 ____年____月____日前到________办公室报到，对违纪问题作出解释和说明。

签发人：　　　　　　　　　　被预警学生联系电话：

辅导员联系电话：　　　　　　家长联系电话：

教学系（盖章）

年　　月　　日

附件 5

酒泉职业技术学院学生旷课违纪预警通告单 1

________________同学:

《酒泉职业技术学院学生违纪处分处理办法》第十九条规定:学生一学期内累计旷课(迟到或早退 10 分钟按旷课一学时计算)10 ~ 19 学时给予警告处分;20 ~ 29 学时给予严重警告处分;30 ~ 39 学时给予记过处分;40 ~ 49 学时以上给予留校察看处分;因旷课而受到多次纪律处分,经教育仍不悔改的,给予开除学籍处分。

20 ____/20 ____学年第____学期____周至____周,你已旷课____节,请你在接到通告单后持本通告单于 20 ____年____月____日前到________________办公室报到,对违纪问题作出解释和说明。若你旷课节数继续增加且累计数量达到处分标准,我们将根据学生违纪处分条例第十九条规定给予相应处分,并通知你的家人。

签发人:　　　　　　　　被预警学生联系电话:

辅导员联系电话:　　　　家长联系电话:

教学系(盖章)

年　　月　　日

附件 6

酒泉职业技术学院学生旷课违纪预警通告单 2

______________同学：

《酒泉职业技术学院学生违纪处分条例》第十九条规定：学生一学期内累计旷课 10 ~ 19 节给予警告处分；20 ~ 29 节给予严重警告处分；30 ~ 39 节给予记过处分；40 节以上给予留校察看处分；因旷课而受到多次纪律处分，经教育仍不悔改的，给予开除学籍处分。

20 ____/20 ____学年第____学期____周至____周，你已旷课____节，根据学生违纪处分条例，应当受__________处分。请你在接到通告单后持本通告单于 20 ____年____月____日前到______________办公室报到，对违纪问题作出解释和说明。

签发人：　　　　　　　　　　　　被预警学生联系电话：

辅导员联系电话：　　　　　　　　家长联系电话：

教学系（盖章）

年　　月　　日

附件7

酒泉职业技术学院学生晚归预警通告单

________同学(家长):

《酒泉职业技术学院学生违纪处理规定》和《酒泉职业技术学院公寓管理规定》:一学期内无故晚归1次给予通报批评,累计达2~4次给予警告处分,5~7次给予严重警告处分,7次以上视其情节给予记过及以上处分。

20____/20____学年第____学期____周至____周,你(的孩子)已晚归______次,根据规定,你(的孩子)应当受________处分。请你(的孩子)在接到通告单后于20____年____月____日前到__________办公室报到,对违纪问题作出解释和说明。

签发人:　　　　　　　　　　　　被预警学生联系电话:

辅导员联系电话:　　　　　　　　家长联系电话:

教学系(盖章)

年　　月　　日

附件8

酒泉职业技术学院学生夜不归寝预警通告单

______________同学（家长）：

《酒泉职业技术学院公寓管理规定》和《酒泉职业技术学院违纪学生处分规定》：一学期内夜不归寝累计达2次以上给予严重警告处分；累计达到3次以上夜不归寝的，给予记过及以上处分，5次以上视情节给予留校察看处分；情节特别严重的，给予开除学籍处分。

20____/20____学年第____学期____周至____周，你（的孩子）已不归________次，根据规定，你（的孩子）应当受________________________处分。请你（的孩子）在接到通告单后于20____年____月____日前到______________办公室报到，对违纪问题作出解释和说明。

签发人：　　　　　　　　　　　　被预警学生联系电话：

辅导员联系电话：　　　　　　　　家长联系电话：

教学系（盖章）

年　　月　　日

附件 9

酒泉职业技术学院学生违纪预警谈话记录

姓　名		性　别		系　别		班　级		学　号	
时　间	年　　月　　日			地　点				记录人	
事由									
谈话内容									
学生签名									

附件 10

酒泉职业技术学院学生违纪预警通知书

学　号		姓名		谈话时间	
教学系		专业		班　级	
谈话地点		参加人员			
事件原由					
谈话内容					
与家长联系情况					
接受预警学生（签字）		班主任（签字）		系负责人（签字）	

附件 11

酒泉职业技术学院违纪预警通知书送达回执

学生处：

______________________教学系___________________________________专业学生（学号：　　　　　　）已经收到我系所发的违纪预警通知书。学生做出承诺见附件：

系领导签字（盖章）：　　　　　　　　　　　　　　　　班主任签字：

学生签字：

毕业生毕业资格审核办法

依据国家教育部《普通高等学校学生管理规定》和《酒泉职业技术学院学生管理规定》的有关规定，特对我院毕业生毕业资格做出以下规定。

一、凡具有我院学籍的学生，在学院规定学习期限内（普通高职 2 ~3 年，五年高职 5 年），修完教学计划规定的内容（包括毕业论文和毕业实习环节），德、智、体达到毕业要求者，准予毕业。

二、学生有下列情形之一者，不予按期毕业，学院不负责推荐就业：

1. 在校期间拖欠学费或其他费用，并在办证前尚未交清者。

2. 没有按期参加电子信息采集，导致电子注册信息不全而无法办理毕业证者。

3. 学生在规定的学业期内，修完教学计划规定的教学内容，有 1 门以上理论考试或技能考核不合格，经毕业总补考仍未合格者。

4. 未完成毕业设计（论文）或毕业设计（论文）不合格者。

5. 未完成顶岗实习者，视毕业实践成绩不合格，不予毕业。

6. 在校期间严重违反校纪校规，受过学院处分，并未撤销者。

7. 触犯国家刑律，在校期间被公安机关逮捕的。

三、因以上条款（第 6 款除外）未办理毕业证的学生，在办清有关手续后，于毕业 1 年后办理毕业证。

学生安全教育管理规定

第一章　总　则

第一条　为规范和加强学生在教学、实习实训和社会实践(以下简称实习)中安全工作的管理,维护正常的教学和生活秩序,强化学生安全责任意识与自我防范意识,保障学生人身和财产安全,促进其身心健康发展,依据《中华人民共和国高等教育法》、教育部《普通高等学校学生管理规定》《高等学校校园秩序管理若干规定》《普通高等学校学生安全教育及管理暂行规定》《学生伤害事故处理办法》等有关规定,结合我院实际,制定本规定。

第二条　学生安全管理的主要任务是宣传、贯彻国家有关安全管理工作的方针、政策、法律法规及我院安全管理工作相关要求,对学生实施安全教育及管理,预防并妥善处置各类安全事故,引导学生健康成长。

第三条　学生安全教育及管理以预防为主,本着保护学生、教育先行、明确责任、教管结合、实事求是、方便操作的原则,努力把事故消除在萌芽状态,做好学生安全教育管理和善后处理工作。

第四条　本规定中所称实习是指学院在校外有组织开展的教学计划内各种教学实习、实验教学、校外顶岗实习、社会调查与社会实践等教学活动。

第五条　学生安全管理包括教学安全、生活安全以及实习安全。实习安全管理包括安全教育管理、实习学生到达实习单位和返回学院的路途安全管理及实习过程中的安全管理。

第六条　本规定适用于酒泉职业技术学院全体在籍学生(含高职、中专生)。

第二章　安全教育

第七条　学院各部门和有关群众团体、组织要互相配合，积极开展安全教育、普及安全知识，增强安全意识和法制观念；学生处、保卫处、各系(部)等有关部门应将学生安全教育和安全管理作为经常性工作，列入议事日程和工作日程，加强领导，每学期定期展开“安全教育周”活动。

第八条　学生安全教育应根据不同专业及学生的特点，根据环境、季节及有关规律性现象和突发事件，从学生入学到毕业，教育教学活动和日常生活，特别是节假日前，适时进行防盗、交通、防火、治安防范、防骗、防爆、防溺水、防病、饮食安全、法纪教育、心理健康教育及其他方面的安全教育，并使之经常化、制度化，防患于未然。

第九条　对学生进行必要的心理疏导，教育学生注意保持健康的心理状态，帮助学生克服因各种原因造成的心理障碍，消除各种隐患。

第十条　学生必须自觉学习安全知识，主动接受学院、社会和家庭的各类安全教育，增强安全意识，提高防范能力。必须按规定与学院签订《酒泉职业技术学院学生安全责任协议书》，认真履行《协议》规定的权利和义务。协议书一式两份，学生本人和教学系各执一份。

第三章　安全管理

第十一条　建立和健全安全管理规章制度，把安全教育及管理工作纳入学生工作考核体系，并落实到班级和宿舍。安全管理实行谁主管谁负责的层层责任制度。

第十二条　学生处和保卫处是学院学生安全教育及管理工作的主管部门，其主要职责是草拟学生安全教育管理文件，组织学生安全教育及管理工作，协调各方关系，指导有关部门和各系处理各种安全事故。各系负责本系学生安全教育及管理工作。

第十三条　全体教职工要树立安全意识，在做好本职工作中，引导学生保护自身和他人的人身、财产安全，履行对学生进行安全教育和管理的义务和职责。

第十四条　学生必须严格遵守国家法律、法规和学院的各项规章制度，注意保护自身的人身和财物安全，防止各种事故的发生。如遇火灾及财产损害应及时报告保卫处或拨打 110 求助。

第十五条 在校园范围内发现刑事、治安案件或交通、灾害等事故，在场学生应保护现场，及时报告保卫处并协助处理。学生发生意外事故以及学生要求保护人身或财物安全等情况时，保卫处及有关部门和相关系部应迅速采取有效措施。

第十六条 组织大型的学生课外活动，需提前 1 周向学院主管部门提出书面申请，主管部门对活动的时间、场所、参加人员、活动内容，安全措施、乘车情况、活动组织者、安全责任人等进行认真的审查，于活动前给予批准，条件不具备时不予批准。

第四章 校园安全

第十七条 学生有维护校园安全与稳定的义务。学生在校期间的日常生活、学习、实习和各项活动，都必须严格遵守国家法律、法规及学院规章制度；遵守社会公德，服从管理、听从指挥。

第十八条 学生必须自觉遵守治安管理规定。不得私藏和使用火药、燃放烟花、鞭炮、管制刀具、仿真枪支等违禁品，违反者视情况按照治安管理规定和学院纪律处理，触犯刑法的要移送司法机关处理。

第十九条 学生必须注意安全，不得攀越校门、围墙、窗户和栏杆，不得在窗台、阳台护栏、廊道护墙上或在其附近进行嬉闹、推挤、倚靠等不安全行为。

第二十条 学生要自觉做好防火工作。不得在宿舍楼焚烧废弃物；不得使用蜡烛、煤油炉、煤气灶、酒精炉等明火用具；不得使用电炉、电饭煲、电炒锅、电热壶、电热杯、电热棒等电热器具；不得私拉电线及私自安装电源插座和开关；不得存放和使用易燃、易爆及有毒物品等。

第二十一条 学生必须自觉遵守《酒泉职业技术学院学生公寓管理规定》，维护公寓区和宿舍安全。不得擅自留宿外来人员，遇有特殊情况确需留宿的，必须经公寓管理员批准，并办理相关的手续方可留宿。留宿人员要遵纪守法，离校时要及时办理注销登记手续。严禁留宿异性，违者视情况按照治安管理规定和学院有关规定处理。

第二十二条 学生必须自觉加强宿舍财物管理，离开宿舍应随手关好门窗、水电、保管好钥匙；贵重物品、重要证件等应妥善保管；随身携带现金数额适当。

第二十三条　学生在寒暑假期间因特殊情况需要留校的，应填写《酒泉职业技术学院学生留校申请表》，经所在系和学生处批准后，保卫处备案。必须按照要求，相对集中住宿，实行统一管理。

第二十四条　学生要自觉维护校园秩序，不得焚烧垃圾和杂物；不乱扔酒瓶、饮料瓶、烟蒂及其他物品，以免伤害他人、破坏环境和引起火灾。

第二十五条　学生要自觉遵守消防安全和校园治安管理规定，爱护各种消防设施。无火警状态下，严禁随意移动或使用、损坏各种消防设施，任何部门、个人不得损坏或者擅自挪用、拆除消防设施和器材；不得埋压、圈占消防栓；不得堵塞消防通道；不得随意动用消防水源。违反者视情节按《消防法》及其他管理制度的相关规定进行处理、处罚、处分直至开除，触犯法律者要依法追究其相应的责任。

第二十六条　凡经学院指定医院确诊患有精神病、癫痫病和其他不宜在校就读的疾病，且经休学仍无法治愈的学生，要按规定办理退学；被退学的学生必须由其监护人在 1 周内办完相关手续并领回。

第五章　教学区安全

第二十七条　学生在教学区应遵守纪律和有关规定，听从指导，服从管理；要遵守社会公德，增强安全防范意识，提高自我保护能力。

第二十八条　学生应自觉遵守并维护公共秩序：

1. 在图书馆、教室等公共场所要遵守有关规定，不扰乱秩序，不起哄。

2. 教室熄灯后，应及时离开，回到公寓做就寝准备，不在教室逗留。

3. 遵守餐厅秩序，自觉排队买饭，不拥挤、不插队或做其他影响正常秩序的行为。

4. 不在学院马路上或教学楼、公寓内踢球、打球。不在校园内随意张贴宣传品、招工启事，不得随意兜售任何物品。

5. 上实验课要严格按照实验室的有关安全要求完成实验。课外活动和体育锻炼，要按有关安全规则进行。

6. 举办报告会、演讲会、沙龙等活动要经有关部门批准。

第二十九条　学生应严格遵守门禁制度，主动接受门卫管理，要求做到：

1. 寒暑假期间留校的学生进出校门，必须主动出示“两证”(学生证和学生处所发的假期临时住宿证)方可通行。

2. 学生携带个人物品出校门，须凭本人证件，主动登记并接受核查后方可放行。携带贵重物品出校门的，还应持所在部门开具的证明。

3. 骑自行车出入校门时，应当下车推行，禁止滑行。

4. 学生自备代步的机动类车辆(包括汽车、摩托车、电动车、助力车等)进出校门，须凭保卫处签发的出入证出入。进校后机动类车辆应存放在车棚或停车场等指定位置。

5. 因故在夜间23时30分后返校的学生必须向门卫、公寓工作人员出示证件，说明情况，并接受检查、登记，严禁翻越围墙。

第六章　外出安全

第三十条　学生组织集体校外活动必须报学院审批，谁组织谁负责。集体活动组织者要有序组织，注意安全，防止发生意外事故；未经批准，不得擅自组织学生集体校外活动。

第三十一条　学生离校外出活动的，应严格按照《酒泉职业技术学院学生考勤管理规定》办理请假、销假手续。未经请假不得在正常教学活动时间外出活动，住宿生未经请假不得在校外过夜、住宿。

第三十二条　学生外出实习，要自觉维护学院声誉和学生形象；严格遵守学院和实习单位各项纪律及制度，不得从事任何违法违规和不安全的活动。

第三十三条　学生集体或个人在外用餐时，要讲文明礼貌，注意饮食卫生，不得酗酒、闹事，在规定的时间前必须返校。

第七章　交通安全

第三十四条　学生要严格遵守交通与安全法规。假期往返学院，要注意人身和财物安全。要求做到：

1. 不得携带违禁物品上车、船、飞机等交通工具；不搭乘无牌无证、非运营等无安全保障的车辆或违规超载车辆；现金、重要证件、行李物品等要妥善保管，谨防失窃，防止上当受骗。

2. 在校期间外出必须严格遵守交通规则，过往公路要按规定走地下通道、斑马线或其他安全途径。

3. 不得在校园内驾车兜风或练习驾驶；严禁无证驾驶、酒后驾驶，不得在校园主干道路上溜冰滑板；否则造成的一切后果自负。

4. 学生在学院内骑自行车不准带人、冲坡、扶肩并行、双手离把，不准酒后骑车；不得违章横穿公路，预防发生交通事故。

第八章　游泳安全

第三十五条　严禁组织学生游泳，学生个人游泳，必须到安全防范措施良好和有专业游泳教练指导的正规管理的游泳池，要注意安全，服从管理。游泳前要做好充分准备，不擅自与同学结伴游泳，不到无安全保障的水域游泳，不得在水中嬉闹或擅自进行跳水等危险运动。不得私自到江、河、湖、海等地方游泳，发生意外由学生个人负责。

第九章　其他安全管理

第三十六条　学生不得擅自在校外住宿。经批准走读的学生，必须遵守国家法律、法规以及学院规章制度，严格按照学院作息时间参加学院规定的教学活动和其他活动（含实践课、晚自习、学生会议等）；走读的学生，其在校外的非集体组织的一切活动均视为个人负责的行为。

第三十七条　学生寒暑假、节假日到校外"打工"或从事其他勤工助学活动，必须报系部批准。在校外期间要自觉遵守国家法律、法规和社会公德，不得从事任何违法违纪活动。严禁学生进入营业娱乐场所或其他场所进行非法服务活动。

第三十八条　有下列情形之一者，学院概不承担责任：

（一）学生未经批准擅自离校不归的；

（二）已受学院开除学籍处理不按要求办理离校手续、不按规定时间离校的；或办理离校手续后滞留学校的；

（三）节假日期间在校外等发生意外的。

第十章　实习安全管理

第一节　安全教育

第三十九条　安全教育要贯彻于实习实训的全过程,必须列入各系实习工作的重要议事日程并认真组织实施。认真做到:实习前有集中动员教育,实习过程中有注意事项提醒提示,实习结束后有安全总结。

第四十条　强化工作过程中的安全教育,服从于各用人单位的岗前培训,接受安全教育,学习安全法规,并在专人指导下学习并掌握有关的安全操作和技能。

第四十一条　在按实习操作规程、实习计划进行安全教育的基础上,要结合每次实习的特殊性,制定出相应的安全规定,并宣传到每位学生,提高学生的安全保护意识和防范能力。

第二节　组织管理

第四十二条　学生实习安全管理工作实行院、系二级负责制。学院成立由主管院领导、教务处、学生处、保卫处、各系主管领导组成的实习安全管理工作领导小组,总体负责学生安全工作;各系成立由系部主要领导、指导教师、班主任(辅导员)组成的实习安全工作小组,负责对本系学生实习安全工作的具体实施与管理。实习协议签订后,对实习学生实行企业学院双重管理机制。

第四十三条　学院职责

(一)负责研究制定学院实践教学安全管理的各项规章制度,并组织实施;

(二)成立学生实习安全巡查组,负责实习安全巡查、安全监控工作;

(三)协助系部对学生实习教学过程突发事件的调查处理;

(四)抽查各系学生实习教学安全管理规定的落实情况;

(五)督导各系组织为顶岗实习学生办理实习学生人身安全相关保险。

第四十四条　系部职责

(一)各系部主要领导是本系部实习安全管理工作的第一责任人;

(二)负责学院有关安全规定的落实,制定本系部实习相关安全管理规定及安全汇报制度;

（三）负责实习前对学生、指导教师的安全教育工作；

（四）负责与校外实习基地就学生安全实习工作进行协调；

（五）配合学院督促检查实习安全管理规定的落实情况；

（六）负责洽谈学生实习期间实习保障措施、实习劳动报酬等事宜；

（七）负责实习教学安全事故的调查取证工作和一般事故的处理；

（八）负责组织实习学生签订实习协议。宣传并组织学生参加人身安全相关保险。

第四十五条 指导教师职责

（一）指导教师是学生实习教学安全管理的直接责任人，负责学生实习期间安全管理的日常工作；

（二）指导教师代表系部负责学生实习实训期间的安全管理，必须严格按照有关规定进行管理。如遇违纪、安全事故等应及时处理，并及时向系领导报告，报告应包括：事故事件性质、发生原因分析、现场处置措施或方法、事故事件责任等。

第四十六条 实习基地职责

（一）实习单位在提供对口的生产一线专业技术岗位，落实具体顶岗实习任务的同时，负责做好实习学生的入厂安全教育及日常安全管理工作；

（二）企业指导教师有对实习学生岗位安全操作等进行安全教育的责任。

第四十七条 学生自己联系顶岗实习及学院统一安排顶岗实习生放假期间的安全教育及管理工作由学生本人及家长负责，出现安全事故，学院不承担责任。

第三节 组织实施

第四十八条 实习是教学功能在企业的延伸，各系要继续履行教育和管理的责任，配合企业加强对学生进行交通安全、生产安全、文明生产、自救自护、厂规厂纪、劳动纪律、职业道德等方面教育和指导。学生必须遵守和服从企业的纪律及管理，遵守一切的安全操作规程。

（一）各系在安排学生实习前，必须与企业、学生签订三方《实习协议》（一式三份）。在签订三方协议时，应要求企业：

1. 为学生提供符合国家规定的安全环境，保证其在人身安全不受危害的条件下工作，并明确学生岗位的工作内容和要求。

2. 企业要担负学生顶岗实习期间的安全管理责任，若在实习期间出现安全事故，依据有关法律法规依法处理。

（二）实习学生必须与学院、企业签订三方《实习安全责任书》，对拒绝签订《实习安全责任书》的学生可取消外出实习实践活动。

第四十九条 学生安全纪律要求

（一）学生在实习期间，必须遵守实验室、实习基地的有关规定，增强安全防范意识和团队协作精神，提高自我保护能力；

（二）实习学生自觉遵守设备设施安全操作规程，使用未操作设备前，应读懂其使用说明书，严格按照指导老师的要求作业，不得违章操作，并注意设备维护和保养；

（三）在实习期间，发现有安全隐患或防护设施不齐全、违章操作等现象，应及时向指导老师报告，不得擅自盲目操作、作业；

（四）校外实习学生应由指导老师带领，着装应符合安全要求，听从指挥，服从安排，严禁私自或单独活动，外出应报告，并履行请假手续（参照实习考勤制度执行）；

（五）实习期间，严禁学生参与非法的娱乐活动或无关的危险性工作；严禁在不具备安全保障的区域进行实习实践活动；必须严格遵守安全管理的相关规定。尊重当地的民族风俗及习惯，避免与当地群众或其他人员发生冲突，做到宽容与谦让；

（六）实习期间，学生不得擅离、调换实习单位或调换工作岗位。个别学生确因特殊情况，中途调换实习单位或工作岗位的，须本人提出书面申请，指导老师、教学系批准备案后方可调换。学生无故离岗、更换实习单位等，按学院违纪处理条例办理。若出现安全事故由学生本人负责，学院不承担责任；

（七）实习期间，学生应保持手机 24 小时畅通。保持与系部联系，积极与指导老师沟通，汇报实习情况。如联系电话和工作地点发生变动，如遇突发事件或事故，必须及时报告带队老师；

（八）凡违反实习安全管理规定的学生，在实习期间如出现如下事故，造成个人人身事故和损失的，由个人负责；造成国家或集体损失的，根据有关规定处理。

1. 违反安全操作规程，造成事故。

2. 违反厂规、厂纪、校规、校纪发生的人身安全事故。

3. 顶岗实习上、下班路上的交通事故，顶岗实习下班后、放假等时间发生的意外事故。

4. 违法犯罪受到有关部门处理。

5. 由于工作不当造成经济损失的赔偿。

6. 违反厂规、厂纪受到企业的处理、处罚。

7. 私自离开或隐瞒去向导致教师无法联系。

第四节　过程管理

第五十条　校外集中实习安全管理

（一）实习前，各系要事先确定实习带队（指导）教师，由实习指导教师负责实习学生的安全管理日常工作，自主实习学生的安全教育及管理工作由自主实习学生家长负责；

（二）实习前，各系应将实习班级、学生姓名、家庭地址、顶岗实习负责人姓名、指导老师姓名、班主任姓名、实习截止日期及上述人员的联系电话等造册发给学生和相关人员并报学生处备案；

（三）实习指导教师必须接受安全培训。认真学习、理解和掌握安全管理、应急处理的基本方法、应变技能后，方能指导学生的实习实训教学；

（四）学生校外实习出发前，应召开实习动员大会，加强安全教育培训，增强安全意识，提高事故事件应变能力；

（五）学生应在和谐、安全的氛围中实习。对用人企业有高空作业或不安全因素的工作性质，学生和实习指导老师要主动与系部沟通，再与用人单位协商彻底解决安全隐患；

（六）各系应积极动员学生办理人身安全保险，掌握本系学生办理保险情况，并向实习单位讲明所接受学生投保情况；

（七）在学生实习期间，各系要组织巡查人员深入实习点，了解学生实习情况，检查并消除安全隐患，定期召开学生实习安全会议；学院将组织相关部门组队定期或不定期深入实习点检查各系实习安全工作进展情况，督促指导各系完善学生实习安全管理工作。

第五节　其　他

第五十一条　学生实习是完成教学的重要组成部分，学生的实习表现将纳入学生综合测评体系，作为学生评优、资助的重要依据。学生违反实习安全管理规定，按《酒泉职业技术学院学生违纪处理规定》执行。

第五十二条 各系应当组织做好学生顶岗实习材料的归档工作。顶岗实习安全资料包括：

（一）顶岗实习协议；

（二）顶岗实习安全教育计划；

（三）顶岗学生违纪情况报告；

（四）学生顶岗实习违纪处理通报；

（五）顶岗实习巡回检查安全记录；

（六）实习表现评价表等。

第五十三条 实习学生在实习期间所获得的劳动报酬归个人所有，不得以各种名目领取、支配、挪用学生实习报酬；不得以各种名目私自收取除实习车船费用之外的学生实习费用。

第十一章 大型活动和集体外出管理

第五十四条 大型活动和学生集体外出的种类

（一）大型活动包括：全院参加的活动、全院举行的校庆活动、节假日举办的文艺联欢活动以及全体师生集体参加的各种集会；

（二）学生集体外出包括：学院统一组织的社会实践活动、参观学习等。

第五十五条 大型活动和外出活动管理原则

（一）各系各部门组织集体外出活动，要突出教育主题，坚持“就近、方便、安全”“谁组织谁负责”“谁签字谁负责”的一岗双责原则，严格落实安全责任制；

（二）活动前要成立领导小组，明确安全责任人，分工负责，各司其职。要选择安全的活动路线和场所，租用具有营运资质客运企业的车辆，确保驾驶员证件齐全、合格，严禁车辆超载；

（三）严格执行审批和备案制度。集体外出活动要制订详细的活动方案和具有可操作性的安全应急预案（预案应包括组织领导机构、活动的时间及地点、参加人员的范围、沿途的道路状况、明确途中和活动期间各个环节的主要责任人、一旦发生问题应采取的应对措施等），健全的活动安全保障措施，按程序进行审批和备案。凡未经批准，擅自组织集体活动的，将追究组织者的责任。

第五十六条 集体组织外出活动审批程序

（一）系部、班级组织学生在肃州区范围内活动审批程序为

填写《学生集体外出活动申请审批表》并制定安全预案→班主任签字→系部学生科初审→系党、政主要领导审批→报学生处备案。

（二）系部、班级组织跨县、跨市、跨省的活动审批程序为

活动前一周填写《师生集体外出活动申报审批表》并制定安全预案→系党、政主要领导初审→学生处或职能部门审核→业务主管院长复审→院长审批→市教育局审批。不经教育行政部门同意，一律不得组织学生外出。

（三）全院性组织学生外出参加各类集体社会活动审批程序为

由组织单位在活动前一周提出申请→填写《学生集体外出活动申报审批表》并制定安全预案→学生处或团委审核→报分管领导批准后方可举办活动。

（四）教学计划内的活动，如实习实训、社会实践等正常教学业务需要所组织的集体外出活动，由组织单位书面报告给所在系部领导审批后，报学院学生处及有关职能部门备案。

（五）学生个人外出须提前写好请假条，写明外出事由、地点、返校时间。审批程序按《学院学籍管理规定》及《学院学生住宿管理办法》等有关规定办理。学生个人未经请假或办理相关手续外出，视情节按违纪处理。

第五十七条 工作要求

（一）没有特别批准，不要轻易组织、参加校外大型活动和外出。遇有雨雪、大雾等恶劣天气，一律不准组织外出；

（二）要从严控制组织与教育教学无关的学生集体外出活动，原则上不组织学生跨县、跨市、跨省集体参观游览；

（三）要严格按批准的计划活动，严禁私自变更活动内容或活动行程，一经发现，将追究带队教师和有关领导责任；

（四）各系各部门组织集体外出前，要结合外出活动的特点，对师生员工进行有针对性的安全教育，提高自我防护能力。活动中出现意外事故要迅速启动应急预案，第一时间上报主管部门及有关单位。

第十二章 学生活动管理的“十项规定”

第五十八条 学生活动管理“十项规定”

（一）严禁在校园内（含公寓区）燃放鞭炮，学生实习实训迎送，一律不得燃放鞭炮；

（二）严禁在校园马路、教学楼前举行体育竞技比赛，所有体育竞技比赛均安排在体育竞技场地进行；

（三）严禁在校园内随意悬挂横幅，张贴海报，所有横幅悬挂须使用挂杆，海报张贴须张贴在信息宣传栏内；

（四）严禁学生在活动中随意践踏绿地，攀折树木，在公园等树木茂密地带使用明火，破坏花草等公共设施；

（五）严禁学生在学院人工湖嬉戏玩耍，游泳捕鱼，以防失足落水，造成伤害；

（六）严禁学生在晚自习期间进入校园内营业性场所；

（七）严禁学生随意进入尚未竣工的建筑场地，以防造成人身伤害；

（八）严禁学生乘坐三无车辆、酒驾车辆，严禁学生在教学、实习中驾驶机动车辆；

（九）严禁学生饮用外卖食品、饮料；

（十）严禁学生寒暑假期在宿舍放置贵重物品。

第十三章　事故处理及责任区分

第五十九条　学生日常安全事故处理及责任区分

1. 当学生生命安全、集体和个人财产面临严重威胁或发生重大损失时，知情人要立即向保卫处、学院职能部门及地方相关部门报告；保卫处、有关部门及学院领导应迅速组织力量，采取措施，排除险情，消除隐患，保护现场，同时做好稳定工作，恢复秩序，并积极协同地方相关部门处理善后事宜。

2. 凡因学生违反国家法律、法规以及学院纪律、规章制度而产生的一切后果，包括对自身造成伤害或财物损失的，均由当事人承担责任；对他人造成伤害或对集体、他人财物造成损失的，由当事人承担全部责任；对自身、他人都造成伤害或对集体和个人财物都造成损失的，由当事人承担全部责任；并视情节按照《酒泉职业技术学院学生违纪处理规定》等校规校纪处理，触犯刑法的，要移交司法机关处理。

3. 对未经批准擅自离校不归，学院不知去向的学生，各系应在第一时间寻找并及时通知学生家长，同时报告当地公安部门。两周不归且未说明原因办理请假手续者,按自动退学处理。如若发生意外事故的,学院不承担责任。

4. 学生因病或责任不在学院的意外伤亡,学院概不承担医药、医疗费和丧葬费。

5. 责任不在或不完全在学生本人而发生意外死亡,依据2002年教育部第12号令《学生伤害事故处理办法》进行处理。

6. 凡是事故责任由学院以外的其他单位、个人承担的学院不再给予其他补助。

第六十条 学生实习安全事故处理及责任区分

(一)突发事故工作原则

1. 畅通信息渠道。当企业或实习指导教师发现有伤害事故或突发事故隐患时,必须及时报告教学系实习安全工作小组,同时报学院实习安全工作领导小组,切实杜绝隐患。

2. 有效处理事故。如发生突发事件,各方必须立即行动,密切配合,服从应急任务分配和人员调度,保证在最短时间内完成对事故现场的应急行动。凡因工作延误、失职、不服从指挥、不负责任而造成矛盾激化,产生严重后果的,要追究相关人员的责任。

(二)紧急情况预案

1. 当发生与他人冲突事件时,现场所有人员均应主动出面制止和劝解,避免事态进一步恶化,实习指导教师应按有关规定对事件快速作出处理,并将情况尽快反馈教学系。

2. 当发生学生人身伤害、突发疾病或重大事故时,企业有关负责人应立即将学生就近送医保定点医院治疗,并通知实习指导教师;实习指导教师应在第一时间将情况及时报告教学系,并将事故发生过程以书面形式上报。

3. 当发生一般财产损害情况时,指导教师与学生应保护好现场,另外视情况报告教学系及公安机关,请求调查处理。

4. 当生产和生活环境发生灾难性事件时,学生及现场人员应迅速撤离事件现场,并迅速报告指导教师和教学系。同时视情节轻重,在确保自身安全的情况下,进行必要救灾,但不提倡学生在事件中扮演消防员角色。

5. 学生实习期间如发生集体发病、中毒等突发事件,在送医院抢救的同时,要立即通知教学系处理,同时报学院学生实习领导小组。学院要立即查明情况,授权专人负责向媒体发布并及时向上级主管部门汇报,其他人不能发布有关事件的任何消息。

6. 学生在非学院安排的实习中，在放假期间，在学生自行上下班、离厂（校）、返厂（校）途中等发生的安全事故，由学生本人负责，系部可协助处理，但不负安全责任。

7. 学生无故不到实习单位，企业应尽早与实习指导教师联系，查清情况，酌情作出相应处理，原则上12小时内应查清情况；若24小时情况不明，实习指导教师应向系部领导汇报处理。

8. 因管理不善、工作不负责任、徇私舞弊、忽视安全生产等造成实习学生安全事故的，视情节严重，根据学院的有关规定，追究实习指导教师及其连带责任。

第十四章　附　则

第六十一条　本规定未涉及的安全管理工作内容，参照教育部学生安全管理和安全教育管理规定和学院的相关文件执行。

第六十二条　本规定自发布之日起试行。

附件：

1. 酒泉职业技术学院学生安全责任协议书
2. 酒泉职业技术学院学生校外实习安全责任书
3. 酒泉职业技术学院学生集体外出活动申报审批表
4. 酒泉职业技术学院学生集体外出活动安全事故处置预案
5. 酒泉职业技术学院外出活动安全承诺书

附件1

酒泉职业技术学院学生安全责任协议书

大学生是具有完全民事行为能力的自然人,能够为自己的行为承担相应的责任。为明确学院与学生各自的权利与义务,加强学院安全管理,明确学生安全行为规范,强化学生的安全意识、法纪观念和自律意识,保证学生的在校安全(含校外实习实训),促进学生健康成长。根据《中华人民共和国高等教育法》《普通高等学校学生管理规定》《高等学校校园秩序管理若干规定》《普通高等学校学生安全教育及管理暂行规定》《学生伤害事故处理办法》和《酒泉职业技术学院学生安全管理暂行规定》等有关规定,由酒泉职业技术学院(甲方)与学生(乙方)签订本协议。甲、乙双方通过学习和讨论,对本协议所有条款都做了全面准确的理解,对协议所述条款认识一致:

第一章　学院责任

第一条　学院依法维护学生的合法权益。

第二条　学院应当为学生提供一个安全卫生的学习、生活环境。

第三条　学院应当对在校学生进行必要的安全教育和自护自救教育;应当按照规定,建立健全各种安全制度,采取相应的管理措施,预防和消除教育教学环境和校内学生生活环境中存在的安全隐患。

第四条　学院必须定期对学生安全教育和管理的情况进行分析,班主任必须经常深入学生中了解学生的情况。

第五条　学生发生意外事故以及学生要求保护人身或财物安全等情况时,学院应及时采取措施进行处理和救护。

第六条　学生人身和财产发生一般伤害后,学院要及时调查处理,根据当事人或他人的过错,责令其赔偿损失,并给予批评教育或相应的纪律处分。

第七条　因下列情形之一造成的学生伤害事故,学院应当依法承担相应的责任:

(一)学院的校舍、场地、其他公共设施,以及学院提供给学生使用的学习用具、教育教学和生活设施、设备不符合国家规定的标准,或者有明显不安全因素的;

（二）学院的安全保卫、消防、设施设备管理等安全管理制度有明显疏漏，或者管理混乱，存在重大安全隐患，而未及时采取措施的；

（三）学院向学生提供的药品、食品、饮用水等不符合国家或者行业的有关标准、要求的；

（四）学院组织学生参加教育教学活动或者校外活动，未对学生进行相应的安全教育，并未在可预见的范围内采取必要的安全措施的；

（五）学院教师或者其他工作人员在履行组织、管理未成年学生的职责期间，发现学生行为具有危险性，但未进行必要的管理、告诫或者制止的；

（六）学生有特异体质或者特定疾病，不宜参加某种教育教学活动，学生在入校时已经说明而学院未予以必要的注意的；

（七）学生在校期间突发疾病或者受到伤害，学院发现，但未根据实际情况及时采取相应措施，导致不良后果加重的；

（八）学院教师或者其他工作人员体罚或者变相体罚学生，或者在履行职责过程中违反工作要求、操作规程、职业道德或者其他有关规定的；

（九）学院有未依法履行职责的其他情形的。

第二章　学生责任及其监护人（或抚养人）责任

第八条　学生必须严格遵守国家法律、法规和学院的各项规章制度，服从学院有关部门的管理，注意自身的人身和财物安全，防止各种事故的发生。

第九条　学生应向家长告知学院的各项规章制度。

第十条　学生遇到困难及发现安全隐患，应向有关部门或老师报告。

第十一条　学生由于过错，有下列情形之一，造成学生伤害事故，学生及其监护人（或抚养人）应当依法承担相应的责任：

（一）学生违反法律、法规、社会公共行为准则和学院的规章制度或者纪律，造成伤害事故的；

（二）学生的以下行为具有危险性，学院、教师已经告诫、纠正，但学生不听劝阻、拒不改正的：

1. 收藏使用管制刀具和危险物品的。

2. 因酗酒、赌博、吸毒、贩毒、参与打架斗殴、敲诈勒索、聚众闹事、非法传销等活动，造成人身财产损害的。

3. 到社会营业性娱乐场所(舞厅、茶座、酒吧、夜总会等)陪吃、陪跳、陪唱,造成人身财产损害的。

4. 违反规定到河流、池塘、水库中去洗澡、戏耍、游泳等造成伤害事故的。

5. 违反教室、宿舍和其他场所消防、用电管理规定,使用蜡烛、酒精炉等明火工具;使用"热得快"等大功率电器或私接乱拉电线;在寝室吸烟,离开寝室电源没关等引发火灾或触电,造成人身财产损害的。

6. 违反学院规定私自外宿、夜不归宿造成伤害事故的。

7. 学生违反规定擅自在院内已设警示标识或明令禁止的地方玩耍造成伤害事故的。

8. 外出活动租用私营车辆或乘坐无牌无证、醉驾资质不合格和超载的车船,不遵守当地交通法规的。

9. 观看、下载、传播反动、淫秽书籍和音像图片,利用计算机网络、手机移动电话等通信工具进行各种违法违纪活动的。

10. 学生参与邪教、迷信、传销等非法活动的。

(三)学生有特异体质,或者患有特定疾病,但未告知学院的;

(四)未成年学生的身体状况、行为、情绪等有异常情况,其监护人已被学院告知,但未履行相应监护职责的;

(五)违反学院严禁学生在校外租房居住的规定,造成自身的人身和财物安全受到损害的;

(六)在日常教学及各项活动中,学生因不遵守纪律和有关规定或不按要求活动而发生意外事故,造成自身或他人人身、财产损害的;

(七)学生个人及学生团体擅自组织集体外出活动,未按程序进行审批,未按学院规定进行的;

(八)未履行审批手续,学生私自到校外工作的;

(九)学生在校内外参加实习、实训,违反操作或安全规定,发生安全事故的;

(十)学生违反学院规定攀爬院内建筑、树木或其他设施,翻越围墙、窗台或阳台等造成伤害事故的。

第三章 其他责任范围

第十二条 学院安排学生参加活动,因提供场地、设备、交通工具、食品及其他消费与服务的经营者,或者学院以外的活动组织者的过错造成的学生伤害事故,有过错的当事人应当依法承担相应的责任。

第十三条 因学院教师或者其他工作人员与其职务无关的个人行为,或者因学生、教师及其他个人故意实施的违法犯罪行为,造成学生人身伤害的,由致害人依法承担相应的责任。

第十四条 因下列情形之一造成的学生伤害事故,学院已履行了相应职责,行为并无不当的,不承担责任:

(一)损害事故的发生与学院的设施无关,或者虽与学院的设施有关,但学院的设施并无缺陷的;

(二)学院或老师履行了应尽的教育管理职责,损害事件仍不可避免地必然发生的;

(三)地震、雷击、台风、洪水等不可抗拒的自然因素造成的;

(四)来自学院外部的突发性、偶发性侵害造成的;

(五)学生有特异体质、特定疾病或者异常心理状态,学院不知道或者难于知道的;

(六)学生自杀、自伤的;

(七)学生在校期间突发疾病,学院已采取措施并及时通知学生监护人(或抚养人)但仍发生不良后果的;

(八)在对抗性或者具有风险性的体育竞赛活动中发生意外伤害的;

(九)学生未到校或私自离校,学院已通知监护人(或抚养人),学生因此造成社会危害或意外事故的;

(十)学生擅自乘坐"三无"车辆造成伤害事故的;

(十一)其他意外因素造成的。

第十五条 下列情形下发生的造成学生人身伤害后果的事故,学院行为并无不当的,不承担事故责任;事故责任应当按有关法律法规或者其他有关规定认定:

(一)在学生自行返校、离校途中发生的;

(二)在学生不请假自行外出或者擅自离校期间发生的;

(三)在寒暑假假期、节假日等学院工作时间以外,学生自行滞留学院或者自行到学院发生人身、财产和安全事故的;

(四)其他在学院管理职责范围外发生的。

第十六条 学生采取非正常途径、手段解决同学之间的矛盾、冲突引发斗殴造成的安全事故,学院概不承担责任,由当事人承担事故责任。

第十七条 学院严禁学生酗酒。学生酗酒,学院根据校纪校规给予其相应的纪律处分,严重者给予开除。学生酗酒而发生安全事故,由学生本人承担责任,学院概不承担责任。

第十八条 学生擅自到校外就餐,造成食物中毒的,学院不承担责任。

第十九条 在无人野外或夜间单独出行,盲目听信他人等,造成人身财产损害的,学院不承担责任。

第二十条 学生因自己过错受损害的,由本人承担责任。学生因过错行为,造成他人人身、财产损害的,由过错学生承担相应责任。

第二十一条 学生因个人事务离校外出的,均视为个人行为,发生的一切事故,学院不承担责任。学生在寒暑假期、节假日放假离校期间或办理离校手续后发生意外事故的,学院不承担责任。

第二十二条 根据本协议应由学生承担赔偿责任,未成年学生或成年学生没有经济收入的,由学生监护人或抚养人负责赔偿。

第二十三条 在校内正常生活及由学院在校外组织的活动中,由于自然灾害或不能避免的原因造成的损害,学院不承担责任。

第二十四条 按国家教育部规定,由经学院指定的专业医院确诊为精神病、癫痫病或患其他不适合在校学习疾病的学生,应予以退学,由其监护人领回。学生及其监护人不得无理取闹,扰乱学院教学、生活秩序。造成严重后果按相关法律规定和程序办理。

第二十五条 未尽事宜,依照2002年教育部第12号令《学生伤害事故处理办法》执行。

第四章 附 则

第二十六条 本规定适用于酒泉职业技术学院全日制在籍学生、校外实习学生,实习学生到达实习单位、返回学院的路途安全和实习过程中的其他未尽安全事宜,另行签订《实习学生安全责任书》。

第二十七条 本协议自双方签订之日生效,至学生办清毕(结)业离校手续之日终止(被学院开除学籍或自动退学的,至处理决定生效之日起终止)。

第二十八条 在协议执行中,若发生异议,按照协商一致的原则进行处理,经协商不成的,可依法向协议签订地人民法院提起诉讼。

第二十九条 本协议一式两份,学院、学生本人和监护人(或抚养人)各执一份。本协议双方签字盖章后,即具有法律效力。酒泉职业技术学院派各系代理学院签章。

甲方:酒泉职业技术学院委托代理(盖章): 乙方(学生签字):

班主任签字: (监护人或抚养人签字):

法律顾问签字:

签订地点:

年 月 日 年 月 日

附件2

酒泉职业技术学院学生校外实习安全责任书

甲方：酒泉职业技术学院＿＿＿＿＿＿系

乙方：＿＿＿＿＿＿＿＿＿＿＿＿＿＿＿＿

丙方：＿＿＿＿＿＿＿＿＿＿＿＿＿＿＿＿

校外实习是重要的实践教学环节，是理论联系实际、培养学生独立工作能力的重要途径。为加强对学生校外实习管理，确保学生安全而有效地完成校外实习，经双方协商，就学生在校外实习的安全，酒泉职业技术学院＿＿＿＿＿＿系（以下简称：甲方）、实习学生（以下简称：乙方）、实习基地（以下简称：丙方）达成协议并签订责任书如下：

一、甲方责任

1. 甲方在组织实习前，要对乙方进行交通安全、生产安全等教育，向学生宣讲实习过程中各项安全规定，引导学生购买人身安全保险。

2. 甲方要在实习期间选派教师检查学生实习情况，与实习单位进行协调沟通，同时进一步对学生进行安全教育、管理。

3. 甲方安排＿＿＿＿＿＿＿老师为乙方的实习指导教师，负责乙方的校外实习指导与安全教育。

4. 甲方协助丙方负责顶岗实习期间住宿学生的住宿卫生和住宿安全。

5. 甲方协助丙方处置学生顶岗实习期间的紧急救护工作，对突发伤病及时采取救治措施。

二、乙方责任

1. 乙方参加校外实习前，应书面向指导老师汇报，并留下可联系到的通信方式，在甲方的带队老师允许下，方能离开学院去实习岗位。

2. 乙方要按照甲方教学计划和实习单位的要求从事顶岗实习，实习期间必须服从指导教师（校内、校外）的工作安排和指导，服从管理；在公共场所，要遵守社会公德和公共秩序，增强安全防范意识，提高自我保护能力。

3. 乙方在校外实习期间，应自觉遵守国家法律、法规，实习期间必须严格遵守甲方和实习单位的各项规章制度、安全操作规程，积极接受安全教育和管理，加强工作、生活过程的安全意识和纪律，努力维护甲、乙、丙三方的声誉，不做有损大学生形象的事。若发生打架斗殴等事件，将按学院有关规定严肃处理。

4. 乙方在工作之余外出必须征得实习指导教师的同意，并三人以上结伴而行，严格遵守交通规则，确保自身安全，以防意外事故发生；杜绝一切危险、违法活动；严禁传销，严禁进游戏厅、歌厅等娱乐性场所；避免与陌生人和流窜人员交往，以防上当受骗。

5. 乙方在校外实习期间，必须提高安全防范意识，注意自身的人身和财物安全，防止各种事故的发生，努力完成实习任务。

6. 在校外实习过程中，严禁下江、河、湖泊、水塘等游泳，严禁带火种上山，严禁酗酒，严禁乘坐无保险的私人营运车辆。

7. 乙方在校外实习期间，未经批准，不得擅自离开实习单位，或从事与生产实习无关的活动。

8. 乙方要购买实习期间人身安全保险。

三、丙方责任

1. 丙方要为实习学生提供对口的生产一线专业技术岗位，落实具体顶岗实习任务。

2. 丙方要做好实习学生的岗位安全教育及日常安全管理工作。

3. 丙方安排______________师傅为乙方的企业指导教师，负责乙方的岗位安全操作、安全指导与安全教育。

4. 负责顶岗实习期间住宿学生的住宿卫生和住宿安全。

5. 负责处置学生顶岗实习期间的紧急救护工作，对突发伤病及时采取救治措施。

四、违约责任

1. 如果违反本协议，直接导致乙方在实训实习期间的人身伤亡事故，由违约方承担赔偿责任。

2. 在实习实训期间，如果乙方因违反规定的安全制度、安全条例、操作规程或因学生自身原因而造成意外安全事故或经济损失的，依法处理。甲方将协助乙方共同向有关方面追究责任，但甲方不承担任何经济和法律责任；乙方个人自主选择实习单位的，如出现安全问题由乙方自己负责处理。

3. 乙方到达实习单位后，确需中途离开单位或终止实习工作，必须提出书面申请，征得指导老师（校内、校外）的同意批准，并与实习单位办理有关手续后方可离开。否则，由此引发的一切安全或其他责任，由学生本人承担。

4. 实训实习期间，因不可抗力所造成的一切人身伤亡或经济损失，甲方不承担任何法律责任。

五、其他约定

1. 实习期为________年____月____日至________年____月____日。

2. 本协议经三方签字盖章后生效，一式三份，甲、乙、丙三方各执一份。

3. 未尽事宜，由甲、乙、丙三方另行协商。

（注：各系以此《酒泉职业技术学院学生校外实习安全责任书》为范本，可结合系部实际制定相应协议。）

甲方：酒泉职业技术学院__________系（盖章）

甲方代表签字（指导老师）：________　　年　月　日

甲方法律顾问：________　　年　月　日

乙方：__________（学生）　　年　月　日

丙方代表签字（签章）：________　　年　月　日

附件 3

酒泉职业技术学院学生集体外出活动申报表

申报单位:(公章)　　　　　　　　　　申报日期:　　年　月　日

<table>
<tr><td>活动时间</td><td></td><td>活动地点</td><td></td></tr>
<tr><td>活动内容</td><td></td><td>交通工具</td><td></td></tr>
<tr><td rowspan="2">参加对象
人数</td><td rowspan="2"></td><td>活动组织者签名</td><td></td></tr>
<tr><td>带队老师签名</td><td></td></tr>
<tr><td>安全工作
预案(安全
保障措施)</td><td colspan="3"></td></tr>
<tr><td>班主任
意　见</td><td>年　月　日</td><td rowspan="2">系部领
导意见</td><td rowspan="2">(签章)
年　月　日</td></tr>
<tr><td>系职能部门
意　见</td><td>年　月　日</td></tr>
<tr><td>院职能部门
意　见</td><td colspan="3">(公章)
年　月　日</td></tr>
<tr><td>主管院领导
意　见</td><td colspan="3">(签章)
年　月　日</td></tr>
<tr><td>院　长
意　见</td><td colspan="3">(签章)
年　月　日</td></tr>
<tr><td>市教育局
意　见</td><td colspan="3">(公章)
年　月　日</td></tr>
</table>

注:(1)学生外出应遵守《学院学生外出活动管理规定》,需制定《外出安全公约》(含应急预案)并组织学习、签名;

(2)外出之日应视天气、车况等最终决定是否出行;

(3)审批权限:班级、系部活动审批至系部领导,肃州区以内审批至院级领导,肃州市之外审批至市教育局;

(4)《申报表》:肃州区范围内的系部自存,院级组织活动范围内的教学系、职能部门各存一份,肃州区范围之外的系、学生处、市教育局各存一份。

附件4

酒泉职业技术学院学生集体外出活动安全事故处置预案

为有效防范学生集体外出参加各类活动安全事故的发生，最大限度地减少和控制事故发生后的伤害和损失，根据省、市教育行政部门关于加强学生校外活动安全工作的指示精神，结合我院实际，特制定本预案。

一、适用范围

本预案适用于学院、系部、群团组织、有关部门组织的学生外出参观、郊游、参加各级各类文体活动等集体校外活动。

二、领导机构

成立学生集体外出活动应急领导小组，成员组成(略)。

三、审批权限

1. 参观、郊游活动

按《学院学生外出活动管理规定》要求执行。

2. 参加文体活动

学院(校)组织的外出活动，具体负责组织的单位应事先征得分管领导同意。系部组织的外出活动需报学生处备案。班级组织的外出活动应经教学系主管领导同意。

四、处置措施

1. 发生安全事故，组织者应积极争取救助和开展自救工作。在保护现场的同时立即组织抢救，及时拨打110报警和120请求救护，及时送伤员至最近的医院进行抢救和治疗。

2. 出现事故时组织者应立即向教学系、学生处、学院汇报，若出现重大事故须立即向学院应急领导小组汇报。

3. 组织者应控制好局面，安抚好学生，视情况及时调整活动计划；若发生学生安全事故，必须及时通知学生家长。要把突发安全事件控制在一定范围内，避免造成学校秩序混乱和失控。

4. 学院应急领导小组应统一指挥，快速反应，争取第一时间掌握信息，并根据事故发生状态和本预案相关规定迅速部署抢救工作，力争将事故损失降低到最低程度，同时视事故轻重按规定尽快向有关部门上报事故情况，寻求帮助。

5. 事故发生后，学院应急领导小组应按有关法律法规积极稳妥地处理善后工作。

五、其他

1. 学生参加专业见习、实习、实践等集体外出活动，按学院教学管理的有关规定执行。

2. 未尽事宜参照执行。

附件5

酒泉职业技术学院外出活动安全承诺书

本人自愿参加在__________________(时间)由__________________(班级或单位)组织的__________________活动(以下统一简称“活动”),本人__________________以自己的名义声明如下:

1. 本人完全明白本人活动存在的各项风险(包括人身、经济损失及其他可能出现的损失和风险),前述风险既可能因本人自己的作为或不作为或过失造成,也可能因他人的作为、不作为或过失而造成,或者因对活动的有关设备、设施、道具或场区的状况条件不熟悉以及活动的规则造成。

2. 承担本人人身及财产损失方面,本人参加活动所导致的或由于前述活动产生的任何损失和所有风险。

3. 本人保证在活动前已将本次活动的详细情况告知父母或法定监护人,并征得了他们的同意。

4. 承诺不会就人身或财产损失向目前就读的酒泉职业技术学院以及教学系等提起关于无过错责任和间接责任的诉讼或有关赔偿请求。

本人保证已阅读和理解并自愿作出上述声明。

学生签字:

实习学生违纪处理规定

为维护学院的教育教学秩序和生活秩序，维护学院和学生的合法权益，保障公共安全，根据教育部《普通高等学校学生安全教育管理规定》《高等学校学生行为准则》以及《酒泉职业技术学院实习学生安全管理规定》，结合及实习企业纪律、安全等相关要求，特制定本规定。

第一条 实习期间，无特殊原因，应当服从学院实习工作的安排，按时到实习单位报到，未按时报到者，依据《违纪学生处理规定》处理。

第二条 学生在实习期间有不良言行、有不符合学生身份的行为或公共卫生差，造成不良影响者，给予纪律处分。

第三条 学生参加学校统一组织的实习活动，必须严格遵守实习纪律，对违反纪律的学生，可视情节轻重，给予批评教育或纪律处分。具体办法如下：

（一）实习期间，无特殊原因，应当服从实习单位的安排，不得自行在外联系住宿；违反实习纪律的学生应接受指导教师、学院和实习单位的批评教育，情节严重的，学院责令其暂停实习，限期改正。

（二）实习期间（包括安排在寒暑假实习），因个人原因需离开实习岗位的，由学生或其家长（监护人）须提前一周向系部提出书面申请，经批准后并写好安全责任自负的承诺后方可离开。否则，擅自离开实习单位的可视其情节给予下列纪律处分。

1. 擅自离开实习单位后能够迅速回家，并及时主动到学院接受批评教育，能认识错误并能服从学院另行安排的，视其情节，学院给予警告以上处分。

2. 擅自离开实习单位能及时回家并告知学院者，在接到学院通知后仍拒绝到学院办理手续，给予记过以上处分。

3. 擅自脱离实习岗位时间达一天以上者，按旷课计（每天按 8 课时计），给予严重警告以上处分；因此而产生的其他事故（如交通、安全事故等），由学生本人承担责任；连续两周失去联系者，按自动退学处理。

第四条 实习期间,实习学生必须遵守劳动纪律,服从管理,否则给予以下纪律处分。

1. 因违规违纪被用人单位处分或辞退者,能主动回家到学院接受批评教育,并认识错误,做出书面检讨的,给予记过处分,否则,给予留校察看或开除学籍的处分。

2. 实习学生不服从实习单位管理,提出不合理要求、无理取闹并有过激行为者,给予警告处分;造成不良后果的,从重处分,直至开除学籍。

3. 实习学生在实习期间不遵守公民道德规范,不注意个人修养,不维护学院和实习单位的声誉,有诽谤、诋毁他人和学院的言论,给学院及实习单位声誉造成不良影响的,给予严重警告以上处分;造成严重后果的,学院将追究其相关责任。

4. 在实习期间有违反学院或实习单位相关规章制度者,视情节轻重,按照《酒泉职业技术学院学生违纪处理条例》给予警告以上处分;因此给企业造成经济损失的,责任由实习学生承担。

5. 违反操作规程操作的,视情节轻重,给予记过以上处分;造成重大经济损失的,除按国家相关法律法规、实习单位的相关规章处理外,学院给予留校察看处分。

6. 学生实习期间因实习、学习、生活等方面问题与厂方发生矛盾纠纷或有异议的,应及时向班主任或学院实习带队教师反映情况,通过正常渠道和程序与单位相关部门积极协调解决。若因实习学生私自按非正常程序处理,导致的不良后果由学生本人承担,学院将视情节轻重给予警告以上处分。

7. 实习期间未经批准随意更换实习单位者,给予警告以上处分。

第五条 实习考勤制度

1. 实习期间,原则上不准请假。因病、因事必须请假时,病假须由医生开具的病休证明,并经带队老师、实习单位指导老师同意签字后,将病休证明给带队教师存查;请事假必须有书面请假条,1 天以内(含 1 天)由带队老师与实习单位协调签署意见;1 天以上 3 天以内(含 3 天)在事先得到带队老师同意并由实习单位签署意见后,上报系部学生管理办公室审批;3 天以上 5 天以内由系主任批准;5 天以上由系主任签署意见、报学院分管学生管理的院领导审核后送教务处、学生处备案。事假一般不超过两周。

2. 假满必须到带队教师处销假,擅自离岗或假满未销假者,或未办理完请假手续离岗者，一律按旷工论处。旷工 1 天，按旷课 8 学时计算，旷课时数累计达到纪律处分的，按《酒泉职业技术学院大学学生违纪处理规定》第十一条处理，依情节分别给予警告处分直至开除学籍处分。

3. 实习生不得委托其他同学代请假；不得借故和虚构理由请假；不得未请假（含未经批准）离开实习基地；不得无故或借故超假，未履行请假手续或请假手续超假者一律按旷课（实习）论处。

4. 学生在实习期间的考勤实行双重考勤：即班级实习小组组长与实习带队老师的考勤，管理人员将不定时的抽查考勤。学生实习考勤以学时为单位，每天按 8 学时计，上午 4 学时，下午 4 学时。学生迟到或早退 3 次，按旷课 1 学时；迟到或早退 30 分钟，按旷课处理。

5. 实习期间，病假时间超过 3 个月者，应办理休学手续。

6. 实习期间（包括学生寒暑假实习）双休日和法定节假日休息按实习基地规定执行。

7. 实习期间同学或班干部口头请假或捎假或事后补假，一律无效，按旷课处理。

第六条　损坏公物赔偿制度

（一）公物包括实习单位的公共财产；

（二）损坏公物赔偿视其情节轻重给予以下处分：

1. 无意损坏，并能够主动承担责任，认错态度好，由学生个人照价赔偿，给予批评教育。

2. 无意损坏，但推卸责任，认错态度差，阻碍问题的及时处理，由学生个人照价赔偿，给予警告或记过处分。

3. 有意损坏，但经批评教育，认识到错误，由学生个人照价赔偿，给予记过处分。

4. 有意损坏，且不愿承担责任，认识不到自己的错误所在，并给调查工作带来一定难度，由学生个人照价赔偿，并给予留校察看处分。

5. 对责任不能够落实到个人的，由本小组或班级共同承担责任。

第七条　实习安全

（一）违反消防安全规定，违章用电、用火、用易燃品的行为，造成安全隐患或安全事故的，赔偿一切损失，给予记过以上处分；

（二）违反车间规章制度，在车间内吸烟，视情节给予记过以上处分；

（三）由于违规操作造成安全事故的，将由责任人负责一切后果，并给予严重警告以上处分；

（四）不遵守车间规章制度，造成安全事故，并涉及他人或仪器的，将由该生承担一切后果，按有关规定处理；

（五）不遵守实习纪律，在车间内从事与实习无关的事，造成不良影响的，给予警告以上处分。

第八条 对实习违纪学生的处分程序，先由带队教师形成书面材料，待实习单位签字盖章后，传真到系部核实后，按《酒泉职业技术学院学生违纪处理规定》处分权限及处分程序给予纪律处分，因教学内容安排不当引起的学生违纪，由教务处取证审查。处分决定应送达学生本人，可以按规定申诉。

附则 其 他

第九条 未尽事宜按教育主管部门有关规定和学院的管理规定办理。

第十条 本办法自公布之日起施行。

禁止学生吸烟、饮酒的规定

为维护正常的校园秩序,保障学生身体健康,严肃校纪,营造良好的学风和校风,依据教育部《普通高等学校学生管理规定》和《教育部关于在全国各级各类学校禁烟有关事项的通知》(教基一函〔2014〕1 号)以及《关于禁止高等学校学生酗酒的通知》(教政厅字〔1988〕003 号)、《酒泉职业技术学院学生违纪处理规定》,现将学院加强学生教育管理、严禁学生饮酒吸烟有关事项规定如下:

一、本规定适用于所有在校注册学生。

二、学生工作处是全院禁止学生饮酒吸烟的职能管理部门,具体负责制度修订和贯彻落实情况的检查,对学生带酒进公寓、在宿舍饮酒吸烟进行督查制止并通报有关系部;后勤管理处是禁止学生饮酒的协助管理部门,具体负责对校内商店、食堂、小卖部等经营单位酒类商品的出售进行教育检查和管控;各系部对本系学生饮酒吸烟负有监管责任,负责对本系学生带酒进公寓、在宿舍饮酒吸烟进行检查制止,禁止饮酒吸烟日常的教育管理。

三、学生应当自觉遵守《高等学校学生行为准则》、学院学生活动管理"十项规定"和学生管理制度,养成良好的道德品质和行为习惯,禁止在校期间、在实训基地实习及顶岗实习期间饮酒吸烟,一经发现严肃处理。

四、校园内的食堂、超市、饮食摊点等禁止向学生出售一切酒类、烟类商品,违反规定者视情节给予 1 000 元以上的经济处罚,造成不良后果的,承担相应责任。

五、学生不得以任何名义在食堂饮酒,更不得将酒类饮品从校外带入校内、带进宿舍饮用或存放。也不得在校园内吸烟,学生有类似行为经批评教育不改者,给予警告直至开除学籍处分。

六、有以下情形的一律视为饮酒后行为,学院给予警告处分。

(一)在校内外饮酒被发现或被举报的;

(二)有明显的饮酒行为及其表现的(饮酒后发生呕吐、言行失态);

（三）有明显酒味的。

七、有下列情形之一的，视为酗酒行为。有酗酒行为，造成有损于大学生形象的给予记过（含记过）以上处分；有酗酒滋事行为，给予留校察看（含留校察看）以上处分。

（一）酒后行为失态的（大声喧哗、违反门卫及宿舍管理规定）；

（二）饮酒后有不良言行以及酒后夜不归宿的；

（三）因饮酒引起身体不适或引发疾病，需要治疗的；

（四）饮酒后滋事的；

（五）其他饮酒过度违规违纪行为。

八、有下列情形之一的，视为酗酒闹事行为。因饮酒造成公私财物损失或他人人身伤害的，由当事人承担相应的损失赔偿，对触犯法律的，移交司法机关处理，学院直接给予开除学籍处分。

（一）酒后发生打架斗殴，造成人身伤害事件的；

（二）酒后造成公（私）财产损失的行为，造成严重后果或影响的；

（三）酒后扰乱正常教学和生活秩序的。

九、学院所有公共场所内一律禁止吸烟，学生不得在宿舍、教室、图书馆、实验实训室、体育场馆、活动中心、食堂餐厅、公园等公共场所吸烟，也不得在人员密集的马路、文化广场、集会场地吸烟，也不得在公共场所边走边吸。

（一）学生在公共场所吸烟一经发现，给予警告处分。

（二）因吸烟引起以下事故，给予记过以上处分。

1. 因吸烟引起火灾，未造成财产损失和人员伤害的给予记过处分。

2. 因吸烟引起火灾，造成财产损失但未造成人员伤亡的，由吸烟者赔偿财产损失，并给予留校察看处分。

3. 因吸烟引起火灾，造成财产损失和人员伤害，由吸烟者承担相应的赔偿，对触犯法律的行为，移交司法机关进行处理，并直接给予开除学籍处分。

十、因饮酒吸烟受处理的学生，自受处理之日起一年内不得参加三好学生、优秀学生干部、优秀团员、优秀团干等的评选；不得参加各类奖助学金的评定。已取得奖助学金的按规定追回，不得担任学生干部，不得发展入党。

十一、因饮酒吸烟受处理的学生干部，自受处理之日起在校期间不得参加三好学生、优秀学生干部、优秀团员、优秀团干等的评选；不得参加各类奖助学金的评定，已取得奖助学金的按规定追回，不得再担任学生干部，不得发展入党。

十二、发现学生酗酒吸烟，任何人都有义务劝阻，并向学生管理部门、教学系举报。

十三、学生在参加系部组织的毕业、结业等聚餐活动时，不得饮酒吸烟。在聚会中劝酒，致他人饮酒、酗酒、酗酒滋事的，劝酒者承担同等责任并给予记过以上处分；活动的组织者和参与活动的老师负有监督的义务，因监督不力而酿成事端的追究组织者和当事人的责任。

十四、教职员工不允许参加学生宴请活动，违反规定造成学生酒后滋事及其他不良后果的，对参与宴请的教职工要追究责任，严肃处理。

十五、学生日常聚餐时，同学之间对饮酒吸烟行为有劝阻、制止的义务。如学生饮酒，同行一起聚餐未饮酒的同学负有连带责任，学院可以视情节轻重给相应的纪律处分，对带头饮酒者、怂恿饮酒者给予从严处理。聚会召集人承担同等责任并给予记过以上处分。

十六、学生饮酒后，在校园里耍酒疯，大喊大叫，寻衅滋事，损毁公物。在确已喝醉，情绪激动，言行失控，对自身和他人的人身、财产及公共安全可能构成威胁时，按照《中华人民共和国治安管理处罚法》，学院保卫处有权采取保护性措施，将其隔离留置，直至酒醒。

十七、本规定由学生工作处负责解释。

十八、本规定自印发之日起执行。

学生社团管理规定

学生社团作为高等院校学生综合素质培养的一个重要载体,在校园文化建设中发挥着不可替代的作用。为了进一步健全和完善我院学生社团的管理体制,推动和促进学生社团积极健康发展,不断开辟更多的适应学生身心特点的第二课堂,通过丰富多彩的校园文化和社会实践活动,全面实现学院的育人目标,特制定本办法。

第一章　学生社团联合会章程

第一条　酒泉职业技术学院学生社团联合会(以下简称院社联)是引导全院学生社团开展自我教育、自我管理和自我服务的群众性联合组织,是全院学生社团的忠实代表,是酒泉职业技术学院学生社团最高管理机构。

第二条　院社联在院党委的领导和院团委的指导下独立自主地开展工作。院社联欢迎来自其他方面的指导和帮助。

第三条　院社联的宗旨:服务于学生社团的健康发展,服务于广大学生的全面成才。

第四条　院社联的主要任务

(一)高举邓小平理论和"三个代表"重要思想伟大旗帜,深入学习实践科学发展观,全面贯彻党的教育方针,继往开来,与时俱进,为推进高校素质教育和促进学校的改革发展作贡献;

(二)积极引导、管理、协调、服务、监督和考核全院的学生社团,通过组织学生社团广泛开展丰富多彩、健康向上的学术、科研、文体及公益活动,活跃校园文化,提高学生综合素质;

(三)加强与各系社联的联系,通过交流合作,资源共享,促进双方建设,带动院系两级社团繁荣发展;

（四）加强与校内有关部门的联系，为学生社团的发展创造良好的外部环境；密切与兄弟高校相关学生社团组织的关系，互相学习，加强协作；扩大与社会各界的联系，寻求广泛的支持与帮助；

（五）完成上级组织分配的其他工作任务。

第五条　院社联的基本职责

（一）审核发起成立学生社团的资格，报院团委审批、备案；

（二）受理学生社团的注销登记，报院团委审批、备案；

（三）负责学生社团每学期的登记注册；

（四）审核或批准、监督学生社团活动；

（五）协助院团委，监督审核学生社团财务；

（六）考核学生社团和学生社团干部；

（七）组织评选优秀学生社团、优秀学生社团干部和社团活动积极分子，报院团委批准、备案；

（八）开展全院性学生社团活动；

（九）协调学生社团关系，加强学生社团之间以及学生社团与各界交流；

（十）服务学生社团，为学生社团活动开展提供场地支持并进行活动合作；

（十一）建立和管理学生社团和社团干部档案；

（十二）完善自身组织制度建设；

（十三）完成院党委和院团委交办的其他工作。

第六条　院社联实行会员单位制。凡经学院正式批准注册的学生社团均为院社联成员单位。

第七条　成员单位的基本权利

（一）有权通过符合院社联章程的民主程序，参与审议院社联的重大事务；

（二）有权参加院社联组织的各种活动；

（三）有权监督和质询院社联的工作，对院社联工作提出意见和建议；

（四）有权要求院社联维护自身合法权益，享受院社联提供的各种便利条件；

（五）有权推荐本社团优秀成员担任院社联学生干部；

（六）其他规定的权利。

第八条　成员单位的基本义务

（一）坚持四项基本原则，严格遵守国家的各项法律以及学院的各项规章制度；

（二）遵守院社联章程，认真执行院社联的各项决议，服从院社联的指导和监督，积极配合院社联各项工作的顺利开展；

（三）积极开展丰富多彩、健康向上的校园文化活动，活跃校园文化，推进素质教育；

（四）享受相关权利的时候，不得侵害其他组织或个人的权益；

（五）其他规定的义务。

第九条　院社联实行民主集中制原则。

第十条　酒泉职业技术学院学生社团代表大会是院社联的最高权力机构。它的常设机构是酒泉职业技术学院学生社团联合会主席团。

第十一条　酒泉职业技术学院学生社团代表大会每两年举行一次，召开前须申报并经党委批准。各学生社团和院社联各内设部门分别可推选一定比例的学生代表参加学生社团代表大会，院社联现任主席团成员作为当然代表参加大会。

第十二条　学生社团代表大会行使下列职权

（一）制定、修改、解释并监督实施本章程以及院社联其他各项规章制度；

（二）讨论通过院社联重大方针及工作事项，整体规划全院学生社团发展；

（三）听取和审议上届院社联工作报告；

（四）收集代表的有关提案，将通过的提案修正案送交有关部门督促执行；

（五）根据提名选举产生院社联主席团成员。

第十三条　院社联行使以下职权

（一）解释、监督本章程以及院社联其他各项规章制度的实施；

（二）在学生社团代表大会闭会期间，负责实施大会决议，行使大会赋予的职权；

（三）组织引导学生社团积极开展丰富多彩、健康向上的校园文化活动；

（四）在学生社团代表大会闭会期间，根据院社联主席团提名，决定校社联内设部门部长的任免；

（五）审议主席团年度工作报告；

（六）筹备主席团换届工作；

（七）其他与院社联有关的工作。

第十四条　院社联主席团设主席 1 人，常务副主席 1 人，副主席若干，任期 1

年。主席团职责为：

（一）主席全面负责院社联工作，副主席协助主席工作并指导分管部门的工作，主席因故不能主持工作期间由常务副主席临时代行职权；

（二）定期召集学生社团负责人会议；

（三）指定并落实院社联的大政方针、工作目标等；

（四）提名并经主席团会议通过可以任免各内设部门部长、副部长；

（五）处理院社联日常事务；

（六）向上级主管部门汇报学生社团工作并提出合理化建议，加强同上级主管部门的联系；

（七）其他相关工作。

第十五条　主席团下设秘书处、社团监察部、外联部、新闻网络部等内设部门开展具体工作。各内设部门实行部长负责制。

第十六条　院社联主席团聘请院团委专职干部担任秘书长，秘书长具体负责指导和监督学生社团联合会的日常工作。秘书长的职责如下：

（一）对学生社团联合会和全校社团负责；

（二）有提名主席团成员的权利；

（三）有审查学生社团联合会经费使用情况的权利；

（四）有接受学生社团联合会工作人员咨询的义务。

第十七条　院社联学生干部依照德才兼备的原则按照《酒泉职业技术学院学生干部管理规定》选拔产生，进行管理，并自觉接受上级主管部门的监督、考察、考核。院社联干部须具备以下基本条件：

（一）政治立场坚定，坚持四项基本原则，思想积极上进；

（二）热爱社团工作，能严格要求自己，以身作则，在同学中起模范带头作用；

（三）工作认真负责、勤奋踏实，能按时保质保量完成所负责的各项工作；

（四）作风民主，团结同学，自觉接受监督，勇于开展批评与自我批评；

（五）学习刻苦，成绩优良，能够正确处理好学习与工作的关系。

第十八条　系社联在院社联指导下独立自主地开展系级学生社团工作。系社联享有的权利如下：

（一）自主管理组织发展、组织活动、组织建设、组织经费；

（二）参与并申请承办院社联的重大活动的权利；

（三）向院社联寻求各方支持的权利；

（四）其他应享有的权利。

第十九条 系社联应履行的义务

（一）参与院社联组织召开会议的义务；

（二）配合院社联做好院系社团工作的义务；

（三）配合院社联做好活动在各系的宣传动员、组织开展的工作；

（四）其他应履行的义务。

第二十条 院系两级社联实行“互为依托、互相监督，共同促进、合作共赢”的方针和“系级主抓专业社团，院级主抓通用社团”的工作原则。

第二章 学生社团管理条例

第二十一条 为进一步规范酒泉职业技术学院学生社团（以下简称“学生社团”）的管理，推动学生社团健康、有序地发展，繁荣校园文化，促进校园精神文明建设，推进学生素质教育，特制定本条例。

第二十二条 本条例所称学生社团，是指酒泉职业技术学院学生为实现成员的共同意愿和爱好自愿组成，按照其章程开展活动的业余群众性学生组织。共青团酒泉职业技术学院委员会（以下简称“院团委”）受学校党委委托，承担对学生社团的日常管理工作。

第二十三条 学生社团各项活动必须遵守宪法、法律、法规和国家政策，必须遵守酒泉职业技术学院的规章制度。

第二十四条 学生社团的成员必须是具有正式学籍的酒泉职业技术学院在校学生。

第二十五条 学生社团的基本任务

适应社会发展需求，适应教育改革及学生成长成才的需要，积极开展健康有益、丰富多彩的第二课堂活动，充分体现学生社团的思想教育功能、凝聚功能、培养功能、示范功能，促进学生德、智、体、美全面发展，提高学生综合素质。

第二十六条 学生社团的活动经费来源为主管部门拨款、成员缴纳的会费以及接受奖励或赠与等。社团财务管理必须遵守学校的财务制度。

第二十七条 学生社团分为院级和系（校）级两种。院级学生社团由院团委具体负责注册登记、监督考核等具体管理工作。系级学生社团由所属系团总支负责日常管理。系级学生社团原则上不允许面向全院学生招收成员和开展活动。

第二十八条 学生社团成员大会由全体成员组成,成员大会是学生社团的最高权力机构,依照本办法的规定行使职权。

第二十九条 学生社团成员大会应当每学期至少召开一次,并将大会决议及时报院社联批准、备案。

第三十条 成员大会行使下列职权

(一)选举和更换社团负责人;

(二)听取并审议负责人的工作报告;

(三)讨论决定社团重大活动事项;

(四)修改社团章程;

(五)监督社团财务活动。

第三十一条 成员大会作出决议,必须经出席会议的成员半数以上通过;对社团变更、注销和修改章程作出决议,必须经出席会议的成员 2/3 以上通过。有效的成员大会出席人数必须占全体成员数的 2/3 以上。

第三十二条 社团执行机构是成员大会领导下负责处理社团日常事务的机构。执行机构由社团负责人组成。

第三十三条 学生社团负责人主要指社团正、副会长(理事长),学生社团负责人由本社团成员通过成员大会选举产生并报院社联审批。学生社团负责人不得兼任财务负责人。

第三十四条 有下列情况之一者,不得担任或继续担任学生社团负责人:

(一)在校期间受到校规校纪处分的;

(二)曾因违反有关规定被撤职或社团被宣布解散,应当承担主要责任的;

(三)工作出现重大失误,造成恶劣影响的;

(四)在其他社团担任负责工作的;

(五)因其他原因不宜担任社团负责人的。

第三十五条 学生有权按照任何一个社团的章程自由加入或退出该社团,社团内部成员在享有权利和履行义务方面一律平等。学生社团成员有权了解所在社团的章程、组织机构和财务制度,对社团的管理和活动提出建议和质询。学生社团负责人有违反本条例的有关规定和校纪校规,损害成员利益的,社团成员有权向主管部门反映情况。学生社团成员应当接受所属社团的定期注册。学生社团成员有选举权和被选举权，有按照章程担任社团职务的权利，并承担相应义务。学生社团成员应当积极参加社团的各项活动，并有权对社团建设和发展提出建议，对社团发展过程中出现的问题提出批评。

第三十六条 学生社团的成立应当具备下列条件：

（一）有10名以上的学生联合发起，发起人必须具有开展该社团活动所必备的基本素质，且未受过校纪校规处分；

（二）成立有临时筹备组专门负责筹建事宜；

（三）有业务指导单位或社团指导老师负责日常业务指导。其中，业务指导单位须是学校内机构（如学院职能部门、系、校、部）；指导老师须是校内具有助教及以上职称的正式员工。若因特殊需要，社团要以校外人员为指导老师或者需挂靠校外社会团体、组织为指导单位的，必须保证其具有合法资格，并且向院团委提交书面申请，批准后方可；

（四）有规范的章程和财务管理办法；

（五）拟任有学生社团主要负责人，另拟任有专门的社团财务负责人；

（六）有以学生社团形式开展活动的必要。

第三十七条 禁止成立带有狭隘区域性的学生社团和团体，如同学会、同乡会等。学生社团的名称应当符合法律法规的规定，不得违背校园文明风尚。学生社团名称应当准确反映社团特征。

第三十八条 申请筹备成立的学生社团，发起人应当向登记管理机构或组织提交下列文件：

（一）筹备申请书；

（二）学生社团章程草案，包括下列事项：

1. 名称、活动场所。

2. 宗旨、活动范围和活动方式。

3. 学生社团类别。

4. 社团成员资格及其权利、义务。

5. 组织管理制度、执行机构的产生程序及权限。

6. 财务管理办法、经费使用原则。

7. 负责人的条件、权限和产生、罢免的程序。

8. 章程的修改程序。

9. 社团终止的程序。

10. 应当由章程规定的其他事项。

（三）发起人和拟任负责人的基本情况介绍、学生证；

（四）指导教师基本情况、身份证明。

第三十九条 学生社团成立的审核

（一）由学生社团筹备组负责人持所需全部有效文件和资料提交至院社联；

（二）院社联在收到成立材料之日的起 7 个工作日内，对所有成立材料的规范性、真实性进行初步审核；根据校园文化建设的需要、社团发展的需要及社团发起人的组织领导能力表决是否允许其进行成立答辩；

（三）获得答辩权的社团须在答辩会上介绍所申请社团的情况，并回答主席团成员的质询；最终由学生社团联合会主席团成员以举手表决的方式决定是否批准该社团成立（应到会人数的 2/3 以上多数通过有效）并形成书面请示报院团委进行最终审定，院团委应当自收到请示起 1 周内，就能否开展筹备工作作出答复；经批准筹备成立的社团，应当自院团委批准筹备成立之日起 30 日内召开成员大会，通过章程，产生执行机构、负责人；筹备期间不得以社团的名义收取会费和组织社团筹备以外的活动；

（四）筹备期结束，经院社联审查后报院团委，院团委应于 1 周内作出批准或者不批准社团成立的决定。若批准成立，应下达书面批复。经批准正式成立的学生社团也应尽快以公告方式宣布成立。

第四十条 出现下列情况之一，社团不予成立：

（一）社团章程不符合相关规定的；

（二）校内已经有性质相同或相近的学生社团，没有必要成立的；

（三）发起人受过校纪校规处分的；

（四）在申请筹备成立时弄虚作假的；

（五）筹备期限已满，参加社团的人数未超过 30 人的；

（六）属于校外团体的分支或附属机构的。

第四十一条 学生社团的注册

（一）学生社团每学期在指定日期到学生社团联合会办理注册登记；

（二）学生社团办理注册申请书并填写注册登记表，内容包括开展社团活动宗旨、目的、会员情况、组织机构、内部制度建设情况、上一学年活动总结、经费使用情况及下一学年主要工作计划和构想；

（三）没有注册的学生社团不得招收新会员。

第四十二条　学生社团出现下列情况之一的，院团委及院社联可责令其进行整顿：

（一）社团无正式负责人和内部建设出现问题，社团无法正常运行；

（二）未按照规定进行学生社团登记注册；

（三）社团负责人连续3次及3次以上未参加学生社团负责人会议的；

（四）社团活动违反有关校纪校规的；

（五）社团活动范围、内容与社团性质、章程不符的；

（六）社团财务管理混乱或者出现乱收会费现象的；

（七）社团负责人长期不和院社联联系的；

（八）社团未经通报招收非本校正式学生为正式会员；

（九）社团主要负责人自行提出进行整顿的；

（十）出现其他应该进行整顿的情况。

第四十三条　学生社团在接到院社联要求其整顿的通知后，应立即进行整顿。整顿时应召开社团会员大会讨论整顿工作。会员大会有权指导社团负责人进行社团整顿。学生社团应在接到整顿通知后的15个工作日内完成整顿工作并向院社联提交纸质版“社团整顿报告”，社团主要负责人签字并盖社团公章。院社联应当在接到社团提交的“社团整顿报告”5个工作日内，就社团整顿工作作出评价，并进一步就是否同意社团重新正常开展活动作出决定。社团在责令整改期间必须停止所有活动，直至院社联作出允许其重新开展活动的决定为止。被责令整顿的社团，取消参评本学年度“优秀学生社团”资格。

第四十四条　学生社团在成立后，出现重大违规违纪行为，触犯本办法的相关条例的，院团委及院社联将予以取缔并公示。

第四十五条　学生社团出现以下情况之一的，院团委及院社联将予以取缔：

（一）社团活动违反宪法、法律、法规的；

（二）社团执行机构知道或应当知道社团成员利用社团名义从事非法活动而未予以有效制止的；

（三）社团与校外非法、商业团体联合或成为其分支的；

（四）社团背弃社团章程，造成恶劣影响的；

（五）学生社团出版违法、煽动性刊物或文章的；

（六）社团成员连续两学期不足20人的；

（七）社团连续一学期未按章程开展任何活动的；

（八）社团在责令整顿之后不进行整顿的；

（九）进行整顿后仍不符合要求的；

（十）社团脱离院社联达3个月的；

（十一）不服从院团委及院社联管理的；

（十二）出现其他应当取缔的情况。

第四十六条 学生社团收到取缔通知后的3个工作日内，院社联负责组织将对其进行财务审计，并出具审计报告书。审计期间，学生社团不得开展活动。社团须在审计结束后的5个工作日内向院社联办理注销登记。学生社团取缔后所剩余的社团财务，将由院社联直接管理。对于社团收取的会费将视情况发还给原社团会员。学生社团在审计完成之后，必须立即召开会员大会通报社团被取缔的情况。社团的取缔情况在注销登记完成后5个工作日内公示全校。

第四十七条 学生社团被取缔后，应该将学生社团公章及社团登记证上交院社联或者在院社联工作人员监督下销毁。被取缔的学生社团，其原主要负责人在一学年内不得重新发起成立或成为其他学生社团的主要负责人。

第四十八条 学生社团活动基本要求

（一）学生社团应在宪法、法律和校规允许的范围内，围绕学校的中心工作和提高学生综合素质的目标，开展积极向上、丰富多彩的校园文化活动；

（二）学生社团活动不得占用正常的教学时间和地点；

（三）学生社团既不得开展任何以盈利为目的的商业性活动，也不得开展背离宗旨的活动。经院社联批准后，学生社团可以为赞助商进行宣传；

（四）学生社团应在活动前1周向院社联递交活动策划，并在活动结束后，向校社联提交活动书面总结材料存档。

第四十九条 学生社团举办以下活动，须经院社联审核、院团委审批后方可举行：

（一）以该学生社团名义在校外开展的活动；

（二）参加或与外校社团、校外社会团体联合举办的活动；

（三）有外籍教师、学生参加或有其他外国人或外国驻华机构人员参加的活动；

（四）邀请校外人员在校内举办讲座、座谈及报告等活动；

（五）举办市内外群众性集会（含各类沙龙、研讨会）。

第五十条 学生社团举办公开活动、10人以上集会、对外交流活动必须提前3天向院社联进行通报，并上交活动介绍等相关资料。活动介绍应包括活动简要说明、活动过程说明、活动时间、活动地点等。学生社团联合会根据活动介绍上的信息派监督员参与活动，并进行现场督察和评估。对社团的现场评估将以《酒泉职业技术学院学生社团活动现场评估表》的形式计入各社团档案，作为社团评比的主要依据。凡未有院社联评估依据的活动一律不纳入社团年度评优。

第五十一条 开展活动不予通报的和现场监督不予配合的社团，将给予警告、严重警告等处分，情节严重的，建议院团委予以取缔。社团活动结束后可以上交相关媒体宣传材料，对于有相应媒体报道的社团活动将在社团评优中加分。

第五十二条 学生社团出版刊物遵守以下规定：

（一）学生社团刊物仅指学生社团拥有出版刊物的客观条件，自行编印的、不需要省市新闻出版局批准的、定期或不定期的内部刊物；

（二）学生社团出版刊物必须符合各项国家法规、学校管理条例和其他规定，内容要健康向上、反映社团宗旨；

（三）学生社团出版面向校内的刊物，必须报院社联审核并经院团委批准；

（四）学生社团需与校外和个人交流社团刊物时，须报请院社联和院有关单位批准；

（五）学生社团刊物需要公开发行的，须经院团委报请相关主管部门审批；

（六）未经学校有关单位批准的刊物一律不准发行，否则，由此而引起的后果由组织者承担。

第五十三条 学生社团集中换届时间原则上定于每学年度5月、6月。因为社团具体情况在规定时间外进行换届的社团在换届前应向学生社团联合会提交换届申请，并说明换届缘由。同一学生社团换届时间必须间隔6个月以上。

第五十四条 社团在确定换届时间和地点后，要向学生社团联合会进行通报，并监督员参与社团换届。否则社联将不予承认选出的新任负责人，不予出具其任职证明。

第五十五条 社团换届必须按本社团章程召开会员大会，到场人数必须超过本社团会员人数的2/3；经民主选举、投票产生新的领导班子，必须至少有到场人数的2/3赞成。否则院团委及院社联将不予以承认，情节严重的，将追究相关人员的责任。

第五十六条 经社团会员大会表决产生出社团负责人（会长和副会长或主

席和副主席及主要财务负责人)后,需要尽快完成社团工作、社团公章及社团财务的交接工作。社团换届后 3 天内主要负责人需递交以下材料至院社联:

(一)《酒泉职业技术学院学生社团换届登记表》;

(二)《酒泉职业技术学院主要负责人登记表》;

(三)《酒泉职业技术学院社团财务负责人登记表》;

(四)《主要干部通讯录》。

第五十七条 对于未按照相关规定执行换届的社团将给予警告;情节严重的,建议院团委予以取缔。未进行负责人注册的社团负责人,学生社团联合会将不予承认,不予出具其任职证明。

第五十八条 进行财务中转的事项请参考《酒泉职业技术学院学生社团财务管理办法》,要求必须有详细的社团资产中转目录。对于财务中转中出现的个人问题,学生社团联合会将对相关人员进行处分;并将其违规情况通报所在系。

第五十九条 社团换届选举的候选人可由社团内部自行民主确定,社联不予干涉。但已在其他社团担任主要负责人(部长及以上级别)的成员,原则上不得参选社团主要负责人。

第六十条 社团在选举过程中及选举后出现下列情况之一的,选举结果一律无效:

(一)以金钱或者其他财物贿赂社团成员,妨害社团成员和候选人自由行使选举权和被选举权的;

(二)以暴力、威胁、欺骗或者其他非法手段妨害社团成员和候选人自由行使选举权和被选举权的;

(三)不符合本规定所规定的程序的;

(四)选举出的新负责人在财务交接过程中发现个人问题的。

第三章 学生社团财务管理办法

第六十一条 为了规范各学生社团的财务管理,加大学生社团联合会对学生社团的监管力度,制定本办法。酒泉职业技术学院所有学生社团都应遵守本办法。

第六十二条 学生社团实行“统一指导、自主管理”的财务管理体制。学生社团对财务进行自主管理和使用,院团委及院社联对学生社团财务进行指导和监督。

第六十三条 学生社团的财务由学生社团第一负责人领导，由该社团负责人之外的专人专门管理，财务管理人至少两名，一人负责账目，一人负责现金。使用经费时，须经使用人、负责人及财务管理人共同签字后，方可支出。社团负责人不得干涉财务人员的工作。社团财务负责人必须掌握对社团财务状况，并定期做到财务公开，接收广大社团成员的监督。学生社团财务负责人不得随意调动或者撤换，其任免情况须及时报院社联备案。

第六十四条 学生社团的换届或者更换负责人之前，需事先通知院社联，列出财务清单，在换届大会上向本学生社团新的负责人及财务人员做好交接工作，对社团的资产进行全面清理，做好社团资产的移交、接受、划转和管理工作。以书面材料相互签字为准，并报院社联，院社联负责组织对其进行财务检查。

第六十五条 学生社团负责人变更的过程中，在新一届财务负责人正式产生以前，原财务负责人必须保证各项工作的正常开展。

第六十六条 学生社团收入，即社团经费来源，包括：

（一）会员缴纳的会费；

（二）校内外自筹经费；

（三）校团委拨付的专项活动经费；

（四）校内外的奖励；

（五）其他。

第六十七条 学生社团必须严格按照学院有关规定依法组织收入，禁止在校园内外从事一切以盈利为目的的纯粹的商业行为以获取收入。

第六十八条 学生社团支出，即社团经费使用包括：办公支出、社团活动支出及其他用于发展社团、服务会员的支出。学生社团必须加强对支出的管理，做到收支记账，账目清晰，做好财务登记，并保留原始凭证。学生社团财产为社团集体所有，任何人不得擅自支出使用。

第六十九条 各学生社团须定期向学生社团联合会上交社团财务报表。财务报表要求为书面形式，采用统一格式的《酒泉职业技术学院学生社团财务报表》，并附带正规的全国统一发票，条件不允许时可用收据。如若确实情况特殊无法开具发票或收据，则必须由社团指导老师书面证明款项的具体用途及无法开出发票的原因。学生社团联合会将对各社团财务报表进行评估。财务报表上交时间为每学年 6 月份、12 月份和社团换届前，具体时间由院社联发布通知。

每次对社团上交的财务报表，院社联将进行评估，并将财务评估的情况对全院予以公示，公示时间不少于3天。

第七十条 财务评估分为三部分：上交时间评估，总分30分；财务报表内容评估，总分40分；财务报表格式评估，总分30分。

评估总分合计100分。每次财务评估低于50分的社团将根据具体情况考虑取缔社团资格。低于60分的社团将由学生社团联合会进行财务代管，并取缔所有评比资格；低于70分以下的社团取消竞选优秀社团的资格。财务报表上交时间评估细则：规定时间内递交记30分；迟交1~3天记20分；迟交3~7天记12分；迟交7~14天记5分；迟交15天以上记0分。财务报表内容评估细则：应该有发票的却没有提交发票复印件且未出示相关说明材料的扣15分；发票复印件没有经手人签名的扣10分；违规开支，如利用社团经费聚餐、购买不相关物品等扣20分，并要求经手人员退还用掉的社团经费；部分开支模糊不清或花销过度且无法提供相应理由，扣10分。财务报表格式评估部分没有采用统一表格的扣10分；没有说明上期余额或本月资金余额的扣5分；没有盖章或社团负责人（要求是社团会长或副会长）签名的，扣10分；财务报表字迹潦草，不整齐的扣5分。

第七十一条 财务评估低于50分的社团，学生社团联合会将进行财务代管，财务代管社团所有经费交由院社联代为管理。财务代管社团的财务收支由院社联负责，不需要上交财务报表，财务报表由院社联代为完成。财务代管期间，社团使用经费需向院社联提出申请。经费使用后必须在1周内向院社联出示相关票据报销。若社团在活动审批未通过或尚未审批通过得到答复的情况下就已开展活动，则其中与活动审批经费由出入的一切经费由活动负责人自行承担，并对活动负责人进行处分。年度财务代管完成后，学生社团联合会将于下一年度开始时将社团所有剩余资金归还给相应社团。

第七十二条 学生社团出现以下情况之一的，院社联将上报院团委对其进行财务整顿，并追究相关责任人的责任：

（一）侵占、私分或挪用学生社团的财产，或将社团财产在社团成员中分配，视情节轻重予以处罚，情节严重者将取消其在社团内任职的权利，并予以警告；

（二）接受社会捐赠，资助报告过程中对所得经费虚报、瞒报，则立刻冻结该部分活动资金并进行彻查，对情节严重者予以相应处罚。

第四章　学生社团指导教师管理办法

第七十三条　凡在学院登记注册的学生社团,全部实行导师制,由导师负责社团专业学习和活动指导工作。

第七十四条　社团指导教师的聘任条件

(一)师德高尚,具有高度的责任心和奉献精神;

(二)关爱学生,具有一定的学生工作经验和组织管理能力;

(三)学有所长,具有指导学生社团活动和专业发展的能力;

(四)愿意接受院团委和学生社团联合会的监督管理。

第七十五条　社团指导教师的聘任办法

(一)学生社团指导教师的选聘、管理工作由院团委负责;

(二)社团指导教师原则上从本院教师中选聘,如因专业、特长等需要,也可以从其他单位进行选聘。社团导师按以下四种方式产生:

1. 由社团在其主管部门指导下根据聘用原则、基本条件自主聘请,经院团委审查,报组织人事处备案。

2. 由教师自荐,经社团大会表决、院团委审查,报组织人事处备案。

3. 通过上述途径未能聘请到导师的社团,实行竞聘上岗,由院团委负责,在组织人事处指导下统一面向全院公开招聘。

4. 公开招聘仍未能聘请到导师的社团,由主管部门提名,组织人事处委派。

(三)每个社团原则上配备一名指导教师。院级大型社团(如记者团和艺术团)或联合会、理事会,可根据实际需要,经社团上报,院学生社团联合会审核,学院团委审批,可设多名指导教师;

(四)原则上每个指导教师只能担任一个社团的指导工作,每届任期 1 年,任职期满,考核合格,可续聘;社团指导教师经确认后由学院颁发聘书;

(五)社团指导教师的选聘工作原则上随社团年度注册(每年 3 月)完成。社团因故被注销时,该社团指导教师自动解聘,并由学院团委将情况传达给指导老师;

(六)学生专业社团指导教师的选聘由所在系(校)推荐人员,通用社团(非专业社团)指导教师的选聘由社团联合会推荐人员。推荐人员经院团委审核,批准后统一聘用,发放聘用证书;

（七）社团指导教师因个人原因调离学院的，应提前以书面形式告知院团委，做好解聘工作；因学院内工作部门调整的应完成本年度本社团的指导工作，待下一年再行调整。

第七十六条 社团指导教师的职责

（一）深入学生社团，了解学生社团成员思想、学习状态和发展需求，加强与社团干部、成员的交流沟通，有针对性地做好思想引导、专业指导和活动开展工作，努力营造健康向上的社团文化氛围；

（二）每学期定期参加全体社团成员会议或理事会会议；指导学生社团制定社团发展规划、学期工作计划、工作总结，积极指导社团完成社团联合会安排的工作；

（三）审定并指导社团组织的各项活动，帮助学生社团找准自身特色，开发特色活动，形成持续发展局面；检查学生社团工作开展情况，不断提高社团活动的质量和效果，及时帮助学生社团解决困难，引导学生社团健康发展；

（四）关心社团干部的成长，帮助做好社团及其成员的考核评选工作；指导社团的换届、招新、财务和日常管理，并对学生社团负责人的更换提出建议；

（五）每月至少对社团工作进行培训指导 2 次；每学期按照学院、系（校）的相关工作布置，组织学生社团开展符合其特点、促进学生社团发展、丰富校园文化生活的活动 2 次以上，及时报送相关资料；每年按照学院统一部署积极参加社团文化艺术节、社团成果展示、社团发展论坛等相关活动。

第七十七条 社团指导教师的考核以社团考核为依据。每年考核 1 次，考核办法按照《酒泉职业技术学院优秀社团考核评选办法》执行，考核评出优秀社团（占社团总数的 30%）、称职社团（占社团总数的 60%）、不称职社团（占社团总数的 10%）三个等级。优秀社团的指导教师将授予优秀社团指导教师荣誉称号，连续两年不称职的社团，对其指导教师予以解聘。

第七十八条 社团指导教师有以下情形之一者，将予以解聘：

（一）不能胜任工作要求者；

（二）工作考核连续两年不合格者；

（三）社团工作出现重大责任事故者；

（四）因其他原因不再适合担任社团指导教师工作者。

第五章　优秀社团评选办法

第七十九条　以事实为依据，以公开为原则。根据社团的发展建设和所取得的成绩，每年评选一次，按20%的比例评出优秀社团。

第八十条　优秀社团的评选采用定量与定性相结合的办法。量化考核以社团联合会平时对各社团考核为依据，占总分的50%，定性考核以申报答辩考核分数为依据，占总分的50%。贯彻公平、公正、公开、择优的原则。

第八十一条　优秀社团评选标准

（一）社团在学院团委注册1年以上，有一定规模，社团成员必须达到20人以上；

（二）社团有明确的章程，内部工作机构完善，日常工作制度化、规范化，社团运行良好，模范遵守学院社团建设和发展的相关规定；

（三）社团有特色，形成届次化特色活动，每学期开学后按时注册，定期开展活动，能够调动广大会员的积极性，使广大会员受益；

（四）社团发展建设取得优异成绩，在服务同学、活跃校园文化方面表现突出，在校内外有较大的影响力和知名度；

（五）社团的管理意识强，培训到位，与其他各社团交流合作多，能够提供向社会学习交流的平台；

（六）社团在为会员专业学习、职业核心能力培养等方面成果显著；

（七）财务管理规范、公开。

第八十二条　优秀社团申报答辩办法

（一）成立由院团委和社团联合会成员组成的优秀社团评选委员会。

（二）优秀社团评选以团总支推荐和各社团自荐为主，学生社团联合会根据各社团申请对社团进行审核准予答辩。

（三）获得答辩权的社团须在答辩会上通过申报材料、图片、影像资料、PPT等介绍社团建设情况，并回答评委提问和质询，最终由评委会进行全面评估和评定。

第八十三条　被评选的优秀社团、指导教师、优秀社团干部年度将进行表彰，优秀社团进行经验交流汇报。

第六章　附　则

第八十四条　本管理办法由院团委制定，团委和社团联合会对本办法具有解释权。

第八十五条　本管理办法自颁布之日起实施。

学生考勤制度

一、所有在校学生必须遵守学校的校规校纪。开学注册、上课、自习、两操、班会、大会、军训、劳动、出入学院及学院统一组织的各项活动都属于考勤之列。

二、每学期开学时，学生应按照规定日期返校注册，因故不能按期注册者，必须履行请假手续，否则以旷课论处。

三、住校生每周星期日晚自习前必须到校，否则按旷课论处。

四、学生请假，需事先经班主任批准，其他任何人不得越权批假。

五、严格按程序请假及按权限批假，请假 1 天以内的，由班主任批准；请假 1 天以上 1 周以内的，由班主任签注意见，系（部）主任审批，并报学院学生处备案；请假 1 至 4 周的，由班主任签注意见，系（部）审查，报学院学生处备案，交主管副院长批准；请假 1 月以上的由院长行政会议研究决定。

六、请病假须有校医室或医院的证明，销假时须有医疗凭证。否则，按旷课论处。

七、请假 1 周以上者，须有单位和直系亲属签名或相关的证明。

八、假满返校后，应及时向班主任销假，如有特殊原因需续假时，必须事先办理续假手续，否则按旷课论处。

九、凡迟到、早退在 10 分钟以内的，按迟到、早退计，累计达 5 次以上的，按操行分不及格论处；累计达 10 次，给予警告或严重警告处分。迟到、早退达 10 分钟以上的，按旷课 1 节论处。

十、凡旷操累计达 5 次者，体育课不及格，操行分不及格。

十一、学生一学期旷课达 10 学时以上的，按《学生违纪处罚条例》有关条款处理。

十二、一学期请病假 2 个月以上、事假 1 个月以上的，按《酒泉职业技术学院学生管理规定》处理。

十三、凡迟到、早退累计达 5 次以上，旷课累计 3 学时以上，不能被评为三好学生、优秀学生干部、优秀团员。

十四、每学期全勤学生，综合考评时按有关规定加分。

十五、负责考勤的班委按要求认真负责填写考勤表，并及时与班主任沟通审核。

十六、学生出入学院，需经本班班主任批准，系（部）备案。出入校门时，必须出示请假条和本人学生证件。

十七、学生考勤情况每周在班内公布1次。学期结束时，班主任统计学生考勤情况，将统计结果填入学生成绩通知单，并交系（部）备案。

军训制度

一、根据有关规定，新生入学后，由学院统一安排进行军训。

二、军训时间按照国家有关规定执行。

三、军训时必须同时按照军训规定开展军事理论课程的教学工作。

四、由学生处负责军训工作，各系（部）组织学生军训。

五、各系部必须按照指定地点进行军训。

六、军训期间的考勤及纪律按照学院有关规定执行。

七、军训时学生必须统一着装。

八、军训新生必须遵守纪律，服从教官指挥，提高训练效果。

九、军训结束后，进行检阅评比，对成绩优异者进行奖励。

十、无故不参加军训的学生，本学期体育成绩定为不合格，操行评定不合格，并在一年内取消其评选学院有关奖学金、助学金、先进个人的资格。

十一、参照《学生军事训练工作规定》，收取一定军训费用。

学生劳动制度

为全面提高学生综合素质，培养动手能力强、掌握一定劳动技能的具有高职特色的合格人才，根据国家教育部有关文件精神，制定本制度。

一、劳动课是全体学生的公共必修课，按照教学计划，学生必须参加由学院统一安排的劳动技能锻炼，每学期不少于 18 课时。劳动课由教务处按学期安排到教学计划中。

二、总务处根据劳动任务和学生体能安排劳动班级，班主任负责跟班管理指导学生，班主任因上课等原因不能亲自跟班劳动者，由系（部）安排其他教师跟班完成劳动任务，确保劳动质量和安全。

三、总务处按照劳动课程表分配劳动任务，配备劳动工具，派专人指导学生劳动，检查劳动任务完成情况及质量，协同指导教师教给学生劳动技能、技巧，教给学生实践技术经验。劳动结束后由指导教师和跟班工人填写《劳动实践情况登记单》。

四、学生劳动期间的安全由专门的指导人员和总务处负责。总务处不得安排学生从事比较危险的劳动，因总务处专派人员指导不正确或系（部）老师管理不善而造成的学生劳动事故，要追究当事人责任，并按照有关规定处理。确属学生不服从管理或指导出现劳动事故，由学院和学生本人及其代理人协商解决。

五、学生处负责学生劳动的组织、考核工作。每次学生劳动，由学生处根据系部学生劳动课程安排表和劳动实践任务，组织协调劳动学生。学生劳动结束后，协同指导劳动的教师、工人师傅评价劳动效果及质量，并备案。学生完成劳动任务的情况将作为系部学生工作的一项重要内容，列入责任书考核。

六、学生不得随意逃避劳动实践课程，确因伤病等原因不适合参加劳动实践者，须提出书面申请，并出具县级以上医院诊断证明，履行请假手续，报学生处备案。全年内参加劳动实践课程不满 12 课时者，该门课程不合格，不予正常毕业。

七、学生在劳动实践过程当中，必须严格遵守劳动纪律和实训操作规程，爱护劳动工具或实训设备，因故意而造成劳动事故者，丢失、损坏劳动工具或设备者，除照价赔偿外，视其所造成的后果，给予纪律处分。

八、无故不参加劳动实践课程者，操行评定为不合格，并不得享受学院任何性质的奖励。

学生证管理办法

根据教育部办公厅关于加强高等学校学生证管理的通知精神和我院实际，特制定本办法。

一、高等学校学生证是高等学校学生表明身份，在校参加学习及其他活动的主要凭证，也是学生在校参加考试、假期返家返校购买火车票的重要凭据。

二、新生入学后，由各教学系按照新生注册人数到学生处领取学生证和《新生学生证发放情况统计表》，由各系负责免费统一给新生配发学生证，同时填报《新生学生证发放情况统计表》。

三、学生证由教学系根据学院招生就业处编定的学生证号审签、发放、注册、注销。做到学籍注册内容等证件有关信息相符，乘车区间与家庭住址相符。

四、学生证仅限本人使用，由学生本人妥善保管，不得转借、涂改，防止遗失。因伪造涂改、转借他人使用所造成的后果，由其本人承担，严禁一人多证，对一人多证者，根据情节给予相关纪律处分。

五、学生证丢失经本人申请，班主任证明，由教学系负责审签补发，补发学生证按照学院规定缴纳手续费。

六、在一般情况下，任何人和任何部门不得扣押学生证，特殊情况需扣押学生证查明相关事由者，应在一周内办理完毕相关查证工作，并及时将扣押学生证退还学生本人，以免影响学生学习生活。

七、学生在校领取挂号函件、普通信件、奖励物品、银行卡证、现金等，需出示本人学生证，以便证明本人身份。

八、学生证有效使用期限同学生本人完成学业或培训业务日期相一致。学生毕业离校，由教学系在学生证上加盖“毕业留念”印章，注销其学生证；因开除学籍、退学、转学或其他原因注销学籍的，由教学系负责收回其学生证。

九、每学期学生应主动上交学生证进行注册，未注册学生证视为无效学生证。

十、学生证上所贴乘火车优惠卡由学生处根据教学系核定情况统一购买，按照国家规定收费标准有偿配发学生个人。

十一、乘火车优惠卡发放由学生处专人负责，相关信息必须证卡相符，否则不予配发乘火车优惠卡。

十二、学生乘火车优惠卡购票次数不够往返学校者，由各教学系统一收取，制表审核后由学生处负责写入继续购票次数。

十三、本办法自所发之日起执行，原办法自动废止。

十四、本办法解释权归学生处。

户籍管理办法

为加强我院教职工、学生集体户口登记管理，按照酒泉市公安部门户籍管理的相关规定，特制定本办法。

一、户名：酒泉职业技术学院

二、户籍性质：学校集体户

三、主管部门：酒泉市公安局火车站派出所

四、学院户籍管理部门：院团委（暂定）

五、相关程序

（一）学生户籍迁移办理

1. 户籍迁入

（1）迁入原则：自愿原则。

（2）被我院录取的普通高职学生，凭录取通知书自愿到户籍所在地派出所办理户口迁移手续并办理迁移证。迁移证上的迁往地址应按入学通知书上的地址详细填写。新生入学时户籍迁入学院所在地派出所。

（3）新生入学报到时，凭录取通知书到学校报到，并在指定时间内将户口迁移证交到班主任处，后由班主任审核统计后交至各系户籍负责老师处。各系对新生的户口迁移证逐一认真核对相关信息并按照要求制作表册，主管领导签字并加盖系公章在指定时间内将户籍迁移证和统计表册上交院户籍主管部门（院团委）。表册一式两份。户籍主管部门（院团委）对全院入迁户籍整理统计后交由火车站派出所进行入迁手续办理。

（4）新生户口迁入后，户籍主管部门（院团委）到火车站派出所取回“常住人口登记表”，并对照登记表，核对姓名及人数，确认无误后返回各系指派专人进行保管。各系需开出一式两份收据（一份由户籍主管部门（院团委）保管，一份由系部保管）。

（5）在审查过程中，学生迁移证出现问题的，由户籍主管部门（院团委）从派出所领回，并及时通知各系领回，由所在系通知学生在规定时间内自行到火车站派出所进行补办。补办手续完成后学生应将常住人口登记表交至所在系（部）统一保管。由于通知不及时所造成的后果由所在系负责；由于学生本人延误所造成的后果，由学生本人负责。

（6）户口迁移证遗失，凭本人补办申请、登报遗失声明、单位证明及所在地派出所开具的未予落户证明到原迁出地户口登记机关申报补办。

2. 户籍迁出手续

（1）学生毕业时办理户籍迁出手续。

（2）持择业通知书的毕业生，需持《择业证》《毕业证》复印件及身份证、常住人口登记表原件，到火车站派出所以班级为单位集体办理户籍迁出手续。系部和班主任必须和毕业生取得联系，告知相关事宜，办理后《迁移证》必须由毕业生本人领取。

（3）持报到证的毕业生，有两种办理方式。一是户籍迁往就业单位的，必须由毕业生本人持《报到证》《毕业证》复印件及身份证、常住人口登记表原件到派出所办理，不得代办。二是户籍迁往生源地的，必须由毕业生本人持《报到证》《毕业证》复印件及生源地《准迁证》、身份证、常住人口登记表原件到派出所办理，不得代办。

（4）常住人口登记表在保管过程中遗失的，由各系部开具证明，说明原因，学生本人持本人身份证、2 寸照片一张到户籍主管部门（院团委）办理遗失证明，持证明到派出所办理迁出手续。

（5）学生退学或被开除，带上退学或开除证件到所在系领取本人常住人口登记表，并到火车站派出所办理有关手续。

（6）学生转学凭甘肃省教育厅转学批复，到所在系部领取本人常住人口登记表，并到火车站派出所办理有关手续。

（7）现户籍资料由户籍主管部门（院团委）管理的，需由本人到户籍主管部门（院团委）领取常住人口登记表，若常住人口登记表遗失的，由系部出示证明，再由户籍主管部门（院团委）开出遗失证明。原工校毕业生，由本人领取常住人口登记表，他人领取须有委托书。

（8）毕业生暂缓户籍迁移的对象：①应届毕业生毕业时未落实就业单位的；②接收单位仍在考虑试用而尚未签署接收意见的；③毕业生自主创办企业、公司暂未获有关部门正式批准的。

(9)户口存留期限为一年(从毕业之日算起)。一年内仍未落实单位的,将其户口关系转回生源地,但需由学生本人返校办理有关手续(学院不负责邮递),逾时不迁的,按公安机关规定处理。

3. 学生户籍一经迁入我院,在就读期间除被开除或退学两种情况以外,不得以任何原因迁出。

(二)教职工集体户口的管理

1. 凡在本市没有住房的新进教职工均可将户口迁入我院集体户口;教职工新出生子女(父母双方均为集体户口)可按相关规定随父母入户。新进教职工持学院人事处的相关证明和户口迁移证、报到证原件等资料在指定时间(一般在每年9月)到户籍主管部门(保卫处)办理。

2. 调离我院的集体户教职工,需在1个月内将户口迁出我院。半年后仍未迁户口者,按照公安机关的有关规定处理,造成的一切后果由本人负责。

3. 教职工集体户口由户籍主管部门(院团委)根据公安机关要求,定期对集体户口进行核查、清理。教职工需使用本人户口时,可凭本人的有效证件办理借用手续,使用后须及时归还。借用时须妥善保管,不得丢失或损毁。

(三)办理居民身份证的规定

1. 迁入我院集体户的学生需更换身份证。更换身份证由户籍主管部门(院团委)按照派出所的要求,统一组织办理。办理后交至系部分发学生,并办理交接手续。

2. 身份证遗失,需持学生证和登报声明到系部开具证明,凭系部证明到户籍主管部门(院团委)开具补办证明,最后到火车站派出所补办。

六、本办法未尽事宜以国家和公安部门关于户籍管理的相关规定为准。

七、户籍迁移办理中所交费用以公安部门要求为准。

八、本办法由学院户籍主管部门(保卫处)负责解释。

学生公寓管理规定

第一章　总　则

第一条　学生公寓是学生在校期间学习、生活、休息的公共场所，也是进行思想品德教育和行为培养教育的重要阵地。学生公寓管理是学校管理工作的一个重要组成部分。为了营造良好的学习、生活环境，进一步加强对学生公寓的管理，结合学院实际情况，特制定本规定。

第二条　学院公寓管理工作要紧紧围绕"环境宾馆化、管理物业化、服务人性化、共建和谐化"总目标，以维护学院稳定和保障学生人身财产安全为前提，为学生健康成长提供良好的生活环境和学习环境。

第三条　本着"谁的学生谁负责"的责权归属原则，学院学生公寓实行院系二级管理体制。学院学生处与各教学系按照和谐共建、分工负责的原则进行建设与管理。

第二章　学生入住

第四条　凡我院正式注册学生或者来我院参加培训学生，均可以入住学院学生公寓。

第五条　学生或培训学员入住学生公寓必须按照学院学生公寓统一安排住宿。因特殊原因需要调换学生公寓住宿宿舍者，需提前申请，经教学系批准后方可调换并将调换名单报学生处备案。

第六条　学生公寓按照学院规定收取住宿费用，学生或培训学员入住公寓需持当年度收费清单方可入住，不缴纳住宿费者不能安排住宿。

第七条　住宿学生须使用学院统一招标采购经检测质量合格的被褥及安全

合格生活用品。个人不得使用未经相关部门质检的生活用品。

第八条 住宿学生或培训学员必须遵照学院公寓管理相关制度及要求，凡因假期参加培训、实习、考试等原因需住宿者，由各教学系申请，经学生处审核后统一安排住宿，假期住宿期间学生管理工作由各教学系指派专人负责。

第九条 学生或培训学员入住后，学生处可根据住宿情况进行调整。

第三章 作息制度

第十条 学生公寓的供电时间进行统一管制，春季学期、秋季学期供电时间如下：

春季：早上6:30—8:00

中午11:30—13:00

下午17:30—19:30

晚上21:20—23:00

秋季学期进入11月后，下午供电时间为17:00—19:30。

双休日及节假日供电时间为9:00—23:30。

如重大活动等需提前或者延长供电时间的，按照学院统一安排供、断电。

第十一条 住宿学生应自觉遵守学校的作息制度，养成良好的生活习惯，按时就寝，晚间熄灯之前必须回到公寓。熄灯后，应保持安静，以免影响其他同学的休息，不得无理要求延迟熄灯时间。

第十二条 学生熄灯后归来的，应向公寓管理员出示本人学生证，说明原因并按规定登记。对于无特殊原因熄灯后归来的学生，公寓管理员有责任对其进行批评教育，并及时向学生处公寓管理中心及相关教学系反映情况。

第四章 公寓安全

第十三条 学生公寓安全工作实行一票否决制，因工作失职失察造成安全事故者，按照职责分工及其责任处理，主要责任承担者年度工作评定一票否决。

第十四条 学生公寓实行门卫制度，由值班员定时开锁公寓大门，亲友或他人来访须登记方可入内，未经学生处同意不得私自留宿外来人员和亲友在公寓住宿。严禁小商小贩进入公寓内销售商品或其他闲杂人员进入宿舍。

第十五条 公寓管理人员须按规定时间供断电。公寓内严禁私接电源和使用大功率电器(600 瓦以上),以免造成因负荷过载而引起的用电人身伤害及设备损坏等安全事故。

第十六条 现金等贵重物品应妥善保管,不得随意乱放,以免丢失。

第十七条 严禁在公寓内使用各种炊具做饭,严禁焚烧废纸杂物,严禁点燃蜡烛和使用明火,以免引起火灾。

第十八条 离开宿舍时,要及时锁好房门,个人使用的柜子要及时锁好,宿舍钥匙不得借给他人。

第十九条 不得私自开关或者蹬踏暖气设施,因此而造成水灾事故者,由其承担责任。要节约用水,用水后应将水龙头及时关闭,防止造成水患水灾。

第二十条 严禁将易燃、易爆等危险品及管制刀具等带进和私藏公寓,一经查处,严肃处理。

第二十一条 严禁学生在架子床上嬉戏打闹,严禁骑坐窗台或者翻越门窗。

第二十二条 违反上述安全规定者,除没收设备、批评教育外,视其情节给予纪律处分直至追究法律责任。

第二十三条 公寓管理员及各教学系要定期不定期开展安全巡查,详细做好记录,纳入常规量化考核。

第五章 公寓设施

第二十四条 学生公寓公共设施及基本设施维护由学生处负责管理。

第二十五条 学生不得随意拆装宿舍窗扇、纱窗扇,以免造成损坏。凡宿舍窗扇、纱窗扇开、闭不够灵活,难以正常使用的,应及时报公寓管理员处,报请后勤管理处维修,不得强行推拉,自行拆卸,以免造成损坏甚至脱落。

第二十六条 学生不得随意拆装架子床上的护栏、床梯、床板,以免造成上下不便和安全隐患。

第二十七条 凡因锁具故障和钥匙丢失而不能打开锁的,应及时报告公寓管理员,报请后勤管理处处理,不得随意自行乱砸乱撬,以免造成房门、柜门损坏。

第二十八条 爱护公寓公共区域内照明设施、门窗玻璃、楼梯护栏、消防设施、指示标牌、宣传栏等设施,不得毁坏公寓内设施设备。

第二十九条 节约用水用电,及时关水关电,不得私自更换用电用水设备。

第三十条 爱护公寓宿舍内配置的桌椅板凳、墙面插座、电视机、盥洗设备等,不得损坏公寓内配置设施设备。

第三十一条 宿舍内电路及设备出现故障时,应及时向公寓管理人员报告,公寓管理人员要及时对所报故障进行鉴定查处,并报学生处后勤管理处进行维修。严禁任何个人私自维修,否则按人为损坏处理。

第三十二条 凡违反上述规定者,除承担经济赔偿责任外,并视情节给予纪律处分直至追究法律责任。

第六章 公寓卫生

第三十三条 学生公寓实行卫生责任制度,公寓公共区域卫生由公寓保洁员负责清洁,各宿舍内卫生由各宿舍自行清扫。

第三十四条 公寓区域及宿舍卫生要按时清洁,随时保持公寓干净整洁,公寓保洁员对公共场所要坚持上午、下午及晚上的一日三扫两拖,由学生处负责监督考评。

第三十五条 严禁乱倒垃圾、乱扔杂物随地吐痰等不文明行为,保持环境卫生。学生公寓保洁员要将垃圾装袋处理,防止垃圾散落校园。

第三十六条 严禁从窗户向外泼倒污水、乱扔杂物,以免破坏环境卫生,或造成行人受到损害。

第三十七条 公寓内(含宿舍)严禁乱写乱画、乱刻乱贴,以保持门窗、墙壁等设施的完好整洁。

第三十八条 剩饭菜及室内垃圾及时清扫,倒入垃圾桶,不得堆放在楼道或倒入水池、便池,以免造成下水堵塞。

第三十九条 大便入坑,小便入池,便后洗手,手纸入篓,自觉维护卫生间卫生。

第四十条 各宿舍卫生实行轮流值日制度,要始终保持室内干净整洁卫生。宿舍卫生由各教学系进行管理考评,并及时将检查结果上报学生处。学生处、学生公寓自律委员会协同检查,其检查结果纳入本月考核体系。

第四十一条 违反上述卫生规定者,除限期清洁卫生、批评教育外,视其情节给予纪律处分直至追究法律责任。

第七章　公寓纪律

第四十二条　学生要自觉遵守作息时间，按时就寝，保持公寓的安静，严禁高声喧哗，敲击器物。熄灯后不得下棋打牌、吹拉弹唱、听收音机等，不得互串宿舍，以免影响他人休息。

第四十三条　严禁将各种宠物带入公寓或者饲养在公寓。

第四十四条　公寓内严禁吸烟、聚众喝酒、赌博或传阅、观看淫秽书籍及音像视频资料等。

第四十五条　严禁在公寓内举行非法传销、邪教、非法宗教渗透活动及封建迷信活动。

第四十六条　住宿人员应自觉接受公寓管理人员和学生干部的督促检查和管理，不得刁难谩骂学生干部，甚至无理取闹。

第四十七条　未经公寓管理员同意，男女生不得互串公寓及宿舍。

第四十八条　凡发现公寓内打架、盗窃、外人侵入以及设备故障等情况应及时向公寓管理员和教学系报告，以便及时处理，防止事态恶化。

第四十九条　学生及公寓管理人员须将个人车辆等交通工具存放公寓于公寓停车棚或指定区域，不得随意停放。

第五十条　凡违反上述公寓管理纪律者，给予通报批评教育，视其情节给予纪律处分直至追究法律责任。

第五十一条　学生公寓纪律管理纳入公寓常规量化考核，各教学系、学生处要做好日常检查登记汇总等工作。

第八章　学生离宿

第五十二条　学生或者培训人员在假期离校期间，须按照学生处要求按时离开公寓。假期离校前收拾整理好个人物品，不得将贵重物品存放宿舍，由各教学系负责指导学生关闭水电门窗，张贴封条。

第五十三条　学生毕业或者培训人员结束培训离校，须按照学院毕业生离校程序办理相关手续，经学生处公寓管理员等检查审核无财产设备损坏卫生清洁干净后，予以办理离校手续。

第五十四条　学生或者培训人员离宿后，公寓安全、财产、卫生、水暖电维护等工作由学生处负责。

第五十五条　学生因实习短暂离开公寓者，由教学系负责安排学生生活用品存放及宿舍调整工作。

第五十六条　如因假期维修学生公寓设施等原因，各教学系负责安排本系学生将个人生活用品统一存放管理。

第九章　公寓请销假管理

第五十七条　凡我校所有在册住校学生请假，必须按照请假程序和请假审批权限办理有关手续；学生请假离校时，必须持班主任（辅导员）签字的请假条，由本人到所住公寓楼值班室进行登记，作为请假离校的依据。

第五十八条　凡家在酒泉市区及附近的学生，由相关教学系于每学期开学初以学生所在公寓楼为单位，统一开具双休日请假学生名单，由负责学生管理工作的副主任签字后，送交学生所住公寓楼管理员处，作为该学期双休日期间这些学生请假的依据。

第五十九条　凡家在酒泉市区以外的学生，双休日请假要提前办理请假手续，并由本人将假条送交所住公寓楼值班室并签字确认。

第六十条　其他法定节假日及周六临时外出不回校住宿的学生请假，须持班主任签字的请假条，由本人到所住公寓楼值班室登记即可。

第六十一条　凡属统一组织外出实习的，由相关教学系以学生所在公寓楼为单位统一开具外出实习学生名单，由分管学生工作的副主任签字后送交学生所住公寓楼管理员处。

第六十二条　凡学生自行联系实习的，按正常请假手续办理。

第六十三条　学生办理请假手续时，班主任、宿舍管理员要对学生进行安全提示。

第六十四条　学生请假情况，各公寓管理员必须逐人、逐天进行登记。

第六十五条　凡违反以上规定晚上不归的学生，所属公寓楼将按规定查报夜不归寝。

第六十六条　凡因特殊情况无法请假或不能按时返校的学生，必须向班主任口头请假，班主任需在第一时间内将学生姓名及详细情况告知该生所住公寓楼公寓管理员处,学生安全返校后须在1个工作日内办理补假手续,否则按夜不归寝处理。

第十章　学生迟归、夜不归寝管理

第六十七条　学院全体住宿学生必须遵守以下纪律要求:

(一)学生在严格遵守各项校纪校规及学生宿舍管理制度的同时,应按照学院的作息时间,合理安排自己的学习、生活时间,每位同学在晚上10:30必须在宿舍,否则按住宿晚归或夜不归寝处理;

(二)周末、节假日期间不在学校住宿者,亦须履行正常请假登记手续,否则同样视为夜不归寝;

(三)如有特殊原因,晚上不在宿舍住宿的,必须在征得教学系的同意后由本人填写正规的请假单,请假单上必须有教学系(辅导员)的签章,否则按夜不归寝处理;

(四)对冒名顶替、编造理由、蒙骗检查人员、不配合检查的学生,视情节轻重给予相应处分,并按夜不归寝处理。

第六十八条　住宿晚归的界定:没有正当理由,也未办理请假手续,在晚上10:30—11:40之间返回宿舍的,属于住宿晚归。

第六十九条　夜不归寝的界定:没有正当理由,也未办理任何请假手续,整夜不归或在11:40以后返回宿舍的,属于夜不归寝。

第七十条　对晚归及夜不归寝学生的处理

晚归和夜不归寝名单由各公寓每天在公告栏给予公告,学生处每周通报一次。晚归和夜不归寝的次数统计、处理以一学期为一阶段,第二学期不累计。学生处对学期内达到处分条件的学生及时进行处分(参照《酒泉职业技术学院违纪学生处理规定》第三章第二十一条)。因夜不归寝受到通报或处分的学生,取消其本学年中一切评优树模、奖、助学金评审资格。

第七十一条　登记、检查及监督

(一)对夜不归寝和住宿晚归情况,由各公寓进行检查、统计、登记并与次日报公寓管理员,公寓管理员做好统计、存档工作,并将每晚夜不归寝学生名单及时上报学生处,学生处视其情节予以处置;

(二)公寓值班员做好公寓夜查后的人员出入登记;

（三）上述工作由院学生处负责指导和监督。

第十一章　奖罚及其他

第七十二条　学生处对学生公寓管理工作进行定期考核，定期对公寓宿舍卫生、纪律、违纪等情况进行通报。

第七十三条　学生公寓年度常规量化考核结果将作为教学系学生管理工作考核评价的重要依据。

第七十四条　凡模范遵守本规定，被评为年度文明宿舍的，按规定给予一定奖励。凡公寓管理工作年度考核成绩居前三者，授予年度模范文明公寓称号，对所在教学系及公寓管理人员给予一定奖励。凡连续 2 年公寓考核工作倒数者，予以通报并限期整改。

第七十五条　自觉维护公寓卫生、安全、秩序，举报和揭发有意破坏公物、打架斗殴聚众酗酒、聚众赌博等严重违纪行为，对防治事件发生、排除事故隐患有贡献者，给予表彰奖励。

第七十六条　学生在学生公寓内的安全、纪律、卫生等方面表现情况与学生奖助学金直接挂钩，公寓内表现较差者，取消其享受奖助学金资格。

第七十七条　对违反本规定和包庇重大事故行为者，视情节给予相关人员纪律处分。

第七十八条　其他

（一）本规定中的“正当理由”包括急诊、公务活动以及其他足以影响学生按时返回宿舍就寝的合理理由；

（二）本规定中的“学期”是指教学计划规定的时间段，从正式上课之日起到正式放假之日结束，以学院教学校历为准；

（三）本规定自下发之日起执行，由学生处负责解释。

图书借阅制度

第一章　院级师生借书制度

第一条　读者需持本人借阅证借阅，不得转借、代借，一经发现首次扣证两周、两次取消借阅资格。因转借、代借而造成的后果，由持证人自负。

第二条　读者借阅各类图书不得超过相应的图书借阅权限，有过期图书未还或超期罚款超过限额的不得借阅图书。

第三条　读者在办理借书手续时，应仔细检查，若发现欲借的图书有涂划、损毁，应向工作人员说明，由工人员作相应处理后方可借出。

第四条　寒暑假和节假日期间到期的图书，图书馆借阅系统将进行相应的延期，请读者留意查看应归还日期。假期前到期的图书，若不按期归还，假期应计算在超期内。

第二章　院外读者借书制度

第五条　院外读者到本馆借书者，一律凭借书证借阅，借书证可采用个人或集体办理的办法，并建立登记卡，办理借书证。

第六条　院外读者办理借书证时，每人须交本人近期一寸免冠照片 2 张及近期一寸免冠电子照片，借书证工本费 10 元，押金 200 元，并提供身份证，工作证或单位介绍信等证件。

第七条　校外读者借书，一次性所借图书不超过 3 册，总价不超过押金的 50%（100 元），超过部分按书价 3 倍付押金，所借图书按借书期限收取费用。

第八条　收费标准。校外读者借书，一般图书、期刊按每册每天 0.5 元的标准收取图书折旧费。

第九条 因教学科研、生产需要复印资料时,可向本馆工作人员提出复印申请,由本馆工作人员代理复印。

第十条 借书证只限本人使用,不得转借、代借。如使用中途遗失,应及时向本馆工作人员申明。

第十一条 对已办理借书证的读者,如因工作调动或其他原因不再借书者,交回借书证后退回押金。

第三章 借阅权限和借阅期限

读者类型	每次借阅总册数	文学类	社会科学类	自然科学类	本科书库图书	过季期刊合订	借 期
教工	10 册	5 册	5 册	5 册	5 册	5 册	90 天
离退休人员	6 册	3 册	3 册	3 册	3 册	3 册	90 天
学生	5 册	4 册	4 册	4 册	2 册	3 册	45 天
院外读者	3 册(总价不超过 100 元)						30 天

第四章 借阅超期罚款规定

读者类型	免罚期		第一罚款期		第二罚款期		超期罚金限额
	天 数	金 额	天 数	金 额	天 数	金 额	
教工	1~3 天	0	4~6 天	0.10 元/天	第 7 天起	0.20 元/天	不超过图书价格的 2 倍
离退休人员	1~3 天	0	4~6 天	0.10 元/天	第 7 天起	0.20 元/天	
学生	1~3 天	0	4~6 天	0.10 元/天	第 7 天起	0.20 元/天	不超过图书价格的 2 倍
院外读者	1~3 天	0	4~6 天	0.10 元/天	第 7 天起	0.20 元/天	

第五章 续借图书规定

第十二条 小说类图书不能续借,其他类图书均可续借一次。

第十三条 续借图书在每学期放假前应还清。

第十四条 续借的借期自首次借阅到期日算起，教工、学生续借期 30 天，过期图书不能续借。

第十五条 借阅证中有超期未还图书或超期罚款未交清者不能续借。

第十六条 有违反制度记录者，不能续借。

第六章 图书损坏赔偿规定

第十七条 凡向本馆借阅的图书、杂志等资料，必须严加爱护，不得卷折、涂写、答题、污损、撕页或遗失，如有发生按本规定处理。

第十八条 遗失图书，原则上应以同版本的书赔偿，否则由遗失者按以下标准付款赔偿，方可凭收据注销借书记录。

(一)图书按现价 3 倍赔偿，工具书按现价的 2 倍赔偿，其余使用价值高、不易购到的书籍，按现价的 3 ~ 10 倍赔偿。

(二)多卷本图书，如遗失其中一本或一本以上，则按整套图书现行价 2 倍赔偿。

(三)读者借阅的过刊，如果丢失其中的一册或几册，应按全年计价赔偿。

第十九条 污损图书按下列情况处理：

(一)严重影响图书内容完整及使用、保存的，应购原版本书赔偿，无法偿还原书按遗失图书处理；

(二)损毁图书封面，一般图书赔偿 5 元，精装图书赔偿 10 元；

(三)书刊内容损毁，但不影响阅读和保存，按书刊原价的 40% ~ 80% 赔偿。

第二十条 凡按原版本图书赔偿者，被损图书经注销后可归赔偿者所有；如无法购到原版本图书，损坏图书归图书馆(室)所有。

第二十一条 若故意污损图书者，除赔偿外，视其具体情况给予批评教育，情节严重者上报学院有关部门给予纪律处分。

第二十二条 读者遗失书刊或污损书刊未赔偿前暂停图书借阅。

第二十三条 读者借阅书刊资料时，应仔细检查所借书刊资料情况，如有污损，应即声明，否则应由读者负责。

第七章　偷盗书刊文献的处理规定

为严肃校纪，维护公共财产，防止偷盗书刊文献事件发生，保证教学、科研工作顺利进行，特作如下规定：

第二十四条　全校师生员工应爱护书刊文献资料，并以主人翁态度对偷窃书刊等不良现象积极检举揭发。

第二十五条　图书馆和各单位资料室，务必加强岗位责任制，加强管理，提高责任心，严格执行规章制度，严防书刊资料损坏与丢失。

第二十六条　凡偷盗书刊资料者，一律予以罚款，张榜示名，取消借阅资格，并根据情节轻重，申请学院对盗书者给予纪律处分。

第二十七条　凡偷盗书刊资料者应按原书刊价格 10 倍罚款，罚款总额低于 30 元的，一律按 30 元计罚。

第二十八条　凡借口将阅览室的书刊资料带出监测器进出口者，一律按违章处理，按书刊原价的 3 ~5 倍罚款，低于 5 元的按 5 元计价。

建立大学生诚信档案工作管理办法（暂行）

第一章　总　则

第一条　为进一步加强和改进大学生思想政治教育与管理工作，倡导和建立大学生社会信用体系，促进大学生素质全面发展，提高大学生的社会适应能力和竞争力，根据《中共中央、国务院关于进一步加强和改进大学生思想政治教育的意见》《国务院办公厅关于社会信用体系建设的意见》《普通高等学校学生管理规定》及其他的法律、法规，结合学院实际，制定本办法。

第二条　学生诚信档案是当前时代发展的必然要求，是记载学生在校期间诚信状况和操行表现的载体，是学校、用人单位以及其他相关单位或部门对学生进行诚信程度评价的重要依据，是学生本人社会诚信档案体系的重要组成部分。学生诚信档案的建立和管理遵循"以人为本、实事求是、客观公正、系统规范"的原则。

第三条　学生诚信档案由学院、学生及符合国家信用管理规定和信用评估要求的独立第三方专业资信机构共同负责建立及维护，形成保密程度高、应用范围广、可实时查询、持续维护、多方联动的电子诚信档案，保证学生诚信档案的保密性、流通性和实用性。

第二章　组织领导

第四条　学生诚信档案工作在学院党委、行政统一领导下，成立由学院分管领导为组长、相关职能部门和各系主管学生工作领导及学生干事为成员的大学生诚信档案工作领导小组，全面负责学院建立学生诚信档案工作。建立大学生诚信档案工作办公室设在学生处（以下简称诚信档案工作办公室）。

第三章　职责分工

第五条　学生处是建立学生诚信档案工作的主要管理部门,其主要职责是:

(一)负责学生诚信档案的总体规划、建立及管理;

(二)负责各系开展学生诚信档案业务知识培训的组织工作;

(三)负责收集、汇总并督查学院各职能部门提供的学生诚信档案各类信息;

(四)负责与省教育厅和“诚信档案—社会一体化公共平台”的联系沟通及协调工作;

(五)负责在全院开展建立学生诚信档案工作的组织、计划、协调和前期宣传教育工作。

第六条　学院相关职能部门分别按照大学生诚信档案指示模块中的具体信息指标,负责提供建立学生诚信档案所需的各类信息,其主要职责分别是:

(一)学生处:负责提供学生违反法律法规名单及相关材料;

(二)教务处:负责提供建档所需的学生学习成绩及相关信息;

(三)计财处:负责提供学生欠缴学费名单;

(四)院团委:负责提供院级学生干部任职情况和参加社会实践记录;

(五)宣传统战部:负责提供校园网络服务。

各系在学院建立大学生诚信档案工作领导小组的具体指导下开展工作,其主要职责是:

(一)负责教育引导学生正确认识建立大学生诚信档案的长远意义和积极作用,努力营造良好的舆论宣传气氛;

(二)负责组织学生签订《诚信承诺书》、信息采集及网上录入信息等;

(三)负责及时审核学生提交个人信息的完整性和真实性;

(四)负责提供并审核学生的基本信息、毕业评语、在校优良记录与不良记录。

第四章　学生诚信档案的基本内容

第七条　学生诚信档案的主要构成

（一）学生诚信承诺书。学生诚信承诺书是学生在校期间自觉履行社会责任和义务，遵守诚实守信的道德规范的郑重承诺，学生入学时都必须在诚信承诺书上签字，践行自己的承诺，接受各方监督；

（二）学生个人填写部分。包括：基本信息、教育经历、培训经历、项目经验、任职记录、实践实习、勤工俭学、工作履历、证件证书、境内外交流记录；以上学生所填信息应确保真实；

（三）学院填写部分。包括：学习成绩、毕业评语、在校优良记录、在校不良记录、助学贷款记录等；

（四）第三方填写部分。包括：银行信用卡透支记录、电话费用支付记录等。

第八条 学生诚信状况的主要指标

（一）学习诚信。端正态度，严谨求实；不抄袭他人作业；撰写论文不剽窃他人成果；不伪造实验数据；遵守考场纪律，自觉抵制各种考场违纪行为；不填报虚假材料、成绩单等；

（二）经济诚信。以信立人，履约践诺；不恶意拖欠学杂费等费用（具备缴纳学杂费用的能力，但在学校规定时间内无任何正当理由拒绝缴费）；不恶意透支信用卡、电话卡等贷记卡；不偷窃、诈骗他人财产；不私用他人遗失财务等；

（三）生活诚信。遵纪守法，弘扬正气；不恶意损坏学校及社会公共设施；不恶意拖欠他人及公共财物；不打架、赌博和参与其他违反校规校纪、损害学校名誉及秩序的行为；遵守学校管理规章制度，不违章用电，不留宿社会人员、异性和进行其他干扰他人正常作息的行为；

（四）诚信贷款与受助。自强不息，严于律己；不夸大或编造个人基本信息与家庭受灾情况来申请学院与政府各类资助；对于贫困助学金和勤工俭学岗位补贴等资助金不进行不当消费。不编造和利用虚假的证明材料申请助学贷款；毕业后积极履行贷款合同，按时归还贷款本息，不恶意拖欠国家助学贷款；维护个人及学院的信贷信誉；

（五）诚信上网。知行统一，自省自律；不编造、传播攻击性信息、虚假信息、非法和色情信息；不在互联网上诋毁中伤他人、单位与政府；不盗用他人账号密码，窃取和泄漏他人隐私信息；

（六）诚信就业。自尊自爱，修身明礼；不向用人单位提供虚假成绩单、获奖证明、学术成果证明和资格证书等，不编造虚假的班级、社团职务与社会实践经历；慎重签署劳动就业合同，不恶意违约，做诚实守信的毕业生。

第五章　学生诚信档案的建立及维护

第九条　学生诚信档案从入学之日起建立，到学生毕业离校时结束。新生入学后，由学院发起，组织学生签订《诚信档案服务协议》和《诚信承诺书》，学院将学生基本信息导入管理系统后，学生本人应在规定的时间内对不全或错误信息予以补充和修改。

第十条　学生诚信档案信息的日常维护和管理由学院建立大学生诚信档案工作小组办公室及各系共同负责。

第六章　学生诚信档案信息的认定

第十一条　学生可对诚信档案中的"个人填写部分"进行更新和修改，学生诚信档案校方维护部分由学院相关部门统一提供、录入、审核和维护。

第十二条　学院建立大学生信用档案工作领导小组办公室和各系均应选派管理员，共同负责对学生所提出的记录议案进行认定。认定结论分为同意记录、责令改正暂不记录、不予记录三种并按照认定结论进行记录。

第十三条　学生信用档案资料信息认定之前，必须告知当事人所提供记录议案的内容，认定并正式形成记录后 15 个工作日内书面形式告知当事人。

第十四条　一、二年级学生的信用信息在每学年第一学期开学后 1 个月内提供，三年级学生的信用信息在第二学期开学后 1 个月内提供。

第十五条　学生对本人诚信档案的记载内容有异议，可在信用档案记录内容告知后 5 个工作日，使用诚信档案公共平台的"档案申诉"功能提出复议申请，学生处在调查取证的基础上，会同各级管理员根据自身的行政管理权限做出修改记录、撤销记录或驳回复议申请的答复。

第十六条　对于有不诚信行为能知错就改的学生，可根据该生在校期间的综合表现，经本人提出申请，报学生处批准，确定是否修订该生的诚信档案。

第七章　学生诚信档案的管理和使用

第十七条　学生诚信档案实行电子化管理，在独立第三方资信机构提供的

“诚信档案公共平台”上实现建档、管理、维护等。

第十八条 为保护学生个人隐私,便于维护和管理学生诚信档案,学院对学生诚信档案实行分级管理、权限内查阅和维护,学院管理级别分为:学院级、系级两个层级。

第十九条 各系可根据实际情况设置适用的管理层级和每一个层级的具体管理人员及人数,当管理人员调离变动时,应及时进行调整更换。

第二十条 每一层级的管理员均可对本层级下辖的学生诚信档案进行管理和修改,所有操作均会形成系统日志进行备份。

第二十一条 管理人员不得擅自更改学生诚信档案的内容,更不能向无关的人员泄漏学生资料等信息。

第二十二条 在学生评优、入党、资助、就业推荐时,其个人诚信档案可作为重要考评依据。

第八章 附 则

第二十三条 本办法适用于在校全日制高职学生。

第二十四条 本办法自公布之日起实施,由学生处负责解释。

附件:

大学生诚信承诺书

附　件

大学生诚信承诺书

诚实守信是中华民族的优良传统，是做人之本，立德之源。讲究诚信，回归诚信，是当代大学生对优秀传统的继承与发扬。为进一步增强自身的诚信意识，树立大学生的良好形象，努力使自己成为全面发展的高素质人才，我庄严作出如下承诺：

一、学习诚信——态度端正，严谨求实

不抄袭他人作业；不剽窃他人学术成果；不伪造实验数据；遵守考场纪律，自觉抵制各种考场违纪行为。

二、经济诚信——以信立人，履约践诺

不恶意拖欠学杂费用；不恶意透支信用卡、电话卡等贷记卡；不偷窃、诈骗他人财物；不盗用他人手机、互联网等信息获取利益。

三、生活诚信——遵纪守法，弘扬正气

不恶意损坏学校公共财物；遵守学校各项管理规章制度，不打架、赌博，不参与其他扰乱教学秩序、损害学校名誉的行为。

四、诚信贷款与受助——自强不息，严于律己

不编造和利用虚假的证明材料申请助学贷款和各项资助；对助学金和勤工俭学岗位补贴等资助金不进行不当消费；不恶意拖欠国家助学贷款。

五、诚信上网——知行统一，自省自律

不通过短信、互联网编造与传播带有迷信、色情、反动内容的各类非法信息；不在互联网上诋毁谩骂他人与政府；不盗用他人账号密码、窃取和泄露他人隐私。

六、诚信就业——自尊自爱，修身明礼

不向用人单位提供虚假的成绩单、获奖证明和资格证书等，不编造虚假的在校任职记录与社会实践经历；慎重签署劳动就业合同，不恶意违约。

为将自己塑造成诚实守信的大学生，我将按照以上承诺严格要求自己，自愿接受学校及各方的管理与监督，同意在具有资质的第三方征信管理机构（诚信档案公共平台）建立大学期间本人的学生诚信档案，并按照要求填写真实的个人信用信息。

承诺人签名：＿＿＿＿＿＿＿＿　学号：＿＿＿＿＿＿

＿＿＿＿＿年＿＿月＿＿日

大学生门诊医疗统筹基金管理使用办法(试行)

为建立多层次医疗保障体系,切实保障我院大学生基本医疗需求,根据省人力资源和社会保障厅、省财政厅、省教育厅、省民政厅《关于印发进一步做好大学生参加城镇居民基本医疗保险实施办法的通知》(甘人社发〔2009〕69 号)、甘肃省人民政府办公厅《印发甘肃省高等学校大学生参加城镇居民基本医疗保险实施意见的通知》(甘政办〔2008〕191 号)、酒泉市人民政府《关于印发酒泉市城镇居民基本医疗保险实施意见(修订)的通知》(酒政发〔2015〕201 号)文件精神,结合学院实际,制定本办法。

第一章　管理机构及分工

第一条　成立酒泉职业技术学院在校大学生参加城镇居民基本医疗保险工作领导小组,由分管院领导和计财处、学生工作处、校医室等部门负责同志及各系副主任组成。工作领导小组下设学生医保办公室(简称学生医保办),负责全院大学生基本医疗保险工作的实施、管理和监督等工作。学生医保办设在学生工作处。

第二条　学生工作处负责在校大学生医保工作制度制定、医保工作宣传动员、信息统计、上报及与市社保局协调普通门诊统筹基金的划拨等工作;计划财务处负责大学生门诊费统筹基金的管理、报销工作;校医室负责落实大学生门诊就医、门诊医疗费的记录、汇总等工作;各系负责学生的参保组织、身份确认、信息采集、门诊医疗费用协助报销、医疗保险证的协助办理及注册等工作;各相关部门按照各自的工作职责,协同做好大学生参加城镇居民基本医疗保险及门诊统筹基金的报销工作。

第二章　参保缴费与资金管理

第三条　在校大学生参加城镇居民基本医疗保险的缴费标准为每人每年 40 元，市财政为我院大学生每人每年补助 40 元。我院学生应全部参加酒泉市城镇居民医疗保险，而且学生在校期间应连续参保，以实现与城镇职工基本医疗保险制度的衔接并享受统筹地区政策规定待遇。

第四条　大学生医疗保险费用按学年缴费。每年秋季开学报到时学生应当在规定时间内缴纳费用，否则不能享受医保待遇。各系凭学生交费凭证统一填写参加酒泉市城镇居民基本医疗保险学生信息采集表。

第五条　普通门诊医疗统筹资金按照（酒政发〔2015〕201）号文件第九条相关规定，“在校学生按照每人每年 30 元的标准从门诊统筹基金中划拨学校校医室或与学校签有服务协议的医疗机构”。按照规定，酒泉市社保局应按我院当年实际参保学生人数每生 30 元的标准拨付我院包干使用，专款专用，同时接受审计、教育、财政、劳动和社会保障等行政主管部门监督检查。

第六条　在校学生参加城镇居民基本医疗保险的缴费年度为当年的 9 月 1 日至次年 8 月 31 日。在每年 9 月 30 日前，学院为符合参保条件的每位学生统一办理参保登记手续，市社保局按照有关规定从学生交费次日起给学生办理医药费报销手续。

第三章　医疗保障待遇

第七条　普通门诊费统筹基金的管理与使用

（一）市社保局按学院实际缴费的参保学生人数，每人每年 30 元的标准划拨的门诊统筹基金统一由学院财务处设立财政专户管理。学院从 30 元的学生门诊医疗统筹基金中拿出 5 元，作为学生大病救助统筹基金，余下 25 元作为门诊医疗统筹费用；

（二）大学生基本医疗保险不建立个人账户，学生按时足额缴纳基本医疗保险费后，按学年度享受相应的普通门诊医疗保障待遇；

（三）学生在校医室就诊的门诊医疗费用先由学生全额支付，支付金额按学年累计核实后再按照规定给予报销；

（四）校医室将就医学生门诊医疗费用按要求计入台账，并按学年度汇总统计后报学生处审核；

（五）学生处将校医室提供的学生门诊医疗费用汇总统计表核对后报财务处审核，财务处负责将学生门诊医疗费用报销款打入学生一卡通；

（六）参保大学生的普通门诊医疗费用报销按以下标准执行：

1. 学生在校医室就诊的普通门诊费用，按学年计，起付标准为 50 元。一学年累计超过 50 元以上 200 元以下的，按以下标准报销：

50～100 元，报销 10 元；

100～150 元，报销 15 元；

150～200 元，报销 25 元。

2. 一学年普通门诊费用累计超过 200 元以上 500 元以下的，按以下标准报销：

200～300 元，报销 20%；

300～400 元，报销 30%；

400～500 元，报销 40%；

500 元以上建议住院治疗。

3. 学生在校外指定的定点医院就诊的普通门诊药费，学院承担 30%，个人承担 70%，报销金额最高不超过 150 元。报销时需提供由校医室出具的转院证明。

4. 学生在教育实习等居住在外省市期间，到定点医院就诊的普通门诊药费，学院承担 20%，个人承担 80%，报销金额最高不超过 150 元。报销时必须由系部出示其就医的时间、地点及原因的证明。

（七）学生大病救助基金的管理使用

1. 学生出现大病需要救助的，先按照酒泉市城镇居民基本医疗保险住院报销的规定正常报销，报销以后的剩余部分可启动统筹基金给予救助，救助金额按以下标准执行：

起付标准为 2 000 元，其中：

2 000～5 000 元，救助金额为 10%；

5 000～10 000 元，救助金额为 15%；

10 000～15 000 元，救助金额为 20%；

15 000～20 000 元，救助金额为 25%；

20 000 元以上最高可报销 5 000 元。

2. 学生发生伤残或死亡且学校无责者，可启动统筹基金给予人道救助，救助金额按以下标准执行：

发生伤残的，救助标准参照大病救助标准执行；

发生死亡的，最高可给予 20 000 元的人道救助金。

（八）凡《酒泉市城镇居民基本医疗保险》规定不予支付费用的药品、诊疗项目、门诊检查费、门诊治疗费、医用材料及生活服务项目不进入本管理办法。

（九）凡因交通肇事、酗酒斗殴及因违反校纪校规而发生的医疗费用不进入本管理办法。

附：不予报销的项目（根据甘肃省基本医疗保险目录执行）

1. 挂号费、院外会诊费、病历工本费。

2. 各种美容、健美项目及非功能性整容、矫形手术等。

3. 出诊费、检查治疗加急诊费、点名手术附加费、优质段价、自请特别护理等特需服务费。

4. 各种健康体检。

5. 各种减肥、增肥、增高项目。

6. 各种预防、保健性的治疗项目。

7. 各种治疗咨询、医疗鉴定费用。

8. 眼镜、义齿、义眼、义肢、助听器等康复性器具。

9. 气功疗法、音乐疗法、保健性营养疗法等。

10. 各种不育（孕）症、性功能障碍的诊疗项目。

11. 学生就医使用的温阳、滋阴类中药制剂，免疫制剂，牙科治疗费，防疫用品、预防用药等均不予报销。

12. 科研型、临床验证性的诊疗项目。

13. 各类会议、旅游、军训、保健的医药费以及用于科学研究的医药费不予报销。

14. 省物价部门规定不可单独收费的一次性医用材料。

15. 其他不予报销的诊疗项目。

16. 因打架、斗殴、酗酒、自杀、交道肇事以及医疗事故造成伤残的医疗费用，应由肇事人或肇事单位负担。

17. 入学前患有教育部、卫生部规定的《普通高等院校招生体检工作指导意见》中规定的学校和有关专业不予录取的疾病，残疾人的先天性、原发病疾病不享受门诊统筹待遇。确因病情发展或急性发作住院时，经市医保局审核并同意受理后，按医保规定办理。入学时故意隐瞒以上疾病或慢性严重疾病病史，入学发现后对相应疾病仍将不予享受基本医疗待遇。

第八条 本办法由学生处负责解释。

第九条 本办法自公布之日起试行1年。

学生损坏财产赔偿制度

为了加强学院的财产管理，贯彻落实学院提出的“教书育人、服务育人”的要求，保证学校教育教学工作顺利进行，培养学生爱护公物的意识和行为习惯，特制定本制度。

第一条 财产损坏的确认。凡教室、宿舍配备的教学、生活设施和用品，学院固定资产，以及其他校内公物，由学生人为损毁或损伤，而失去或部分丧失其使用价值和功能，经后勤管理处调查、审验，应视为财产损坏。

第二条 财产赔偿的原则。后勤管理处应认真区分财产损坏的原因、性质及损坏程度。

1. 凡属学生主观因素造成的损坏，必须由损坏人按“照价赔偿”的原则进行赔偿。

2. 凡属学生故意损坏行为，应对损坏人施以加倍经济处罚，并视其情节严重情况报请学生处给予纪律处分。

3. 对桌、椅等木制品，赔偿计价时应考虑折旧因素。

第三条 赔偿办法。损坏财产行为发生后，损坏人必须在 24 小时内，主动或由班干部向所在系或公寓管理员报告，并申请修复、更换（双休日延长至次周一上午）。经后勤管理处人员确定，损坏人必须缴足赔偿款之后，方给予修理、更换。若损坏人不主动报告，后勤管理处先进行维修，经查证后加倍罚款。后勤管理处每月末定期对教学楼、宿舍楼财产设施进行检查，发现财产被损坏后而查不出责任者的，可根据损坏财产的处所、地点，按责任区域，向有关责任班级所在系开具“损坏财产索赔单”，由该责任班级支付赔偿款。若不能按时赔偿，待毕业时从责任班级财产押金中扣除。

第四条 班级责任区域的财产系指各班教室、宿舍内配置使用的所有财产、用具以及划分到责任班级的公共财产。各班要加强责任心，使用好、管理好本班区域内的财产。

第五条 学院鼓励学生对故意损坏财产的行为举报，经查实后，对举报人进行表扬，并给予被损坏财产罚款50%的一次性奖励。

第六条 本制度由后勤管理处负责解释。

附件：

财产损坏赔偿价格表

附　件

财产损坏赔偿价格表 1

名　称	规格型号	赔偿单价/元	备　注
双人课桌	桌腿	120	断腿
	腿衬	10	
	底板	20	
	桌面	60	
	侧衬	10	
	两侧三合板	5	
	后侧三合板	10	
单人课桌	桌腿	70	断腿
	腿衬	10	
	底板	10	
	桌面	30	
	侧衬	10	
	两侧三合板	5	
	后侧三合板	10	
	底板衬	8	
教室门头牌	个	30	
日光灯管	40 W	8	
启辉器	个	2	
节能灯	11 W	11	
灯泡	25 W	1.5	
灯头	个	2	
双保险门锁	普通	20	
挂锁	大、中、小	8、5、3	
板扣	大、中、小	3、2、1	

续表

名　称	规格型号	赔偿单价/元	备　注
门插销	个	2	
暗插座	个	5	
窗扇撑杆、执手	副	8	

财产损坏赔偿价格表 2

名　称	规格型号	赔偿单价/元	备　注
暖气排气阀	个	2	
楼道扶手	每段	40	
壁柜门	宿舍楼	20	
壁柜边框	个	10	
教室门头玻璃	块	10	
教室扇头玻璃	块	7	
消防栓门框玻璃	块	8	
教室窗户玻璃	5 mm/块	45	
教学楼双扇门长条玻璃	5 mm/块	17	
服务中心窗户玻璃	5 mm/块	45	
5#—8#公寓玻璃	5 mm/块	30	
单扇门头玻璃	5 mm/块	7	
1#—4#公寓玻璃	3 mm/块	20	
门扇玻璃	3 mm/块	6	
门头玻璃	3 mm/块	10	
暗单联开关	个	5	
暗双联开关	个	5	
暗三、四联开关	个	7	
教学楼教室窗帘	副	70	

续表

名　称	规格型号	赔偿单价/元	备　注
窗帘轨道	根	30	
铁皮水桶	个	15	
铁簸箕	个	5	
脸盆	个	10	
塑料脸盆	个	5	
楼道标语牌	个	15	
教室黑板	平方米	100	
日光灯架	套	25	

说明:1. 以上物品的赔偿价格依据市场价格制定,包括材料费、维修更换费和辅料费。如果市场价格大幅度变动,相应地予以调整。

2. 表中未列的物品价格,由后勤管理处视具体情况确定赔偿标准。

第四篇　服务篇

“先进班集体”评选流程

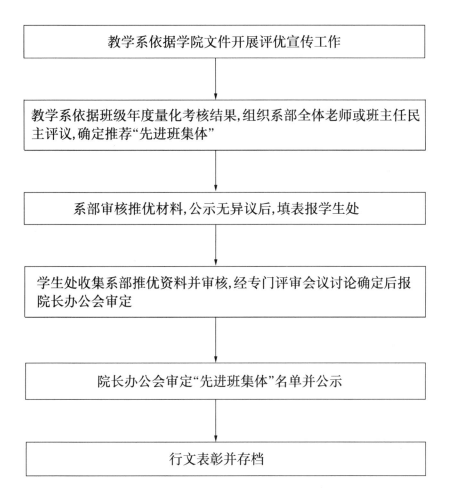

教学系依据学院文件开展评优宣传工作

↓

教学系依据班级年度量化考核结果,组织系部全体老师或班主任民主评议,确定推荐“先进班集体”

↓

系部审核推优材料,公示无异议后,填表报学生处

↓

学生处收集系部推优资料并审核,经专门评审会议讨论确定后报院长办公会审定

↓

院长办公会审定“先进班集体”名单并公示

↓

行文表彰并存档

“三好学生”评选流程

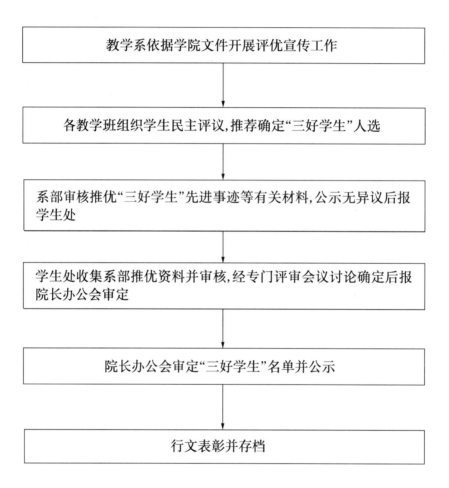

教学系依据学院文件开展评优宣传工作

各教学班组织学生民主评议,推荐确定“三好学生”人选

系部审核推优“三好学生”先进事迹等有关材料,公示无异议后报学生处

学生处收集系部推优资料并审核,经专门评审会议讨论确定后报院长办公会审定

院长办公会审定“三好学生”名单并公示

行文表彰并存档

“优秀学生干部”评选流程

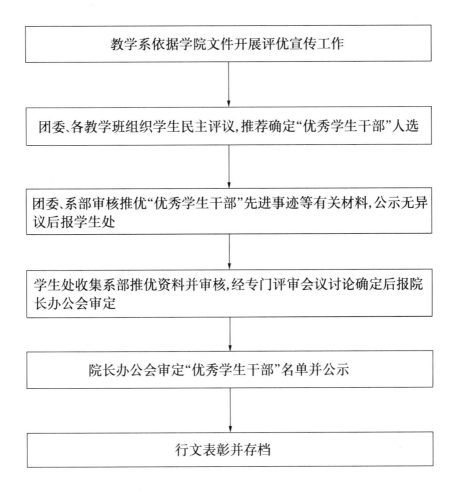

教学系依据学院文件开展评优宣传工作

↓

团委、各教学班组织学生民主评议，推荐确定“优秀学生干部”人选

↓

团委、系部审核推优“优秀学生干部”先进事迹等有关材料，公示无异议后报学生处

↓

学生处收集系部推优资料并审核，经专门评审会议讨论确定后报院长办公会审定

↓

院长办公会审定“优秀学生干部”名单并公示

↓

行文表彰并存档

奖、助学金评选流程

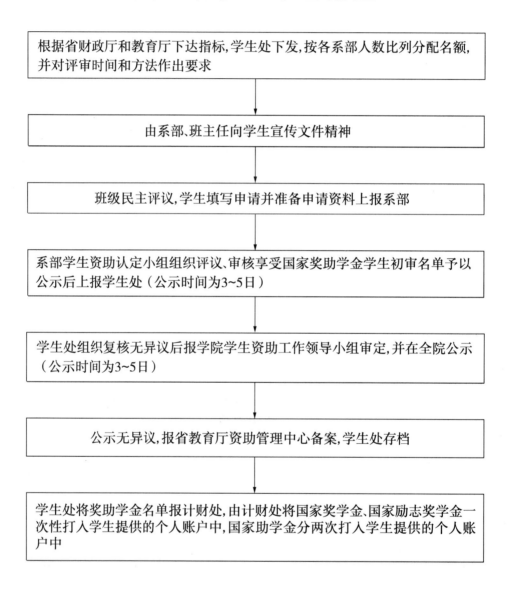

根据省财政厅和教育厅下达指标，学生处下发，按各系部人数比列分配名额，并对评审时间和方法作出要求

↓

由系部、班主任向学生宣传文件精神

↓

班级民主评议，学生填写申请并准备申请资料上报系部

↓

系部学生资助认定小组组织评议、审核享受国家奖助学金学生初审名单予以公示后上报学生处（公示时间为3~5日）

↓

学生处组织复核无异议后报学院学生资助工作领导小组审定，并在全院公示（公示时间为3~5日）

↓

公示无异议，报省教育厅资助管理中心备案，学生处存档

↓

学生处将奖助学金名单报计财处，由计财处将国家奖学金、国家励志奖学金一次性打入学生提供的个人账户中，国家助学金分两次打入学生提供的个人账户中

新生报到工作流程

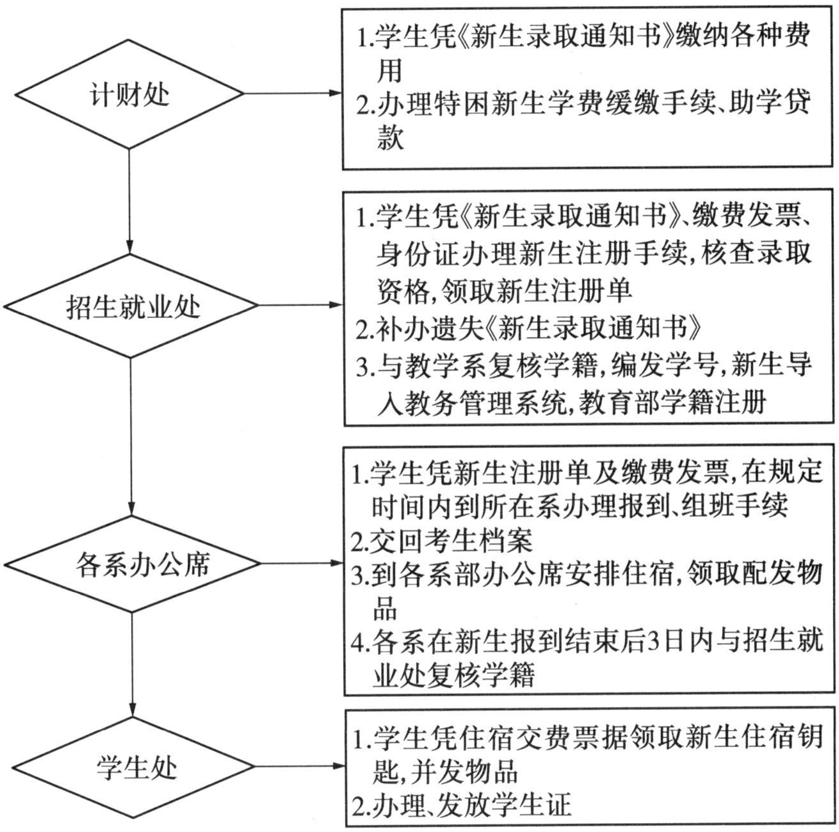

计财处
1.学生凭《新生录取通知书》缴纳各种费用
2.办理特困新生学费缓缴手续、助学贷款
招生就业处
1.学生凭《新生录取通知书》、缴费发票、身份证办理新生注册手续，核查录取资格，领取新生注册单
2.补办遗失《新生录取通知书》
3.与教学系复核学籍，编发学号，新生导入教务管理系统，教育部学籍注册
各系办公席
1.学生凭新生注册单及缴费发票，在规定时间内到所在系办理报到、组班手续
2.交回考生档案
3.到各系部办公席安排住宿，领取配发物品
4.各系在新生报到结束后3日内与招生就业处复核学籍
学生处
1.学生凭住宿交费票据领取新生住宿钥匙，并发物品
2.办理、发放学生证

新生学籍电子注册工作流程

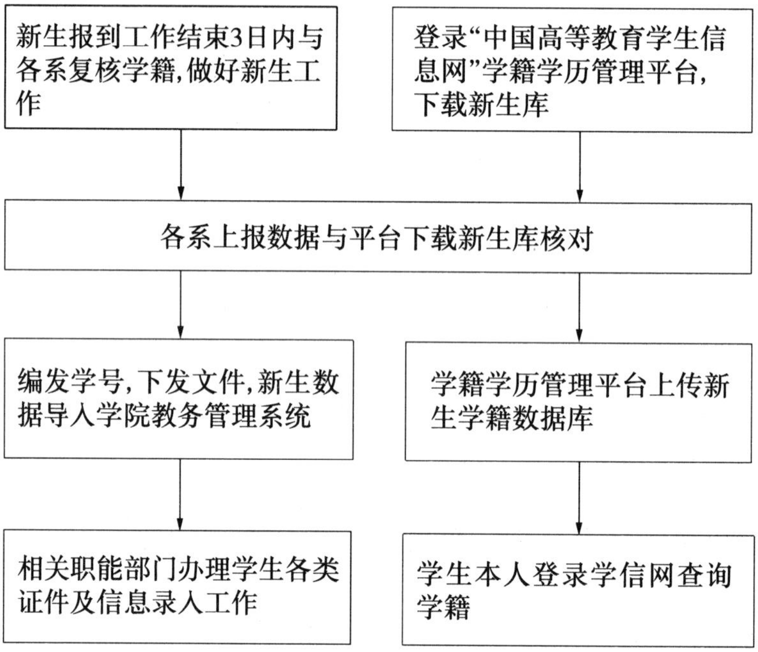
新生报到工作结束3日内与各系复核学籍,做好新生工作
登录“中国高等教育学生信息网”学籍学历管理平台,下载新生库
各系上报数据与平台下载新生库核对
编发学号,下发文件,新生数据导入学院教务管理系统
学籍学历管理平台上传新生学籍数据库
相关职能部门办理学生各类证件及信息录入工作
学生本人登录学信网查询学籍

学生证补办流程

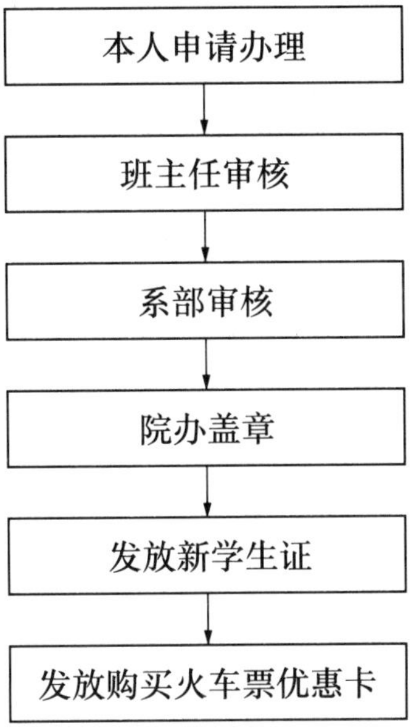
本人申请办理
班主任审核
系部审核
院办盖章
发放新学生证
发放购买火车票优惠卡

学生违纪处理工作流程

1.确定本系学生因违纪需处分的学生名单

↓

2.通知违纪的同学将检讨书于指定时间交到系学生科

↓

3. 学生在规定时间内到系部学生科提交处分材料

↓

4.系部听取学生或其代理人的陈述和申辩

↓

5.学生科填写《学生违纪处理登记表》违纪事实、处分依据和系部意见

↓

6.以系为单位将处分材料交到学生处

↓

7.学院违纪处理工作委员会召开违纪处理大会,并作出处分决定

↓

8.学生处通知领取处分决定和文书送达回执

↓

9.将处分决定分发下去,并将文书送达回执发给学生本人

↓

10.以系为单位将文书送达回证交到学生处

注意事项:

1.违纪处分填写《学生违纪处理登记表》,解除处分填写《违纪处分学生申请表》。

2.解除处分材料包括《解除处分审批表》《违纪处分学生考察情况》学生本人申请书和原处分决定。

3.处分决定发学生本人或家长、班级、系部、学生处各一份,文书送达回执交给学生本人,要求其填写好相应内容,由系部留存。

4.系部学生科要对违纪处分的学生的表现进行跟踪考核。考察期满后要及时办理解除处分的手续。

学生考试违规处理流程

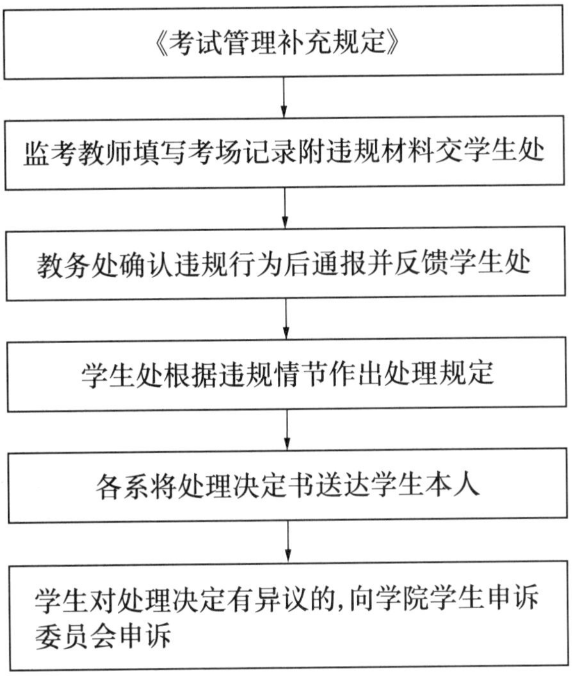
《考试管理补充规定》
监考教师填写考场记录附违规材料交学生处
教务处确认违规行为后通报并反馈学生处
学生处根据违规情节作出处理规定
各系将处理决定书送达学生本人
学生对处理决定有异议的,向学院学生申诉委员会申诉

学生申诉流程

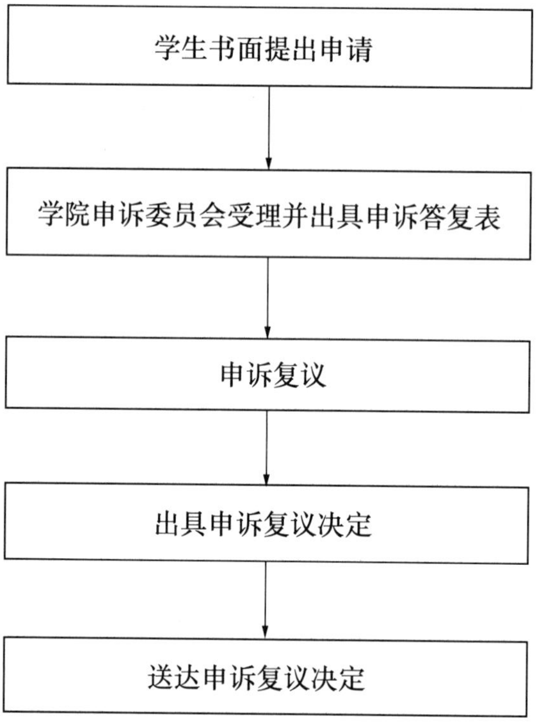

解除学生处分流程

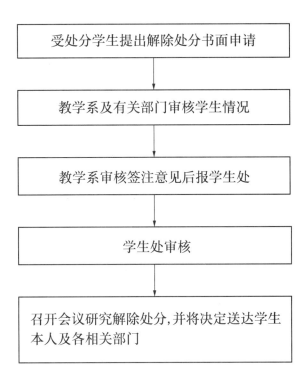

受处分学生提出解除处分书面申请

↓

教学系及有关部门审核学生情况

↓

教学系审核签注意见后报学生处

↓

学生处审核

↓

召开会议研究解除处分,并将决定送达学生本人及各相关部门

成绩提交与更改流程

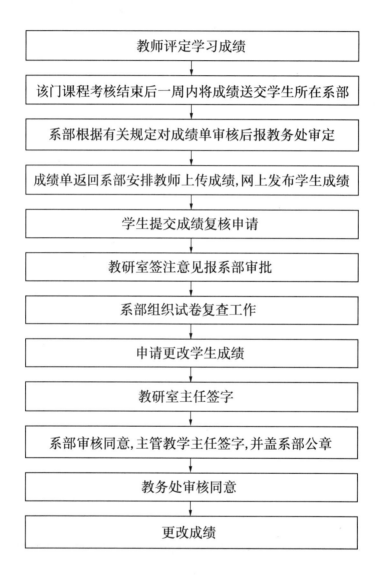

教师评定学习成绩
↓
该门课程考核结束后一周内将成绩送交学生所在系部
↓
系部根据有关规定对成绩单审核后报教务处审定
↓
成绩单返回系部安排教师上传成绩,网上发布学生成绩
↓
学生提交成绩复核申请
↓
教研室签注意见报系部审批
↓
系部组织试卷复查工作
↓
申请更改学生成绩
↓
教研室主任签字
↓
系部审核同意,主管教学主任签字,并盖系部公章
↓
教务处审核同意
↓
更改成绩

办理学生借书证程序

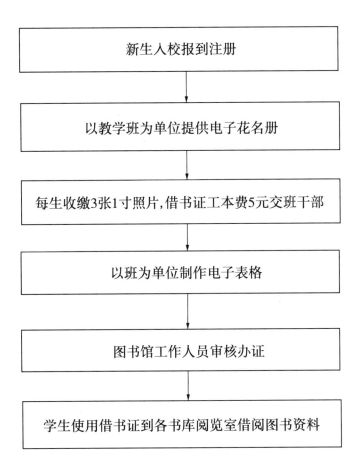

新生入校报到注册

↓

以教学班为单位提供电子花名册

↓

每生收缴3张1寸照片,借书证工本费5元交班干部

↓

以班为单位制作电子表格

↓

图书馆工作人员审核办证

↓

学生使用借书证到各书库阅览室借阅图书资料

生源地信用助学贷款首贷办理流程

登录网站并注册账户

↓

用注册账号登录

↓

录入本人及共同借款人信息

↓

在线贷款申请

↓

导出并打印贷款申请表

↓

到居(村)委会办理证明材料

↓

到县级资助中心签订合同

↓

到高校资助中心办理电子回执

生源地信用助学贷款续贷办理流程

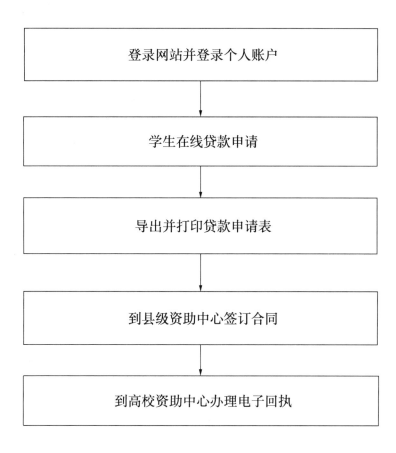

登录网站并登录个人账户

↓

学生在线贷款申请

↓

导出并打印贷款申请表

↓

到县级资助中心签订合同

↓

到高校资助中心办理电子回执

生源地信用助学贷款还款流程

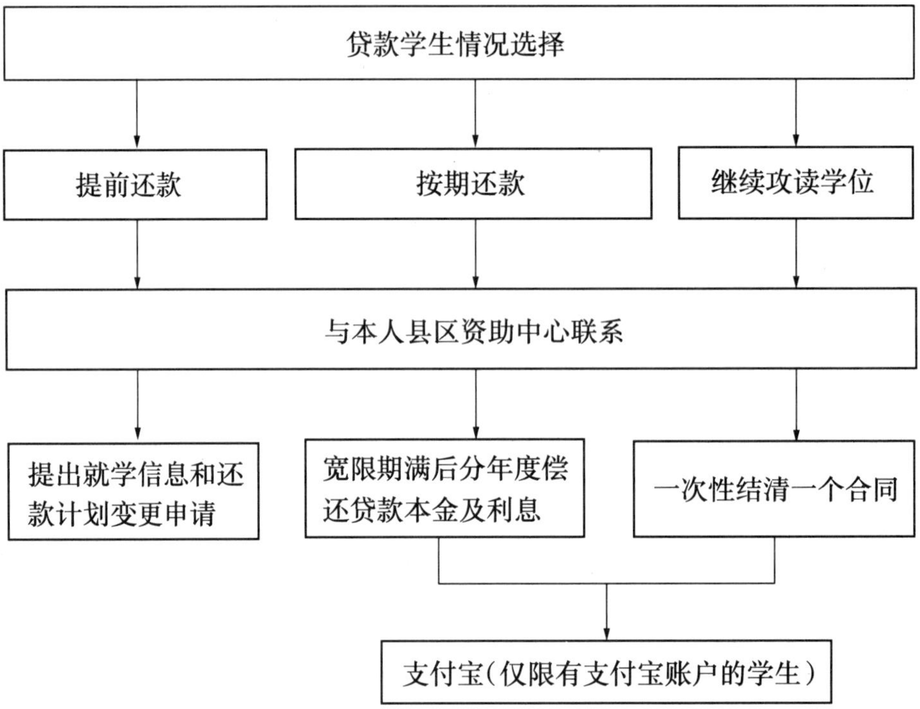

家庭经济困难学生认定流程

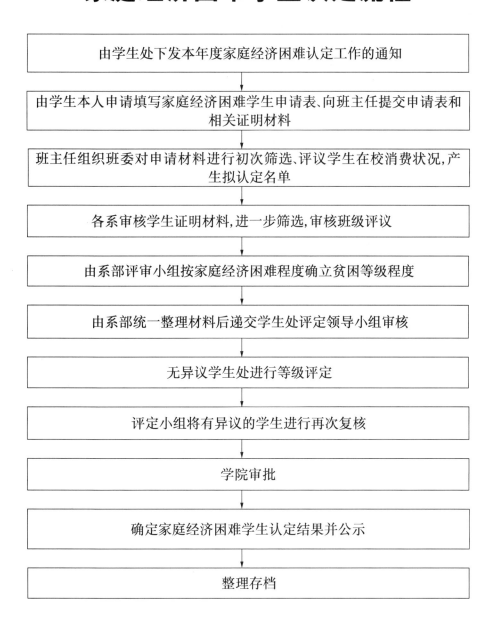

由学生处下发本年度家庭经济困难认定工作的通知

↓

由学生本人申请填写家庭经济困难学生申请表、向班主任提交申请表和相关证明材料

↓

班主任组织班委对申请材料进行初次筛选、评议学生在校消费状况，产生拟认定名单

↓

各系审核学生证明材料，进一步筛选，审核班级评议

↓

由系部评审小组按家庭经济困难程度确立贫困等级程度

↓

由系部统一整理材料后递交学生处评定领导小组审核

↓

无异议学生处进行等级评定

↓

评定小组将有异议的学生进行再次复核

↓

学院审批

↓

确定家庭经济困难学生认定结果并公示

↓

整理存档

学生学籍档案管理流程

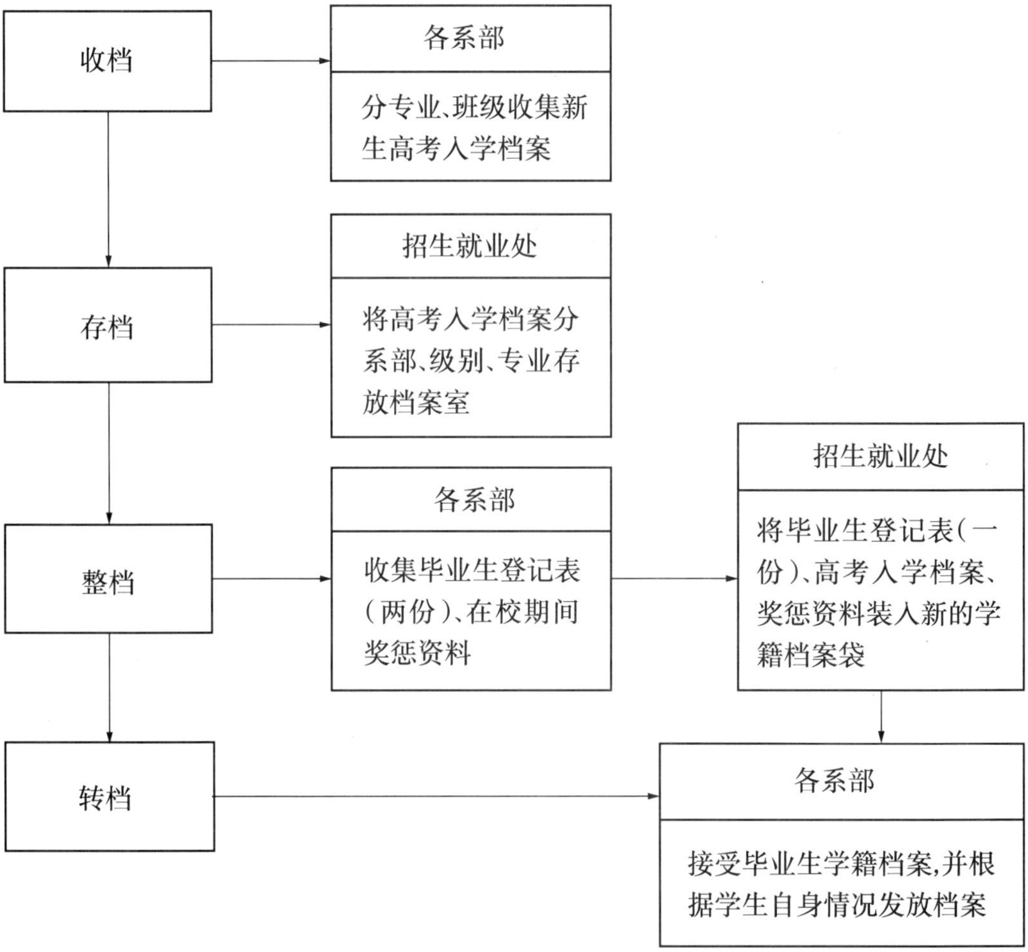
收档
各系部
分专业、班级收集新生高考入学档案
存档
招生就业处
将高考入学档案分系部、级别、专业存放档案室
整档
各系部
收集毕业生登记表（两份）、在校期间奖惩资料
招生就业处
将毕业生登记表（一份）、高考入学档案、奖惩资料装入新的学籍档案袋
转档
各系部
接受毕业生学籍档案，并根据学生自身情况发放档案

办理退学工作流程

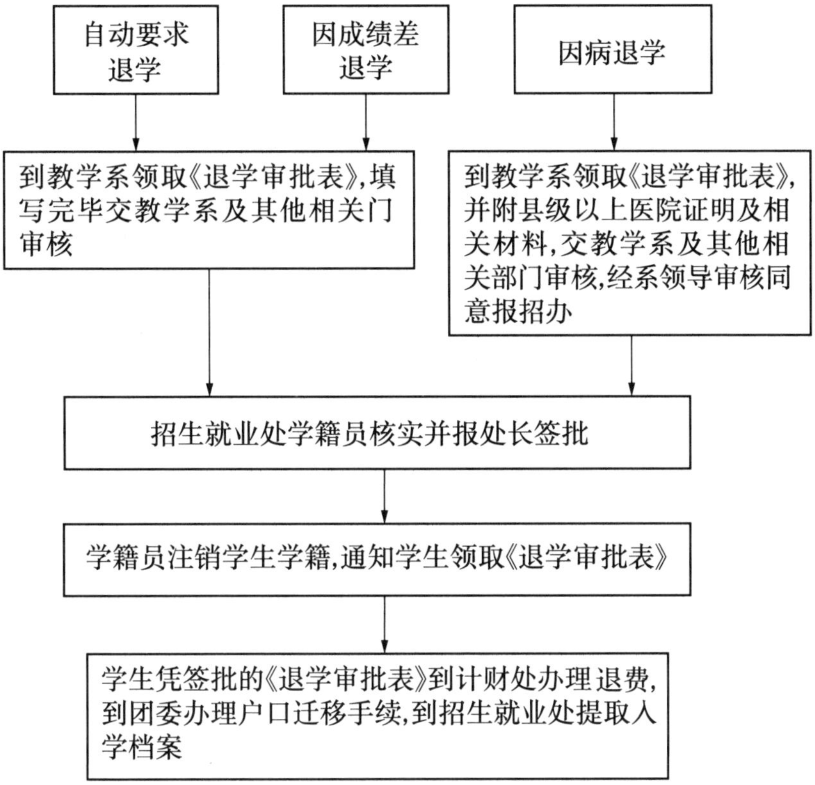
自动要求退学
因成绩差退学
因病退学
到教学系领取《退学审批表》,填写完毕交教学系及其他相关门审核
到教学系领取《退学审批表》,并附县级以上医院证明及相关材料,交教学系及其他相关部门审核,经系领导审核同意报招办
招生就业处学籍员核实并报处长签批
学籍员注销学生学籍,通知学生领取《退学审批表》
学生凭签批的《退学审批表》到计财处办理退费,到团委办理户口迁移手续,到招生就业处提取入学档案

办理休学手续流程

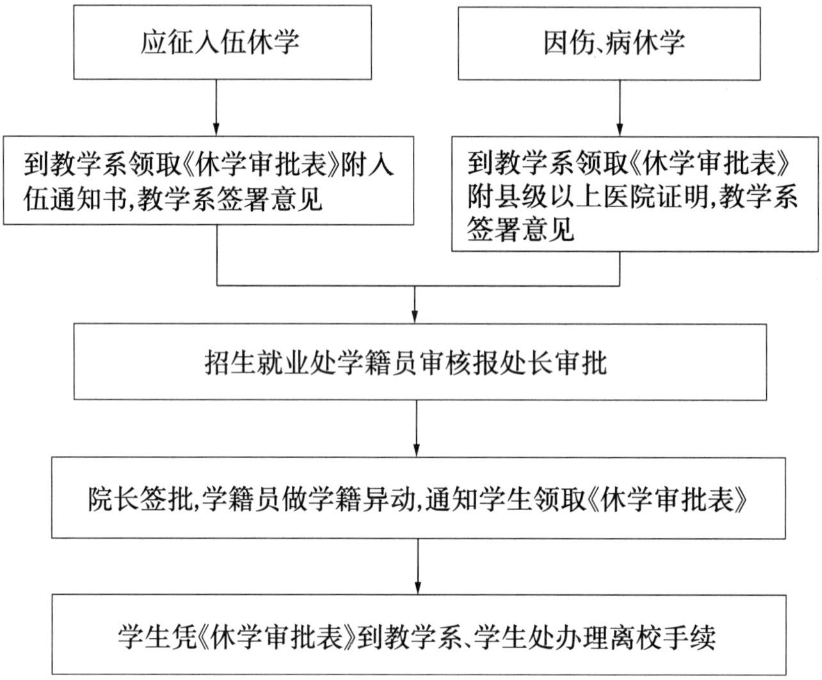

注:休学一般以一年为期,因病休学期满后仍不能复学,经本人申请办理退学手续,否则视为自动退学。

办理复学手续流程

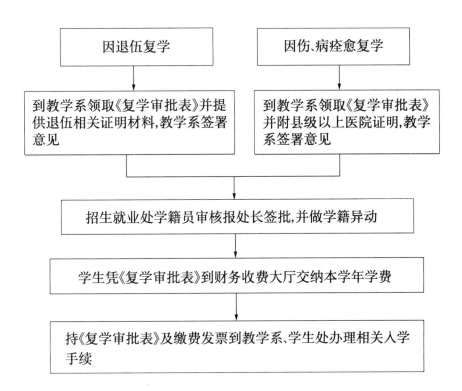

因退伍复学

到教学系领取《复学审批表》并提供退伍相关证明材料，教学系签署意见

因伤、病痊愈复学

到教学系领取《复学审批表》并附县级以上医院证明，教学系签署意见

↓

招生就业处学籍员审核报处长签批，并做学籍异动

↓

学生凭《复学审批表》到财务收费大厅交纳本学年学费

↓

持《复学审批表》及缴费发票到教学系、学生处办理相关入学手续

户籍管理流程

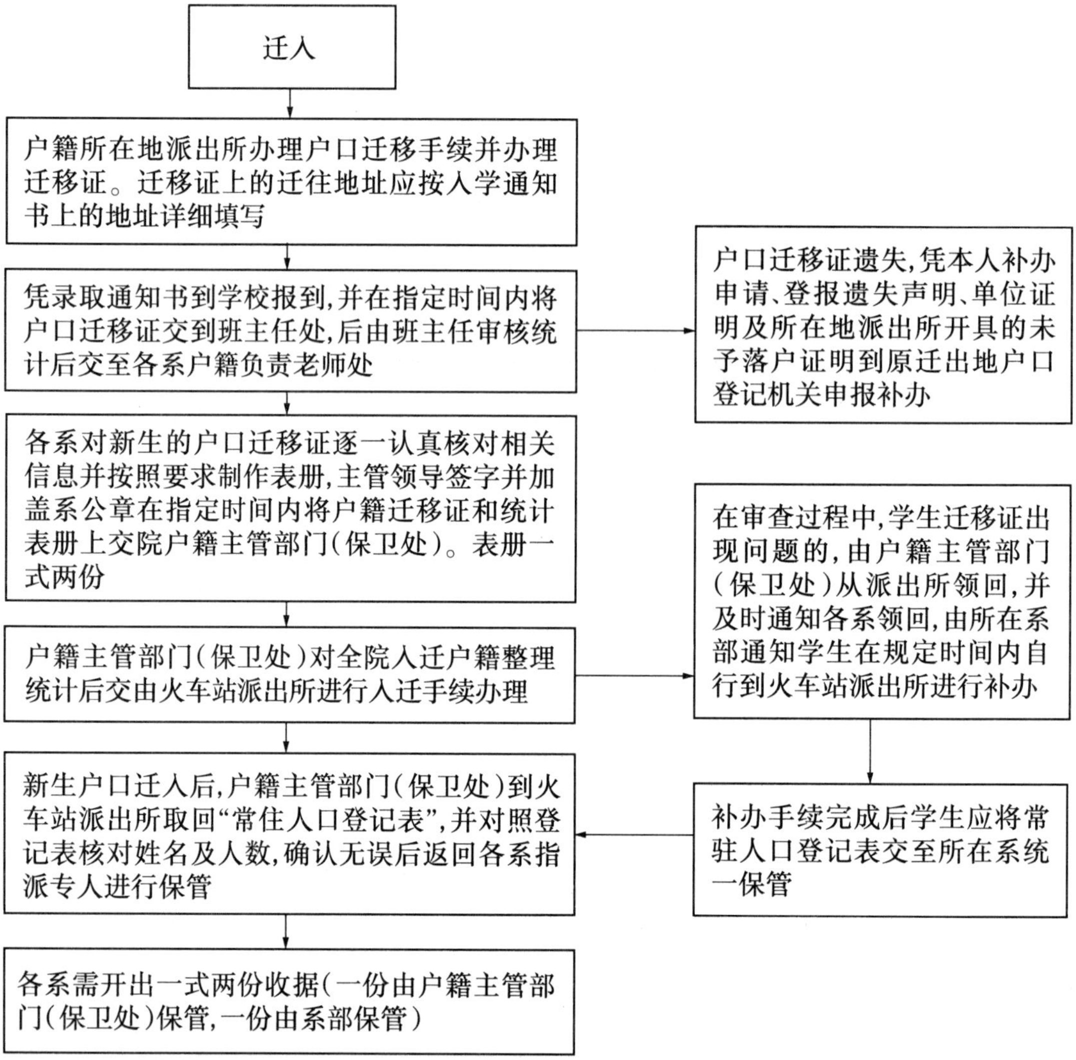
迁入
户籍所在地派出所办理户口迁移手续并办理迁移证。迁移证上的迁往地址应按入学通知书上的地址详细填写
凭录取通知书到学校报到，并在指定时间内将户口迁移证交到班主任处，后由班主任审核统计后交至各系户籍负责老师处
户口迁移证遗失，凭本人补办申请、登报遗失声明、单位证明及所在地派出所开具的未予落户证明到原迁出地户口登记机关申报补办
各系对新生的户口迁移证逐一认真核对相关信息并按照要求制作表册，主管领导签字并加盖系公章在指定时间内将户籍迁移证和统计表册上交院户籍主管部门（保卫处）。表册一式两份
户籍主管部门（保卫处）对全院入迁户籍整理统计后交由火车站派出所进行入迁手续办理
在审查过程中，学生迁移证出现问题的，由户籍主管部门（保卫处）从派出所领回，并及时通知各系领回，由所在系部通知学生在规定时间内自行到火车站派出所进行补办
新生户口迁入后，户籍主管部门（保卫处）到火车站派出所取回“常住人口登记表”，并对照登记表核对姓名及人数，确认无误后返回各系指派专人进行保管
补办手续完成后学生应将常驻人口登记表交至所在系统一保管
各系需开出一式两份收据（一份由户籍主管部门（保卫处）保管，一份由系部保管）

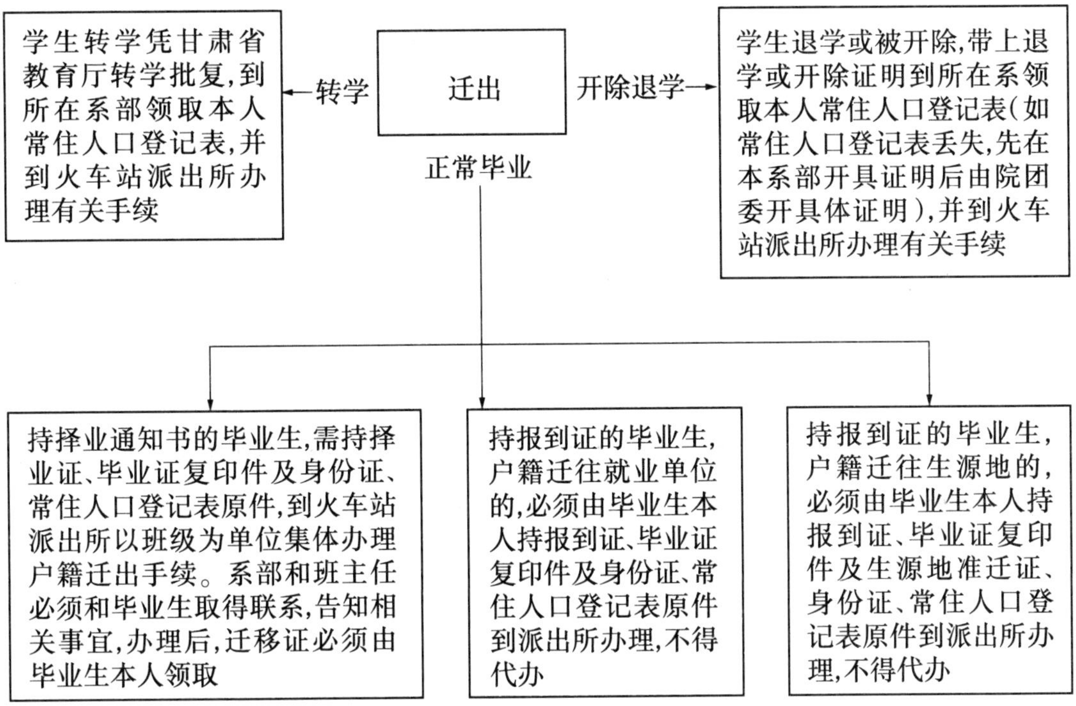
迁出
转学
学生转学凭甘肃省教育厅转学批复，到所在系部领取本人常住人口登记表，并到火车站派出所办理有关手续
开除退学
学生退学或被开除，带上退学或开除证明到所在系领取本人常住人口登记表（如常住人口登记表丢失，先在本系部开具证明后由院团委开具体证明），并到火车站派出所办理有关手续
正常毕业
持择业通知书的毕业生，需持择业证、毕业证复印件及身份证、常住人口登记表原件，到火车站派出所以班级为单位集体办理户籍迁出手续。系部和班主任必须和毕业生取得联系，告知相关事宜，办理后，迁移证必须由毕业生本人领取
持报到证的毕业生，户籍迁往就业单位的，必须由毕业生本人持报到证、毕业证复印件及身份证、常住人口登记表原件到派出所办理，不得代办
持报到证的毕业生，户籍迁往生源地的，必须由毕业生本人持报到证、毕业证复印件及生源地准迁证、身份证、常住人口登记表原件到派出所办理，不得代办

毕业生毕业资格审批流程

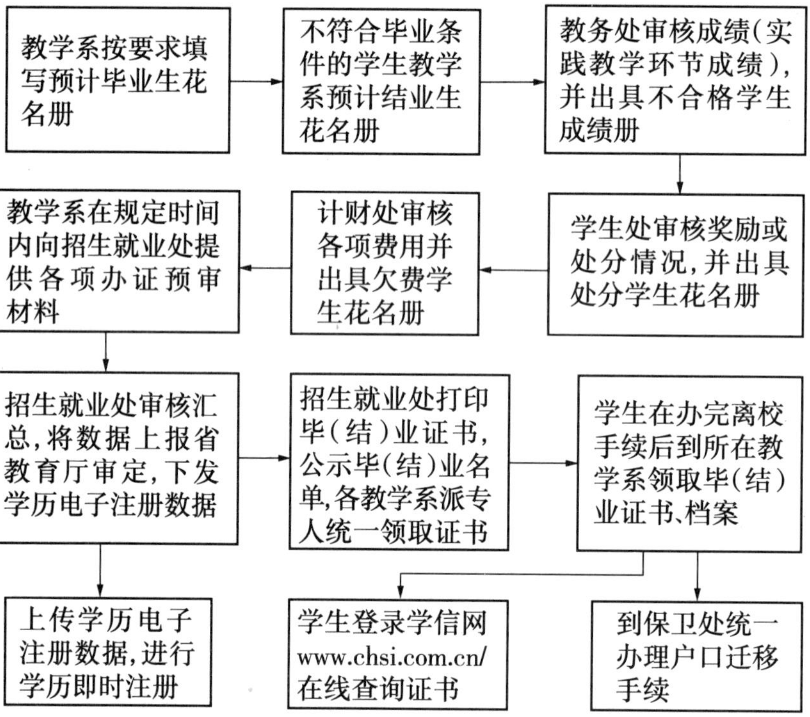

结业证换毕业证流程

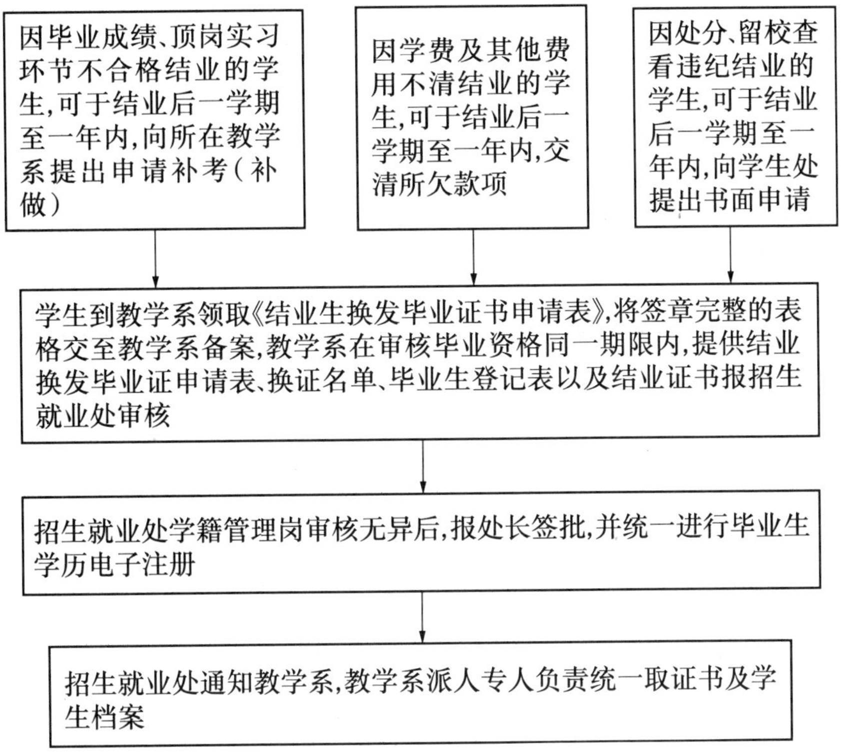
因毕业成绩、顶岗实习环节不合格结业的学生,可于结业后一学期至一年内,向所在教学系提出申请补考(补做)
因学费及其他费用不清结业的学生,可于结业后一学期至一年内,交清所欠款项
因处分、留校查看违纪结业的学生,可于结业后一学期至一年内,向学生处提出书面申请
学生到教学系领取《结业生换发毕业证书申请表》,将签章完整的表格交至教学系备案,教学系在审核毕业资格同一期限内,提供结业换发毕业证申请表、换证名单、毕业生登记表以及结业证书报招生就业处审核
招生就业处学籍管理岗审核无异后,报处长签批,并统一进行毕业生学历电子注册
招生就业处通知教学系,教学系派人专人负责统一取证书及学生档案

补办毕业证明书与出具毕业证明流程

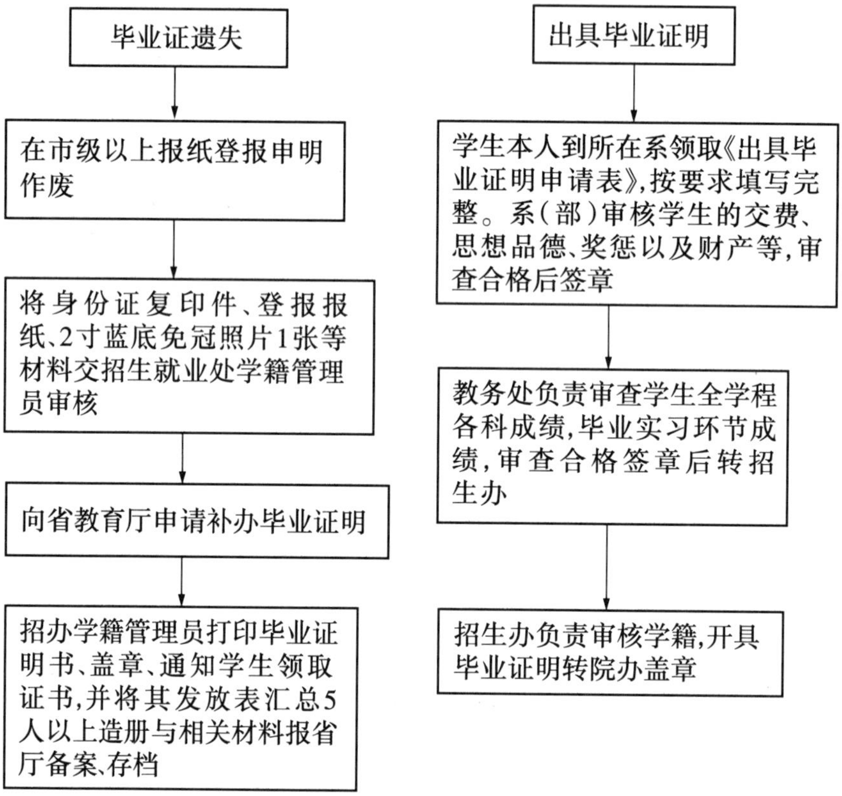
毕业证遗失
在市级以上报纸登报申明作废
将身份证复印件、登报报纸、2寸蓝底免冠照片1张等材料交招生就业处学籍管理员审核
向省教育厅申请补办毕业证明
招办学籍管理员打印毕业证明书、盖章、通知学生领取证书,并将其发放表汇总5人以上造册与相关材料报省厅备案、存档
出具毕业证明
学生本人到所在系领取《出具毕业证明申请表》,按要求填写完整。系(部)审核学生的交费、思想品德、奖惩以及财产等,审查合格后签章
教务处负责审查学生全学程各科成绩,毕业实习环节成绩,审查合格签章后转招生办
招生办负责审核学籍,开具毕业证明转院办盖章

住宿学生请假流程

学生申请

↓

班主任签字

↓

教学系盖章

↓

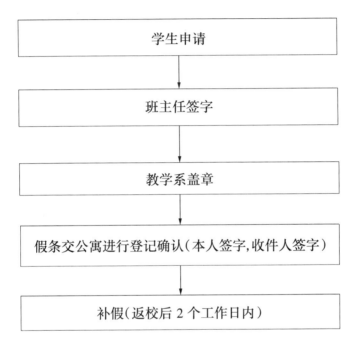

假条交公寓进行登记确认（本人签字，收件人签字）

↓

补假（返校后 2 个工作日内）

学生夜不归寝处理流程

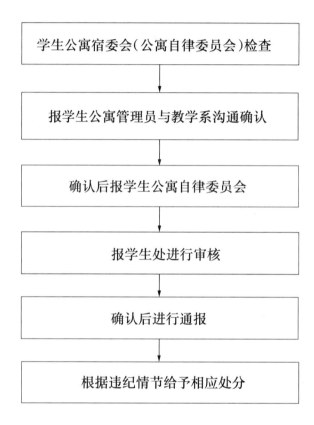

学生公寓宿委会(公寓自律委员会)检查

↓

报学生公寓管理员与教学系沟通确认

↓

确认后报学生公寓自律委员会

↓

报学生处进行审核

↓

确认后进行通报

↓

根据违纪情节给予相应处分

城镇居民医疗保险参保流程

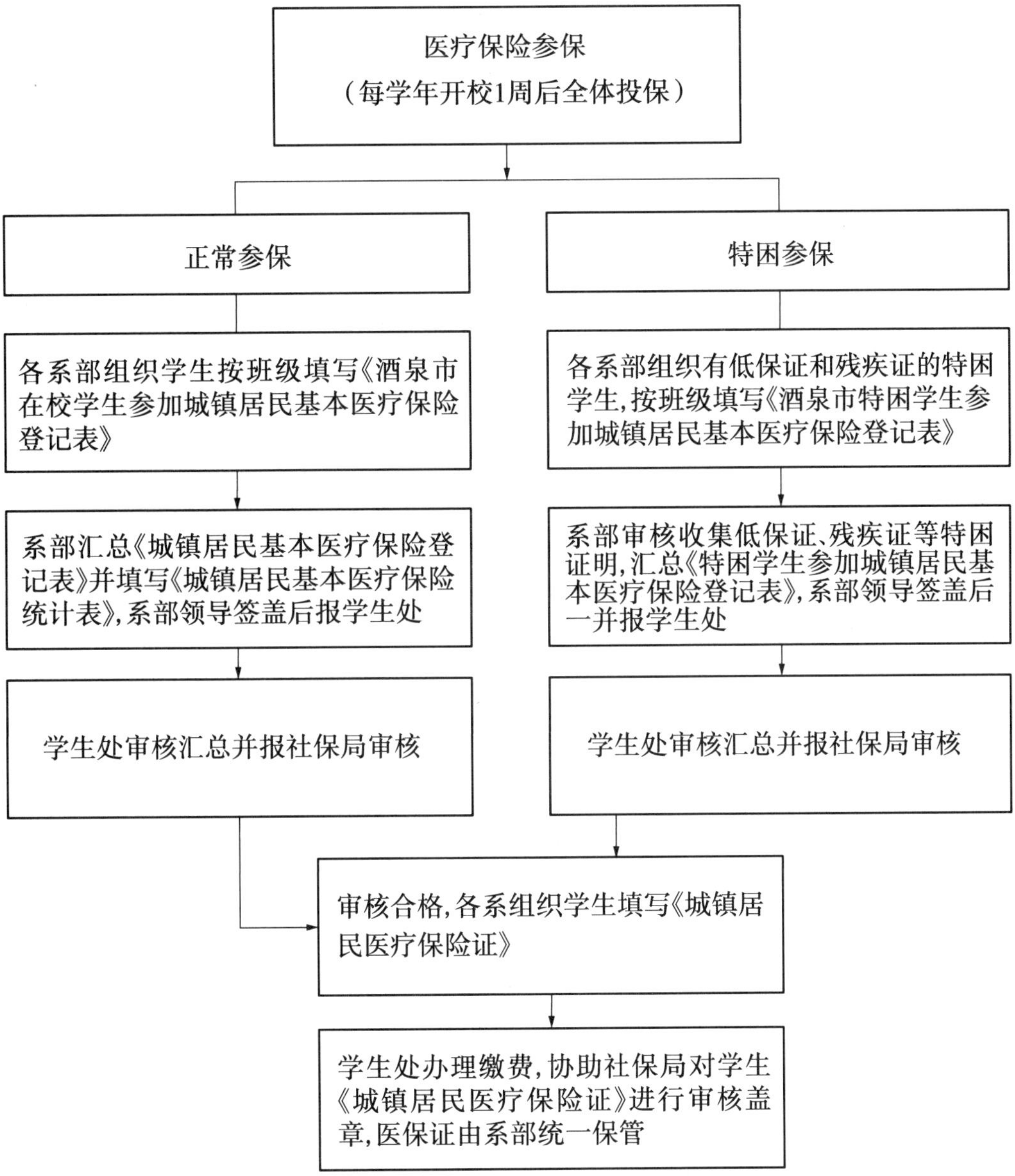
医疗保险参保
（每学年开校1周后全体投保）
正常参保
特困参保
各系部组织学生按班级填写《酒泉市在校学生参加城镇居民基本医疗保险登记表》
各系部组织有低保证和残疾证的特困学生，按班级填写《酒泉市特困学生参加城镇居民基本医疗保险登记表》
系部汇总《城镇居民基本医疗保险登记表》并填写《城镇居民基本医疗保险统计表》，系部领导签盖后报学生处
系部审核收集低保证、残疾证等特困证明，汇总《特困学生参加城镇居民基本医疗保险登记表》，系部领导签盖后一并报学生处
学生处审核汇总并报社保局审核
学生处审核汇总并报社保局审核
审核合格，各系组织学生填写《城镇居民医疗保险证》
学生处办理缴费，协助社保局对学生《城镇居民医疗保险证》进行审核盖章，医保证由系部统一保管

城镇居民医疗保险住院报销流程

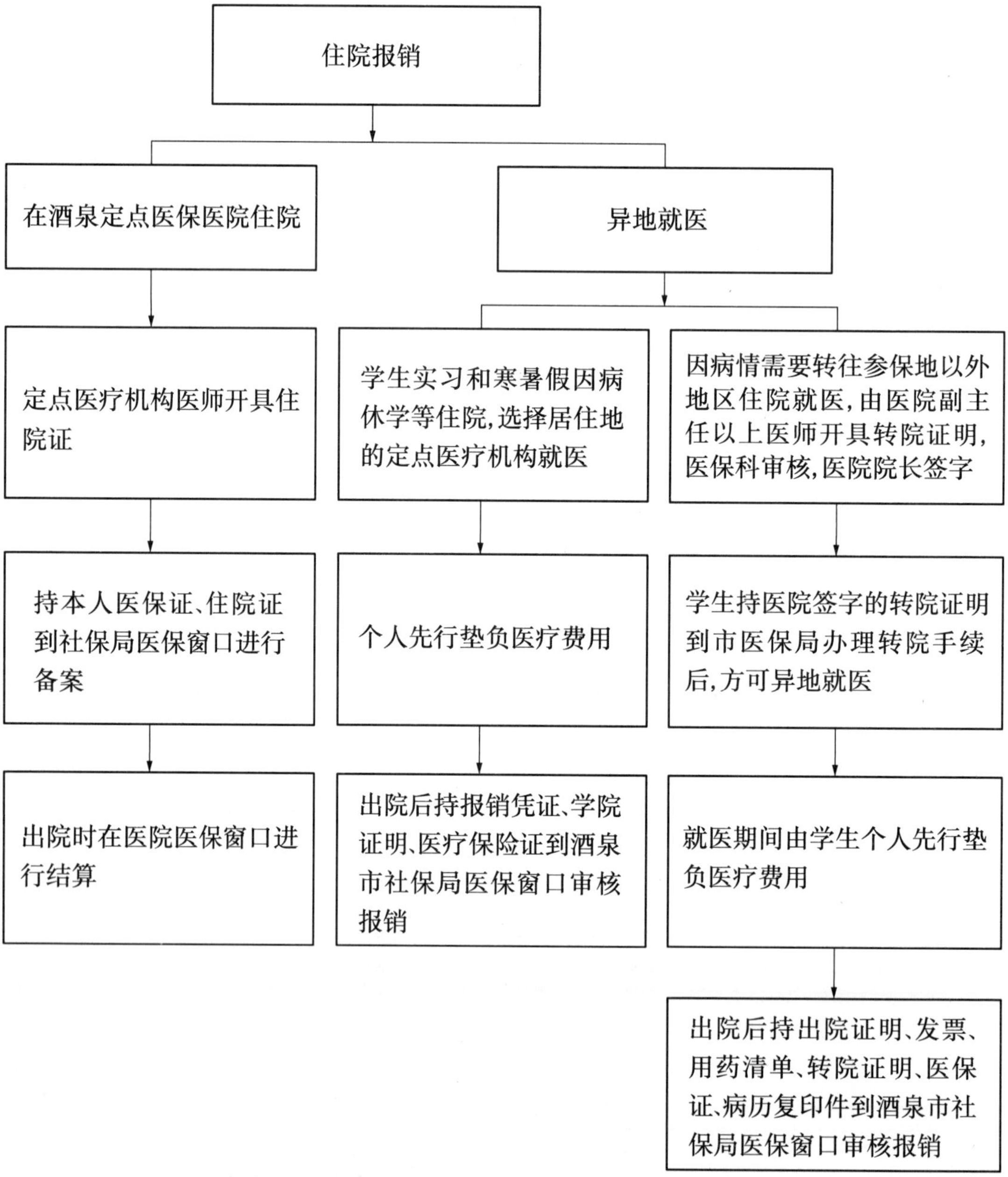

学生实责、校责险参保流程

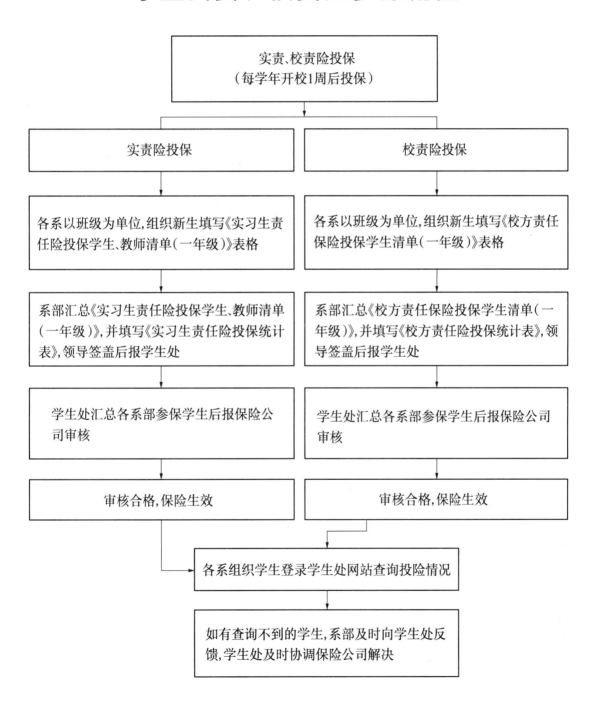

实责、校责险投保
（每学年开校1周后投保）

实责险投保

1. 各系以班级为单位，组织新生填写《实习生责任险投保学生、教师清单（一年级）》表格
2. 系部汇总《实习生责任险投保学生、教师清单（一年级）》，并填写《实习生责任险投保统计表》，领导签盖后报学生处
3. 学生处汇总各系部参保学生后报保险公司审核
4. 审核合格，保险生效

校责险投保

1. 各系以班级为单位，组织新生填写《校方责任保险投保学生清单（一年级）》表格
2. 系部汇总《校方责任保险投保学生清单（一年级）》，并填写《校方责任险投保统计表》，领导签盖后报学生处
3. 学生处汇总各系部参保学生后报保险公司审核
4. 审核合格，保险生效

各系组织学生登录学生处网站查询投险情况

如有查询不到的学生，系部及时向学生处反馈，学生处及时协调保险公司解决

实习生责任保险理赔工作流程

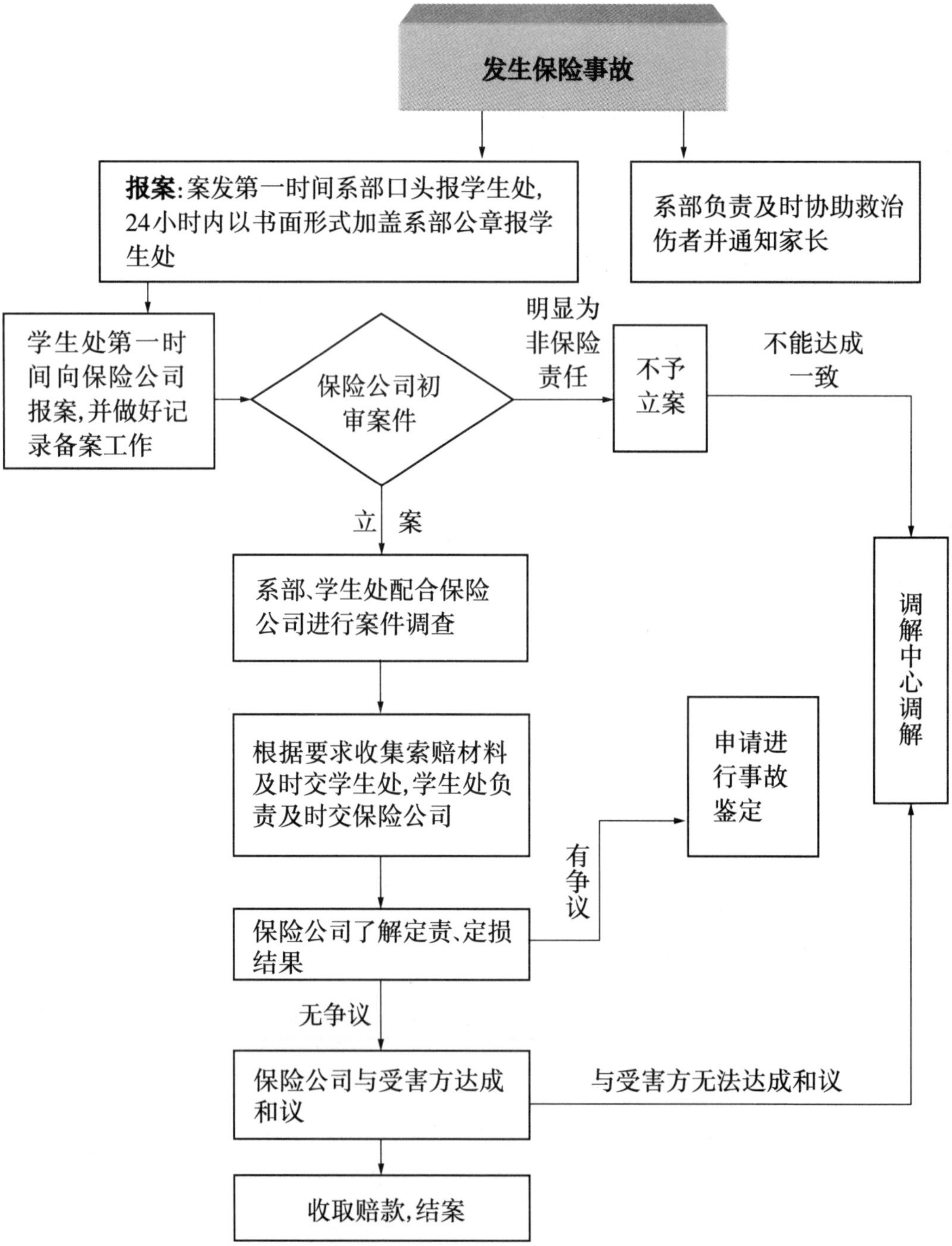
发生保险事故
报案:案发第一时间系部口头报学生处,24小时内以书面形式加盖系部公章报学生处
系部负责及时协助救治伤者并通知家长
学生处第一时间向保险公司报案,并做好记录备案工作
保险公司初审案件
明显为非保险责任
不予立案
不能达成一致
立 案
系部、学生处配合保险公司进行案件调查
调解中心调解
根据要求收集索赔材料及时交学生处,学生处负责及时交保险公司
申请进行事故鉴定
有争议
保险公司了解定责、定损结果
无争议
保险公司与受害方达成和议
与受害方无法达成和议
收取赔款,结案

学生事务服务中心职责及服务流程

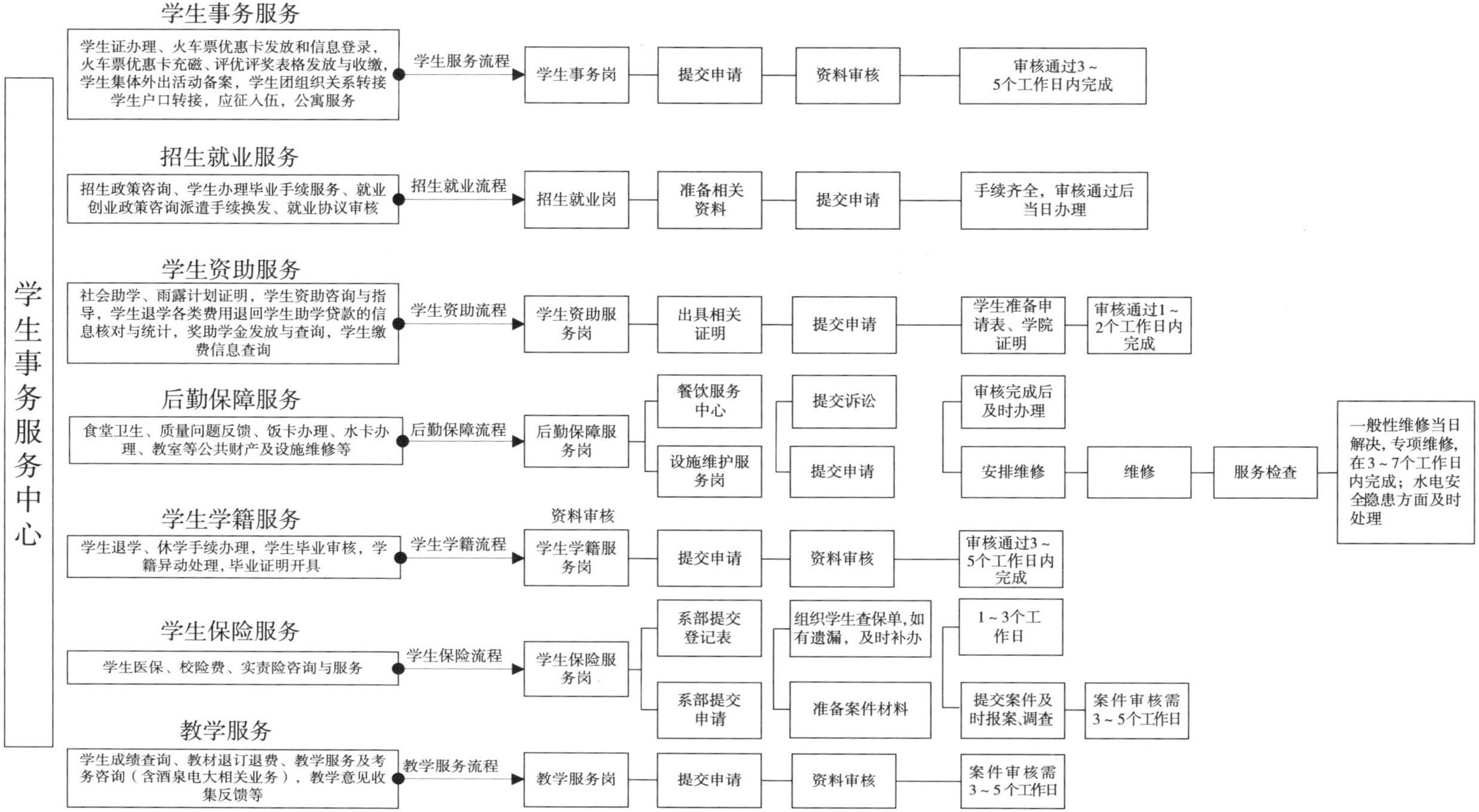